U0454454

量化考核

管理部门员工绩效提升实战

杨朝东　等　著

中国人民大学出版社
·北京·

著者委员会

主　　　著：杨朝东

常务副主著：李长瑜

副　主　著：王　豪　覃　彬

参　　　著：丁　洁　李旭东　孙珊珊　汪愉红

刘　萍　张明勇　李　轩　寇　涛

陈　璐　郑晨龙　赵　怡　沈　辉

荆　欢　杨怀武　李显枫　逄文秀

马丽娜　孔德泰　宋忠洋　赵　堃

贺淑相　向　洋　刘伶伶

前言

党的二十届三中全会指出，要“健全劳动、资本、土地、知识、技术、管理、数据等生产要素由市场评价贡献、按贡献决定报酬的机制”。党中央遵从市场经济规律，对管理要素的价值给予了充分的重视和认可。一直以来，理论界和实践界都在积极探索对管理工作和承担具体管理任务的员工的绩效表现、价值贡献进行准确评价的科学方法。

相较生产运行、市场销售和科技创新等直接产出最终经营成果的领域，受管理工作自身特质的影响，对管理部门员工的绩效评价具有很大难度。具体而言，管理作为一个过程，是通过一系列计划、组织、指挥、协调和控制活动，使人、财、物等各种生产要素有机整合起来，推动全部业务活动有效运行，以达成组织目标，因而单一的管理环节或管理职能一般不直接产生可供交付给客户或股东等利益相关方的生产经营最终成果和经济价值。不同于生产或销售人员通过物来直接实现绩效目标，作为管理职能的实际履行者，管理部门员工一般要通过他人间接实现自身的绩效目标。

由于组织和人的复杂性，管理工作天然具有复杂性，方法和成果表现往往因时而异、因地而异、因人而异、因事而异、因情而异，建立统一公认的管理方式方法、成果标准较为困难。在对组织价值创造的贡献上，管理工作的过程和成果都具有明显的间接性特征，这也导致了管理工作的绩效贡献很难用经济指标等定量的数据来衡量。管理工作复杂度高、间接性强、协作度高的特性，导致管理部门员工工作的价值和贡献难以准确量化衡量评价。因此，长期以来，如何准确评价管理工作和管理部门员工的绩效贡献一直是一大难题。

在实践中，一般采取 KPI 考核法、BSC 考核法、多维度评价法（如 360 度考评法）、OKR 法等方法对管理部门和管理部门员工进行绩效考核与管理。从运行成效看，以上方法可以较好满足对管理部门整体开展绩效管理的需要，但管理部门员工的工作是实现管理部门绩效目标的过程，即“过程的过程”，其绩效管理具有考核指标难设定、业绩标准难衡量、成果贡献难比较、分配差距难拉开、绩效改进难推动“五难”特点。KPI 考核法、BSC 考核法等偏宏观的评价方法在界定、评价管理部门员工绩效贡献时适用性不强，容易产生“失准”“说不清”等问题。比如，在使用 KPI 指标评价管理部门员工贡献时，个体的 KPI 指标不易制定，指标之间难度不易平衡，难度较大的 KPI 有时难以下达；受 KPI 数量较少的限制，KPI 指标的完成程度难以全面反映员工的绩效贡献，影响员工对 KPI 以外的临时性任务、协作性任务的积极性。在使用 360 度考评法等偏定性的方法进行考核评价时，管理者往往难以了解所有员工的全部绩效表现，评价的基础不够坚实；评价结果受主观好恶、亲疏远近等非绩效因素影响较大，容易滋生官僚主义；受到近因效应等影响，评价容易演变为“苦劳主义”，勤勉、工作时间较长的员工一般评价较好，但其实际工作质量和工作效率可能较为低下；评价结果缺少可复核性，公信力、说服力较差，易引发考核结果和薪酬分配争议。在国外，360 度考评法也主要用于员工的职业发展和绩效改进，而非考核和奖惩。此外，OKR 法本质上是一个目标管理工具，而不是绩效考核工具，它通过鼓励员工追求挑战性目标、主动性计划来实现高绩效。如果将 OKR 法应用于管理部门员工绩效考核，在考核压力之下，员工为了规避惩罚风险，不敢设定挑战性目标，这样就背离了 OKR 法的初衷。

在传统管理方法和工具效能较弱、专属管理部门员工的绩效管理方法缺位的背景下，管理部门员工绩效管理普遍存在任务目标确定“走形式”、绩效实现“靠自觉”、绩效评价“凭感觉”、考核分配“大锅饭”、评优评先“轮流坐庄”等突出问题。这些问题的存在较大制约了管理部门员工积极性的发挥和管理部门活力的激发，使得针对管理部门员工的精准激励、绩效改进、不胜任退出等工作难以有效开展，阻碍了管理部门组织信任水平和绩效水平的提升，制约了管理质量和经营效益的提升，同时，粗放的绩效管理模式还容易引发劳动争议和用工风险。

著名管理学家彼得·德鲁克说：“如果不能衡量，就无法进行管理。”因此，要破解管理部门员工绩效管理难题，关键是要找到有效的量化方法和工具对管理部门员工的绩效贡献进行衡量和评价。受泰勒科学管理思想和马克思关于商品价值是“凝结在商品中的无差别的人类劳动”这一经典定义的启发，我们认为管理部门员工提供某项管理服务的价值可以用完成该项管理工作所消耗的必要劳动时间来衡量。如果能对管理部门的工作进行适当分解，对每项管理工作的必要劳动时间进行合理界定（即确定完成每项管理工作的标准工时），并在完成工作任务后授予相应的标准工时，管理部门员工的绩效贡献就可以通过其获得的工时总量来衡量。而从绩效管理的实际需求看，标准工时的确定无须追求绝对精准，只要管理部门的绝大多数员工认为赋值恰当即可。也即，标准工时的确定无须最优解，组织和管理部门员工共同认可的满意解即可满足绩效管理需要。

按照这一思路，针对管理部门员工绩效管理难这一问题，我们在内外部调研、文献研究和管理实践的基础上，历时四年开发创建并持续完善了基于标准工时的管理部门员工量化考核工作法（以下简称“量化考核工作法”）。量化考核工作法的基本逻辑是明确完成管理部门各项基础作业单元所需的标准工时，以员工完成工作后实际获得的工时总量来衡量和评价其绩效贡献，并据此开展员工的激励约束管理和绩效改进工作；基本框架是“五工一改”，即工作分解、工时定标、工时获取、工时核定、工时兑现和绩效改进；具体操作流程是在深入开展工作体系梳理、业务流程优化的基础上，将管理部门全部工作分解为一项项基础作业单元，结合工作实际并通过民主程序逐一确定各项基础作业单元的标准工时，员工完成每项基础作业单元任务后可获得相对应的标准工时，考核周期结束后以其间员工所获得的工时总量来精准开展绩效评价、薪酬激励，并在对员工工时获取情况进行深入分析的基础上，开展组织和员工的绩效改进工作。

作为一种全新的绩效管理方法，量化考核工作法有效破解了长期困扰理论界和实践界的管理部门员工绩效管理难问题，丰富了组织开展全员绩效管理的路径和方法选择，填补了管理部门员工精准考核、精准激励的理论和实践空白，对 KPI 考核法、BSC 考核法、360 度考评法、OKR 法等绩效管理方法形成了有益补充。相比传统绩效管理工具，量化考核工作法实现了以下三个方面的重要创新与突破。

一是打开了管理“黑匣子”，实现了管理工作的体系化、标准化和知识组织化。在工作分解环节，量化考核工作法对管理部门的全部工作进行了深入梳理和讨论，构建了包含价值理念、服务对象、客户需求、运行模式、工作模块、资源保障等要素在内的管理部门工作体系，提升了管理部门和员工对本领域管理工作的理解深度，应用系统思维实现了管理工作的体系化。通过标杆学习、流程再造打造了“最优流程”，构建了标准化的管理工作流程，有效解决了管理方法非标准化问题，有助于进一步提升组织工作效率。通过运用 WBS 任务分解法等工具编制工作分解手册，清晰描述了每项管理工作的实施逻辑、流程环节和成果标准，打开了管理工作“千人千面”的“黑匣子”，打破了管理的“神秘性”，提升了管理过程的透明度，有助于管理者和每名员工全面理解把握部门的全部工作，推进了知识组织化，有效降低了管理工作的难度和工作负荷。

二是实现了管理工作价值的显化和量化评价。量化考核工作法创造性地引入标准工时概念，在实测观察和民主协商的基础上，赋予每项管理工作一个明确的标准工时值，实现了管理工作价值的显化和量化，破解了长期以来管理工作难以量化评价的难题。管理部门各项工作的标准工时确定之后，组织即可较为轻松地实现各个岗位的价值评估、岗位设定和薪酬定标。每项工作的“明码标价”明确了管理部门员工完成工作后可获得的回报，有助于营造“多劳多得、优绩优酬”的高绩效氛围。对标准工时的设定和年度系数的调节，有助于引导管理者和员工关注并积极推进组织的战略型任务、创新型任务和关键工作环节。同时，标准工时既体现了每项工作的价值，也彰示了每项工作的资源投入和成本，有助于组织有针对性地开展人力资源配置和人工成本管控工作。

三是实现了管理部门员工绩效表现的数字化和可比化。通过对员工完成特定任务后赋予相应数量的标准工时，并对考核周期内员工获得的工时总量进行比较、分析和评价，将管理部门员工的绩效表现显化、量化，实现了对考核周期内管理部门员工全部绩效贡献的认可，避免了传统考核方法只见局部不见整体的弊端。量化考核工作法按照事先公布的工作标准和工时标准赋予工时，使得管理部门员工的绩效评价基础坚实、可核算、可追溯、可核查，有效降低了传统绩效考核方法的主观性色彩，提高了绩效考核结果的公信力和说服力。绩效表现的数字化展示，使管理部门员工既可以清晰看到自己对部门绩效总量的贡献，也可以看到自己在部门的绩效水平排名，有助于营造“比学赶超”的良性竞争氛围。此外，以工时数据为媒介，组织可以对员工的绩效表现数据进行全过程的记录和全面比对，通过对标分析、相关性分析和趋势分析，准确掌握员工的绩效表现、绩效成因、绩效变化动态等，为组织的资源配置优化和员工的绩效改进等奠定坚实基础。

量化考核工作法开发后，受到的欢迎和支持程度远超我们预期，从2021年6家单位人力资源部实施，到现在已经有超过百家单位近300个管理部门在推行使用。根据无记名问卷调查结果，量化考核工作法获得了多数实施员工的支持，认可度达到了90%。从四年来的实践情况看，量化考核工作法实施后，员工工作主动性、积极性大幅提升，组织透明度、信任度和管理精细度有效改善，取得了良好的预期成效。此外，量化考核工作法在“五工一改”的绩效管理循环中促进了组织绩效提升，推动了组织与员工共同成长，取得了“一提升、两成长”的实践价值：

一是有效激发员工活力，促进组织绩效提升。量化考核工作法较好实现了管理部门员工绩效贡献的显化、量化、可比化，通过对所有管理工作的明码标价、定期公布排名靠前的员工工时数据、将工时数据与奖金分配直接挂钩等措施，创造了期望理论落地见效的要素条件，激发了员工的积极性和主动性，实现了自上而下派活的行政驱动之下员工挑肥拣瘦“推活干”向自我驱动之下员工主动“抢活干”的转变。试点部门员工认为“工时结果定期公布，谁做得怎么样一清二楚，做得好的就多拿，做得差的就少拿，谁也挑不出毛病。想要多拿奖金，就多挣工时”。量化考核开展之后，“浑水摸鱼”“搭便车”员工的生存空间被大幅压缩，管理者分配任务的难度大幅下降，有些长期以来工作积极性较差的员工主动要求多承担工作任务以增加自己的工时量。在这种比学赶超的高绩效文化氛围影响下，管理部门整体的工作效率和质量得到显著提高。严格根据工时获取数量开展绩效奖金分配，有效打破了收入分配“大锅饭”现象，提升了管理部门员工的满意度。量化考核工作法实施后，同级管理部门员工奖金分配最大差距由实施前的 10%提升至 64%。绩效表现突出的员工得到了充分认可，满意度明显提升，绩效表现落后的员工也认可分配结果是公平公正的。同时，量化考核工作法以客观的工时数据为基础，绩效获取的透明度、绩效评价的精准性、薪酬分配的科学性、组织内部的信任度大大提升，管理部门员工的绩效结果确定、奖金分配、职务调整、荣誉评选等有了清晰、定量、可复核的依据，人为操纵的空间被大幅压缩，考核分配争议显著减少，劳动用工风险显著降低。量化考核工作法实施后，员工对组织的满意度有效提升，增强了团队的凝聚力和战斗力。

二是系统提升管理效能，推动组织持续成长。量化考核工作法实施过程中开展的体系梳理、流程优化和工作分解实现了工作体系化、业务流程化、操作标准化、知识组织化，系统提升了管理部门的专业水平和核心能力。各个管理部门的标准工时手册作为工作“说明书”和最佳实践的有效载体，把本业务领域内最优秀的流程、方法和技巧都显化出来，为管理者全面理解工作、全面了解下属提供了清晰的参考，为各单位对标学习提供了明确的指引，为跨单位、跨部门、跨岗位培养复合型人才提供了重要支撑。此外，随着数字化技术的迅猛发展，人力资源的价值创造不再仅仅依赖于管理者的经验和直觉，而是更多地由数据驱动。量化考核工作法在实施过程中积累了宝贵的工时“大数据”，这些数据为组织准确识别自身运行状态、掌握绩效表现优秀员工的情况、识别员工绩效驱动因素、改进人力资源配置、优化职责分工等提供了坚实的支撑，使管理实现了从依靠“经验＋感觉”的主观判断到依靠“事实＋数据”的提升。从大型企业集团管控的角度看，实施量化考核工作法之后，制定发布集团公司统一的管理领域标准工时手册，有助于推动各个成员单位有针对性、系统性提升专业管理水平，提升集团化经营质量。

三是强化员工自我管理能力，支持员工快速成长。基于量化考核工作法建立的工作分解体系，使员工能够全面掌握任务结构体系和工作流程，并且每项基础作业单元都有明确的成果要求，这就相当于建立了一个明确的“目标—流程—成果”管理系统，员工不再只是上级指示的被动执行者，而是成为有明确工作使命的主动工作者。在任务完成之后，员工通过对比实际投入时间和获得的标准工时的差异，了解自己工作投入产出比最高和最低的工作领域，分析工作成效高或者低的原因，进而有针对性地提高自己的工作能力和成效。同时，员工在进行工作分解和工时定标的过程中通过深入分析本部门工作、自身岗位职责的体系构成和关键要素，对组织战略、部门业务和岗位职责有了更加深刻的认识，体系思维、逻辑思考和分析能力都得到了有效提升。

量化考核工作法为破解管理部门员工绩效管理难题提供了一种解决方案，试点和推广的成效也验证了其价值性和可行性。但量化考核体系的构建并非简单发布一个方案那么简单，而是需要做很多准备工作，总体而言，可以概括为硬件准备和软件准备两个方面。硬件准备是指管理职责是否明确、工作分解是否合理、工时定标是否准确、实施方案和流程是否规范等。如果这些方面存在问题，量化考核的公平性仍会受到员工的质疑，最终的结果可能无法获得大家的认可。当然，仅仅是技术层面的准备并不能确保量化考核工作法的成功实施，还需要软件方面的准备，主要包括单位主要负责人、实施部门负责人和员工的支持：虽然单位主要负责人并不需要直接参与量化考核的具体工作，但是其给予的资源支持和对进展的关注是量化考核相关工作得以顺利开展的必要条件；实施部门负责人是量化考核落地实施的关键，是推动量化考核这个“绩效飞轮”运转越来越顺畅的第一责任人，量化考核体系构建和实施的各个环节都需要实施部门负责人投入大量精力；员工是量化考核的最终用户，对量化考核工作法的成效最有发言权，也最能够为量化考核工作法的持续优化改进提供意见和建议。量化考核工作法的实施也并非一蹴而就，它需要付出艰辛的努力和持久的耐心，需要在实践中不断探索和完善，关注实施过程中可能出现的各种问题和挑战，积极寻求解决方案和应对措施。

中核集团副总经济师杨朝东提出、指导并组织了本项工作。四年多来，他带领工作团队在量化考核工作法的方法研发、试点验证、推广应用等方面开展了大量工作。本书由杨朝东牵头策划并负责理论构建与指导，李长瑜组织实施，王豪等分别参与不同章节的设计和编写，中核集团相关成员单位提供了量化考核工作法实施的大量鲜活案例。在此，对参与此书编写的同志以及有关案例提供单位一并表示感谢。

谨将此书献给希望通过有效管理，帮助提升组织绩效水平、提高员工幸福感的同人们，也献给所有关心和支持量化考核工作法的朋友们。希望本书的系统阐述能够为更多组织实施量化考核工作法提供有价值的理论和实践参考，最终实现组织绩效提升、组织与员工共同成长的“一提升、两成长”共赢。

目录

第七章 应用：工时兑现

第八章 成长：绩效改进

第九章 实践：量化考核体系构建与实施

第十章 赋能：量化考核信息化管理系统

附 录 人力资源业务标准工时手册

第一章

难题：管理部门员工绩效管理困境

随着工业革命带来生产规模的迅速扩大，企业对专业化分工的需求越来越强烈，管理作为独立的职能从生产经营中分离出来，组织通过管理实现了资源的优化配置和生产效率的提升，泰勒科学管理思想的诞生，更是掀起了一场深刻的生产力革命。“现代管理学之父”彼得·德鲁克认为，科学管理思想是20世纪对管理最重要、最独特的贡献，它使制造业中的手工业者的生产力提高了50倍。这里的提高并不只是让最聪明能干的人的效率提高了50倍，而是让整个社会的平均效率提高了50倍，是系统提升了整个社会的生产力水平。

但管理工作并不能直接产出经济价值，它是通过一系列计划、组织、指挥、协调和控制活动，使组织的人、财、物等各种生产要素有机整合起来，通过推动全部业务活动有效运行来达成组织目标。因此，管理工作的价值不是直接的、有形的产品，而是通过建立一种有效而且可靠的运行机制，激发员工的动机和潜能，切实提升组织绩效水平。泰勒认为：“管理就是确切地知道你要别人干什么，并使他用最好的方法去干。”在实践中，管理工作的价值依靠管理部门员工的工作来实现，员工的绩效表现反映着管理部门价值的实现程度。组织可以通过有效的绩效管理帮助员工顺利达成绩效目标，最大化地实现管理部门的价值。彼得·德鲁克说：“如果不能衡量，就无法进行管理。”从这个角度而言，对管理部门员工实施有效绩效管理的关键在于找到合适的方法衡量其工作价值、评价其绩效表现，但如何准确衡量与评价管理部门员工的绩效却始终是难题。

1.1 绩效管理“五难”

在实践中，因组织的业务形态、规模大小、所处行业及人员素质等区别，每个组织的管理部门的员工绩效管理难点各不相同，本书以PDCA（Plan-Do-Check-Act）循环为切入点，梳理总结出管理部门员工绩效管理主要存在考核指标难设定、业绩标准难衡量、成果贡献难比较、分配差距难拉开、绩效改进难推动“五难”（见图1-1）。

1.1.1 考核指标难设定

“考核指标难设定”难在指标选取难、分解难。由于管理部门的工作业务领域相对广泛，在确定管理部门员工考核指标时容易偏离战略目标，考核指标设置数量过多、过于随意且缺乏挑战性。即使选出相对关键的考核指标，在分解过程中，也因工作复杂性、多变性、周期跨度长等特性影响，难以将高层级的考核指标全部分解细化为具体的、可执行的考核指标。

1.1.2 业绩标准难衡量

“业绩标准难衡量”难在标准确定难、量化难。管理部门工作成果与组织经营成效的关系难以直接衡量，精准确定其员工业绩标准难度较大且时间成本高，员工工作量无法客观衡量比较。管理工作考核标准模糊，自然设置定量考核指标难度大，与绩效考核相关的数据信息获取也相对比较困难，难以直接为绩效考核提供具体依据，进而导致设置不同员工间具体业绩标准和考核要求较为困难。

1.1.3 成果贡献难比较

“成果贡献难比较”难在成果难评估、价值难衡量。相较于生产经营业绩等可量化的显性数据指标，管理部门员工的工作成果往往不是具体的、显性的、量化的，缺乏客观数据支撑，管理者难以找到统一的标准来评价不同员工的工作成果价值。虽然在管理实践中已有岗位价值评估，但是在相应岗位上员工的绩效表现是否真正发挥出对应的价值，这个却很难衡量。

1.1.4 分配差距难拉开

“分配差距难拉开”难在缺少分配依据和难以克服主观倾向影响。业绩标准、成果贡献等难以衡量，导致难以评价绩效考核结果与工作成果的直接关系，从而奖金分配也缺乏强有力的依据来拉开差距。此外，在缺乏客观可查验的考核结果的支撑下，管理者能否有勇气和决心打破既有利益格局，克服主观倾向和“老好人”心态，打破绩效奖金分配的“平均主义”，也是巨大挑战。

1.1.5 绩效改进难推动

“绩效改进难推动”难在过程管理难和系统推进难。绩效考核的目标设定、目标分解、业绩标准确定、考核评价和改进提升等不同环节是相互影响的，需要统筹整个系统进行思考并制定改进举措，并且需要管理者和员工持续进行沟通互动，就出现的问题开诚布公地交流。如果出现问题，但管理者没有及时向员工反馈，员工可能不会意识到问题的存在，无法实现绩效改进的良性循环。

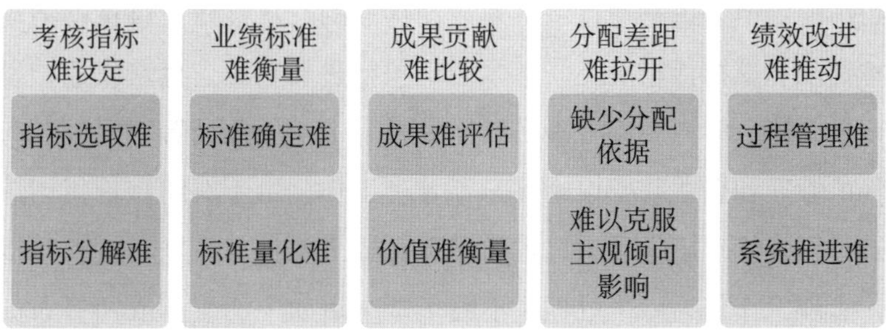

图 1-1 管理部门员工的绩效管理难点

1.2 “五难”原因分析

管理工作复杂度高、间接性强、协作度高的特性是导致管理部门员工绩效管理难的主要原因。

1.2.1 复杂度高，统一标准难建立

管理工作服务于组织的生产经营。为获取竞争优势，组织必须根据内外部环境变化及时调整战略目标和业务重点，这些调整一般是由管理决策的变化传导到业务端，并通过管理工作重点的调整确保变革得以实施，因此管理工作受环境变化影响大，计划外、临时性业务较多。同时，管理工作是以“一部分人”为主体和“另一部分人”为对象的动态协作过程，管理者的目的目标、心理行为、方式方法会融入不同“人”的价值判断与取向，被管理者的需求需要、心理动机、行为表现也会带有不同“人”的习惯和特征。基于组织和人的复杂性，管理工作天然具有复杂度高的特性，这导致了管理工作的方法和成果表现往往因时而异、因地而异、因人而异、因事而异、因情而异，建立统一公认的管理方式方法、成果标准较为困难。

1.2.2 间接性强，绩效贡献难量化

组织的价值创造是通过一系列活动构成的，从性质上讲这些活动可分为基本活动和支持活动两类。基本活动包括进料后勤、生产作业、发货后勤、市场营销、售后服务等业务工作；支持活动则包括采购、技术开发、人力资源管理和企业基础设施保障等管理工作。由于对组织价值创造的贡献形式不同，管理工作具有过程间接性和成果间接性特征。过程间接性表现为，管理工作作为一个过程，不同于基本活动中的生产或销售人员通过物来直接实现绩效目标，管理人员一般要通过他人间接实现自身的绩效目标，工作内容往往为具体的业务流程；成果间接性表现为，单一的管理环

节或管理职能一般不直接产生可供交付给客户或股东等利益相关方的生产经营最终成果和经济价值。过程和成果的间接性导致管理工作的绩效贡献很难用经济指标等定量的数据来衡量。

1.2.3　协作度高，合作成效难评价

在高度不确定的竞争环境中，市场的快速变化要求产品研发、生产和服务的速度必须快，时间成为竞争取胜的主要因素。团队合作的方式使团队整合了不同个体的能力和资源，使团队成员之间相互支持、相互补充，能够有效提高组织的柔性和工作效率，使组织适应环境快速变化的要求。因此，管理部门以团队形式完成工作任务的情况越来越多，跨团队协作情况也随之增加。随着团队合作的深入，个人的职责边界逐渐模糊，员工由原来基于“岗位”的静态角色，变成基于“能力”的动态角色。尤其随着组织业务形态复杂化和管理要求的提升，各业务领域内的分工越来越精细，专业化要求越来越高，协作过程变得更加多元复杂，管理者要清晰评价团队协作过程中每个员工的具体表现变得更加困难。

1.3　现有绩效管理方法的局限性

管理工作的价值需要通过管理部门员工的充分履职实现，有效的绩效管理方法是确保员工高效履职的关键，但是现有绩效管理方法在解决“五难”问题上都有一定局限性，下面以主流的 KPI 考核法、BSC 考核法、360 度考评法、OKR 法为代表进行分析。

1.3.1　KPI 考核法

KPI（Key Performance Indicator）即关键业绩指标。KPI 考核法是根据企业发展战略及重点任务确定关键指标（目标），并将此目标层层分解到各部门和员工，再以目标结果为导向测量和评价部门和员工在关键目标完成过程中的贡献的方法，以此将组织目标和部门、员工联系起来，实现

上下目标的高度统一。KPI 考核法以“二八法则”为依据，即 80%的工作成果由 20%的关键行为产生，在绩效考核时主要抓住这 20%的关键行为对业绩达成影响较大的、较为关键的指标来开展考核。

特点与作用：

（1）KPI 考核法能够推动组织目标实现，保障上下目标统一，避免考核出现“两层皮”的情况。

（2）KPI 考核法多为量化指标考核，结果导向性强，克服了主观因素影响，较好保障了考核的客观性。

（3）KPI 考核法设置了明确的考核目标，并且指标量化度很高，所以员工很清楚绩效目标，具有较高的激励性。

KPI 考核法在评价整个组织和部门的绩效时能发挥很好的作用，但应用在管理部门员工绩效管理上却有较大的不适用性。当将管理部门的整体目标再细分到员工个人时，KPI 会很难分解，因为没有合适的标准和依据，容易出现员工讨价还价、颗粒度粗细不均的情况。并且，在指标分解过程中因为过度关注关键任务而削减了其他任务的重要性，但关键指标已经不足以支撑管理部门整体目标的实现。就像在战争中，冲锋陷阵是“关键”，但是缺少了“非关键”的后勤保障，也无法取得战争的胜利。在实践中，因为岗位特点、任务分配等原因，只完成一个 KPI 任务的员工的绩效比完成数十个非 KPI 任务的员工的绩效要高得多，容易打击承担非 KPI 任务的员工的积极性。此外，在执行过程中，由于 KPI 指标的分解弹性较小，计划外的工作不易纳入考核体系，容易陷入机械考核。

1.3.2 BSC 考核法

BSC（Balanced Score Card）即平衡计分卡。BSC 考核法从财务、客户、内部流程、学习成长四个维度进行考核，重点引入非财务因素，以克服只关注财务数据的短视效应。BSC 考核法不仅考虑了外部客户因素，也考虑了内部因素，不仅考虑了短期效益因素，也考虑了长期利益，通过平衡与协调，将组织的战略落实为可操作、可衡量的指标和目标值。

特点与作用：

（1）BSC 考核法的四个维度来自对企业战略和长期目标的分解，能够将企业的抽象战略和目标转化成一套可执行和可考核的指标。

（2）BSC 考核法的指标不仅是重要指标或重要成功因素的集合，而且是一系列相互联系、相互强化的目标和指标。

（3）BSC 考核法通过日常管理活动，如员工培训、流程优化等，有助于培育和提升组织的核心竞争优势。

BSC 考核法在管理部门员工的绩效管理应用中面临很大挑战：首先，管理部门员工的大部分工作很难直接产生经济价值，将财务指标分配至管理部门员工个人具有较大的难度；其次，管理部门员工的客户是相关部门的其他员工，内部客户的满意度很难客观反映管理部门员工对组织战略目标实现和生产经营的真实贡献。在实施过程中，因为涉及多维度因素，BSC 考核法在管理部门指标设置和分解过程中极易出现指标间的冲突和难以平衡的情况，并且 BSC 考核法系统庞大，需要较为专业的团队来操作，需要投入大量时间和精力来制定指标和跟踪，实施周期长、难度大、成本高，短期内难以见效。

1.3.3　360 度考评法

360 度考评法是将原本由上级直接评定下级绩效的方法转变为全方位 360 度交叉形式的绩效考核方法。360 度考评法综合了员工个人、上级、同级、下级和客户等全方位维度，从不同层次的评价对象中收集考核信息，从多个视角对员工的工作业绩、能力素质、工作态度、人际关系等进行综合评价。360 度考评法通过设置不同权重进行一系列定性维度的打分，避免了单一的上级对下级打分导致的个人偏见，但由于考核指标基本都是定性维度，其主观性实际上难以避免。

特点与作用：

（1）360 度考评法避免了管理者个人的偏见等主观因素的影响，克服了单纯的上级对下级考核公平公正缺失的缺陷，使考核结果相对具有全面性和公正性。

（2）对个人而言，360 度考评法的正确应用有助于员工个人职业发展，员工能从考评结果中获得多角度的反馈和意见，能够激励员工改进工作。

（3）在 360 度考评法下，部门员工互为客户，相互监督、相互考评，这就要求员工在日常要处理好各级关系，从而增强了员工的服务意识和团队协作意识。

360 度考评法在管理部门员工考核中已广泛应用，但是效果往往不佳。因为管理者往往难以了解所有员工的全部绩效表现，评价结果受主观好恶、亲疏远近等非绩效因素影响较大，容易滋生官僚主义；受到近因效应等影响，评价容易演变为“苦劳主义”，除了管理者其他人员对被评价对象的工作内容和成果标准未必非常了解，甚至由于存在一定的竞争关系，评价对象无法克服主观倾向进行客观打分，尤其在部门人数较少的情况下，某个员工打出的极端分数对于结果的影响可能较大。由于 360 度考评法的考评结果缺少可复核性，公信力、说服力较差，该方法应用在奖金分配和晋升等关系到员工切身利益的决策时，缺乏形成结果的公开透明的依据，容易导致团队氛围紧张和互相猜忌等影响组织信任度的问题。

1.3.4 OKR 法

OKR（Objectives and Key Results）即目标与关键成果。OKR 法是一种目标管理方面的思维方式和工具，它的核心理念是注重引导团队关注目标动态变化和计划管理，其目的是取得和改进绩效，而非考核与奖惩。它引导团队关注目标，关注真正重要的事情，而不是关注数字、公式等，通过透明化管理实现组织目标与个人目标的可视化、公开化，从而实现相互监督和鼓励，共同实现目标。OKR 法最大的优势是能够聚焦目标、促进沟通协作，有利于信息的传递，激发员工协同配合及相互监督，打破谷仓效应，及时应对外部环境的变化，实现组织目标。

特点与作用：

（1）OKR 法通过设定明确的目标，让员工了解组织的战略目标和自己的职责，从而更好地完成工作任务。

（2）OKR 法要求员工与管理层之间进行频繁的沟通，及时根据动态目标调整计划，以确保目标的一致性和对进度的掌握。

（3）OKR 法鼓励设定有挑战性的目标，激发员工的主动性，并提高工作效率。

OKR 法的作用在成熟组织的管理部门的员工绩效管理实践中很难充分发挥。成熟组织的管理部门员工较多，跟踪员工自行锚定组织和部门目标较为困难，频繁的沟通会让整体的工作效率变低，但如果过程管控不足和沟通不到位，又可能会让员工对组织目标有不同理解，导致工作计划偏离方向，并且，OKR 法一直鼓励追求有挑战性的目标、有主动性的计划，但对管理部门而言，持续的主动创新和突破是非常难的，这就容易导致员工的压力和不满情绪堆积。

1.4 “五难”带来的问题

“五难”带来的绩效管理问题包括缺乏协作的团队文化、严重的官本位主义、躺平的懒汉思维、劣币驱逐良币、劳动用工风险（见图 1-2）。

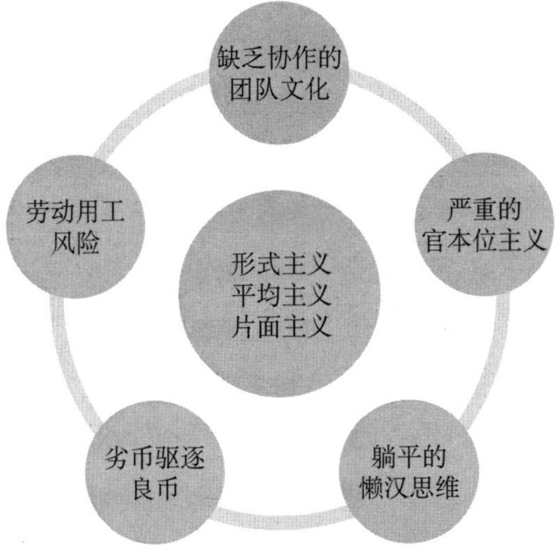

图 1-2　“五难”易引发的绩效管理问题

1.4.1 缺乏协作的团队文化

管理部门员工绩效的达成需要团队成员间相互协作、相互配合，如果绩效管理方式不当，团队成员之间缺乏互相支持和协作的动力，容易导致互相猜忌和不愿合作的文化氛围，从而绩效管理目标无法达到预期效果。

案例 某公司人力资源部给各管理部门相关人员设计了考核激励方案，该方案主要是根据各部门完成的管理目标情况给予奖金奖励。方案落地后各个部门各自为政，甚至出现相互推诿扯皮的情况，奖金分得少的员工内心感到不公平，认为自己的付出多于他人却没有得到相应回报，久而久之不愿意在工作中与那些被领导认为重要的员工合作。

该案例反映了绩效管理不仅没有促进协同从而实现公司管理目标，反而造成了缺乏协作的问题。员工之间互相猜忌，不愿协作，绩效较差的员工总认为管理者分配不公平，与管理者离心离德。

原因可能有以下两个方面：

（1）绩效考核的透明度低，公信力不强。通常绩效考核结果与员工晋升、薪酬相关，如果一切都是“黑盒子”，员工不知道自己的绩效水平的高低，不知道好的标准是什么、以谁为榜样，那么绩效考核的激励作用也很难发挥。绩效考核结果“公开”的前提条件是“公平”“公正”，适度的公开能够增强绩效考核的透明度，发挥群众的监督作用，减少人为主观评价的随意性，避免相互猜忌，增强公信力。但绩效考核结果的公开也需要因地制宜、因时制宜。绩效考核结果对员工本人公开是最基本的要求，也是沟通绩效、改进与制订下一周期绩效计划的前提和依据之一。在不能判断公开范围大小的情况下，应采取循序渐进的方式，先全局后局部，先概况后明细，先团队后个人，避免带来矛盾。

（2）绩效考核过于强调结果导向和竞争导向。过于强调结果导向会使员工过于关注短期绩效结果，产生短视行为，忽视创新提升。绩效考核的竞争与结果导向过强时，员工更加关注个人的绩效，把个人利益放在团队利益之前，忽视团队合作，尤其当竞争特别激烈时，员工可能会为了争夺有限的资源和机会，破坏团队的协作氛围，导致团队成员之间缺乏信任和不团结。

1.4.2　严重的官本位主义

官本位思想以搞圈子文化、码头文化和政治攀附等形式存在，在绩效管理中常表现为管理部门主要领导人凭感觉说了算，并且容易出现由于主观判断导致的不公平问题，进而误导人力资源配置、歪曲对人才的精准激励，造成人才流失，甚至导致人事行政腐败等问题，会对公司造成长远的负面影响。

案例　某初创公司一开始规模较小，创始人对团队成员较为了解，习惯了“以我为本”，在给大家按绩效分配奖金时根据自己对成员的了解情况自己说了算，尽管如此，初期管理效率很高。但是随着融资扩张，人员骤增，由于没有建立适当的绩效赏罚机制，有的员工投老板所好，选择性地完成相关工作，或者经常在老板身边表现，而老板还是习惯性地根据自己了解的情况给员工打分和分配奖金，而不是依据工作实际价值和成果给予绩效打分和进行奖金分配。而由于员工增多，他并不能全面和真实地了解每一位员工的业绩表现，他的分配结果影响了员工士气，使团队缺乏成长动力，部分骨干主动离开了团队。

企业创始人“一言堂”管理，是以“人治”代替“法治”，是严重的官本位主义，在企业发展到一定规模后会严重阻碍企业的发展。上述案例就反映了绩效管理官本位中根据老板“圈子内”和“圈子外”打分而影响整个团队士气和氛围的问题。

官本位主义的形成非“一日之寒”，既有传统封建残余思想的影子，也有绩效管理制度不完善的影响。破除绩效管理中的官本位之风，不仅要加强思想政治教育，提高管理人员特别是管理部门的管理者的思想觉悟，更要完善绩效管理制度，要坚持用制度管人，强化监督考核，在员工的绩效管理过程中要更加关注绩效辅导和沟通，营造共同成长进步的团队氛围。

1.4.3 躺平的懒汉思维

管理部门员工的“躺平”思维，来源于“干少干多一个样”甚至“多干多错多挨批”的分配结果不公平问题，部分高绩效员工因为奖金和职位晋升等预期无法实现，将会逐渐通过减少个体的工作时间和投入来实现内心的平衡，逐步出现“混日子”和“磨洋工”的心态。部分员工也可能因为缺乏适当的绩效沟通和辅导，多次绩效考核无法取得好成绩，在绩效改进方面茫然失措，被迫选择“躺平”。

案例 某制造业“老国企”，员工上班迟到、早退、溜号、出工不出力等情况经常发生，甚至还存在不上班拿工资等恶劣情况。人事管理面临的最大难题就是对这类懒汉如何管理。大毛病不犯、小毛病不断的人，扣奖金他们不在乎，解除劳动合同又没有依据。后来通过启动全员绩效考核，以较细的评分标准和考核结果的强制分布（淘汰末位10%与停止加薪、暂停晋升、终止与解除劳动合同结合起来）推动绩效变革。虽然绩效变革历经曲折，排名靠后的员工因面子过不去以跳楼相威胁，但经过领导多次劝说和引导也接受了事实，大家在变革的逐步实施中渐渐转变了认识。

以上案例从侧面反映了在没有好的绩效管理下，员工“躺平”带来的问题。绩效考核与激励、晋升不联动，或者相关性弱，干事创业的活力就无法激发。不表彰先进，其实就是在纵容落后；不打击落后，其实就是在打击先进。如果绩效管理不破除平均主义，那么躺平的懒汉思维就会逐步在员工中盛行。

绩效管理的重要环节是绩效结果的应用，只有在奖金分配和职位晋升等方面有联动激励，才可以让绩效管理发挥出指挥棒作用，才能激发员工的主观能动性。如果绩效分配拉不开差距，长期的"大锅饭"就会打击先进员工的工作热情，滋生"磨洋工"现象，造成干部与员工从偶尔"懒惰"到习惯"侧卧"，甚至最终"躺平"。

1.4.4 劣币驱逐良币

在贵金属铸币时代，低于法定重量或成色不佳的"劣币"流通到市场后，人们将足值的"良币"收藏，将"劣币"花出去，最终市场上流通的只剩下"劣币"。在人力资源管理领域，不合理的绩效考核和分配就造成了组织中人才的"劣币驱逐良币"现象，引发人才流失问题，同时也可能挫伤优秀人才的积极性，导致优秀人才"摆烂"为"劣币"。

案例　某公司新引入一大批大学应届毕业生，公司给应届生的起薪是一样的。有些人勤劳能干，有些人则比较懒惰，或者能力不足，随着工作年限的增长，大家的差距日益拉大。由于缺乏有效的绩效管理和监督，公司并不清楚每个人都干了多少工作，谁做得好，谁做得差，在奖金分配时还是"大锅饭"式平均分配，奖金差距很小。那些最能干、业绩最出众的员工没有得到相应的回报，对他们来说付出与收益总是不成比例，于是一部分就跳槽去了其他公司，一部分选择了"躺平"。绩优者离开了或变成了"劣币"，第一轮"劣币驱逐良币"结束。由于能干的员工离职或变懒，公司员工的总体工作水平明显下降，间接导致公司业绩下滑，进而影响了全员的薪酬待遇，于是那些次能干的员工又出现了和第一轮类似的情况——薪酬下降后付出和收益不成比例，结果，次能干的员工也辞职或"摆烂"，第二轮"劣币驱逐良币"结束，又进入新一轮的循环之中。

曾经有人归纳了人才主动离职的原因："一是钱没给到位，二是心受委屈了"。这个实际反映了背后的问题是绩效考核没有真正考核出人才的价值。优秀人才认为自己的薪酬待遇没有与自己的贡献投入成正比，开始向外部寻找公正的机会，导致了“劣币驱逐良币”的结果，当未寻到合适的外部机会时，很可能“同流合污”，也开始“磨洋工”和“摸鱼”混日子。组织只有建立“多劳多得、优绩优酬”的考核分配机制，能够清晰识别员工工作价值的差异性，充分尊重人才，形成“价值创造—价值评价—价值分配”的良性循环，让想干事的有机会、能干事的有舞台、干成事的有回报，才能充分激活人才这“一池春水”。

1.4.5 劳动用工风险

因为绩效管理机制不完善，配套制度和程序不健全，不少公司主观判定员工“不胜任工作”，进行末位淘汰，导致劳动用工风险频发。这对绩效管理过程和结果确认方面提出了更为审慎的要求，即不能随意以主观考核“不胜任工作”之名对员工进行退出管理，以避免相关法律风险。

案例 周某于2017年8月1日入职某网络公司，从事计算机相关工作，双方订立了为期3年的劳动合同，约定其月工资为1万元。2017年11月30日，该网络公司认为周某不能胜任工作，当日书面通知与其解除劳动合同。周某不服，遂提出劳动仲裁申请，要求该网络公司支付违法解除劳动合同赔偿金1万元及未提前30日书面通知解除劳动合同的1个月工资1万元。劳动仲裁委审理后查明，该网络公司并无证据证明周某不能胜任工作，且即使周某不能胜任工作，该网络公司亦未按照法律规定对其进行培训或调整岗位，故该网络公司的解除行为属于违法解除，应向周某支付违法解除劳动合同赔偿金1万元。

上述案例展现了绩效考核结果确认失当引发的用工法律风险问题。近年来，随着深化改革“员工能进能出”之退出要求，组织因绩效管理不完善在员工退出工作中频繁遇到此类劳动争议，影响了和谐的劳动关系。组织通过“不胜任退出”“末位淘汰”等形式，对考核居于末位等次的员工采取调岗调薪甚至解除劳动合同等措施，但需注意在对员工实施退出时在法律层面要有充分的绩效考核证据支撑，要让员工信服。组织需要注意应在法治的框架下完善相关的绩效考核评价机制，以公平、公正、客观的考核结果来奖优罚劣，避免引起法律纠纷。

以上是管理部门遇到的常见的绩效管理问题，这些问题制约了管理效能的发挥，可总结为“三大主义”，即形式主义、平均主义、片面主义。

形式主义的问题主要是绩效管理过程流于形式，绩效考核沦为表格和报告的堆砌，绩效管理的目标与实际考核的结果没有有效联系，偏离了服务组织目标达成的初衷，对管理价值没有实质贡献。平均主义的问题也不难理解，就是常说的“干好干坏一个样，干多干少差不多”的绩效分配“大锅饭”的情况，时间长了组织不知不觉间就得了“一管就死，一放就乱”的怪病，绩效评价和简单平均分配的顽疾就难以消除。片面主义就是过度片面强调员工的工作过程或业绩结果，只关注过程，认为只要管好了过程结果自然就是好的；在对员工工作行为的规范控制或对组织单元整体行为的职业化要求方面投入过多精力，导致绩效的“苦劳主义”；只关注业绩结果是“以成败论英雄”，容易忽视品质，忽视创新。

本章小结

在管理致胜时代，管理的价值日益凸显，而管理部门员工的绩效管理是实现管理价值的落脚点，但如何做好管理部门员工的绩效管理一直是未解难题。本章从考核指标难设定、业绩标准难衡量、成果贡献难比较、分配差距难拉开、绩效改进难推动“五难”对管理部门员工的绩效管理难点进行了总结，分析了这些难点主要是由管理工作复杂度高、间接性强、协作度高等特性决定的，但现有的绩效管理方法未能有效解决存在的问题，进而导致了管理部门员工的绩效管理存在系列问题。管理部门员工绩效管理困境告诉我们不管是理论还是实践，都迫切需要一种新的有效的方法来破解管理部门员工绩效管理难题，推动部门管理能力提升。

第二章

解题：量化考核工作法

管理部门员工考核指标难设定、业绩标准难衡量、成果贡献难比较、分配差距难拉开、绩效改进难推动“五难”，主要难在缺乏客观统一的标准衡量绩效产出，难以实现绩效贡献的显化、量化、可比化。传统的观点一般也认为管理部门员工的绩效目标和成果是无形的，难以量化和比较，但管理大师彼得·德鲁克认为无法衡量就无法管理。实践也表明，以量化为特征的科学管理思想对解放生产力、提升组织效益是不可或缺的，尽管100多年前泰勒制定的具体管理标准和方法可能不再适用于今天的管理，但是其中蕴含的分解和标准化思想，仍是现代组织管理的基石。基于科学管理思想和马克思劳动价值论，本书提出了基于标准工时的管理部门员工量化考核工作法，为了方便，以后的篇章都将其简称为量化考核工作法。

2.1 量化考核工作法的内涵

量化考核工作法是在对管理部门全部业务进行体系梳理、工作分解和工时定标的基础上，以标准工时作为价值衡量单位，对员工实际完成的任务进行工时核定，并据此开展考核评价、绩效改进和能力提升的绩效管理方法。该方法实现了管理部门员工绩效的显化、量化、可比化。

绩效管理作为一个严谨科学的管理系统，绩效计划、绩效实施、绩效评价和绩效改进各个环节存在着严密的逻辑关系，这种逻辑关系是绩效管理具备有效性的重要保证。量化考核工作法按照PDCA循环，构建了工作分解、工时定标、工时获取、工时核定、工时兑现、绩效改进“五工一改”的核心体系（见图 2－1），并通过标准化的实施程序和多样化的结果应用机制推动运行，具有促进组织绩效提升、帮助组织和员工共同成长的“一提升、两成长”价值。

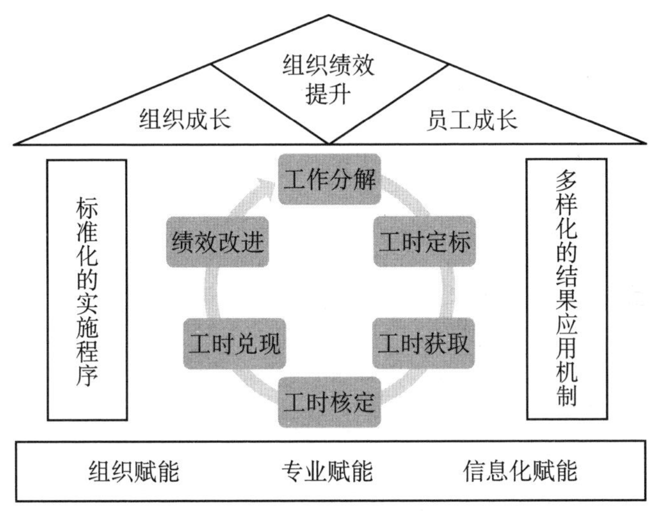

图 2－1　量化考核工作法内涵图

2.1.1　工作分解

工作分解通过深入开展业务体系优化、工作流程改进，将管理部门各项业务逐级分解为边界清晰、成果明确、相互独立的若干基础作业单元（Basic Unit，BU），将抽象复杂的管理工作具化为标准化、流程化、格式化的操作内容。工作分解的关键在于建立标准化的业务体系，实现知识组织化。

社会生产力的提高表现为生产效率与生产质量的提高，而提高生产效率与生产质量的核心在于标准化，实现标准化的关键是优化工作流程、改进工作方法、明确工作标准，让每个人知道干什么、怎么干、干成什么样。随着新业态、新职业与新岗位不断出现与变化，职能边界模糊、岗位职责融合、人员交叉任职等新的管理情境出现，管理部门的工作显得更加不确定，更加容易出现工作冲突与忙乱，这使得管理工作标准化的内在要求和不确定性的现实之间的矛盾更加突出。通过工作分解将复杂、多变的管理职能转变为科学、精简、高效的标准化工作体系，并在一定时间内保持工作体系的稳定性，管理部门员工就能依靠工作分解体系对工作中的关键点、重点、难点、交叉点与风险点进行定位与管控，并不断地对工作内容、工作标准与工作过程进行改造与创新，持续提升工作效率。

2.1.2 工时定标

工时定标是确定完成各项基础作业单元所需标准工时的过程。通过工时定标确定各项基础作业单元价值的大小，能为衡量员工绩效贡献大小提供客观依据。

工时定标的本质是“定价”，即对分解后的每一项基础作业单元的价值大小“明码标价”，在组织内建立一个统一的价值衡量标准。为什么要量化管理工作的价值？因为创造价值是组织生存的意义，员工创造的价值是组织创造价值的基础。如果组织对员工创造的价值衡量不清，组织的价值分配体系依据不足，造成“差不多”或者“大锅饭”现象，就会影响员工的工作积极性。按照亚当斯的公平理论，如果个人对自己的投入与回报感到公平，他就会爱岗敬业，努力工作；否则就可能降低努力程度，消极怠工。但因为不同员工存在不同的利益主张，每个人对某一项工作的价值是多少的认知并不一致，如果没有客观量化的标准，就会导致员工对分配公平性的质疑。工时定标对所有的管理工作进行“定价”，员工明确知道自己完成每一项工作能得到多少回报后，就会积极主动完成工作。员工完成目标得到预期报酬后，就会继续充满热情地去完成下一轮任务目标，形成持续的高绩效循环。

2.1.3 工时获取

工时获取是员工达成绩效目标并获得相应基础作业单元工时的过程。在这个过程中，管理者和员工共同努力达成绩效目标，推动组织成功与员工成长共同实现。

组织只有一种真正的资源：人。员工通过工作才能实现绩效，因此，让员工工作富有成效是一项重要的管理职能。PDCA 循环是绩效管理的重要逻辑和方法。员工在绩效实现的过程中对于如何完成每一项工作先做计划，计划后去实施，在实施的过程中进行检查，再把检查的结果进行改进，通过一轮又一轮的 PDCA 循环持续提升绩效水平。当然，绩效获取不仅仅是员工的责任，也是管理者的责任。管理者在员工绩效实现过程中及时沟通，提供指导和资源支持，也是员工绩效达成的必要条件。杰克·韦尔奇认为“管理就是沟通、沟通、再沟通”，管理者在员工绩效目标实现的过程中，通过深层次沟通，可以持续提供知识、经验和方法，启发和督促员工积极思考，激发员工追求卓越的内在动力。在这个过程中，管理者不能轻率地给出自己的答案、思路或对策，而是要迫使员工依靠自己的力量完成思考，实现能力提升。

2.1.4　工时核定

工时核定是指对员工工作任务完成的质量、效率以及团队协作等情况进行综合评价，以实现对员工工作定量评价和定性评价的有机结合。

管理工作与生产工作的本质区别之一就是管理工作无法百分之百量化。由于人具有主观能动性，不同的人完成同一项工作任务其质量和效率存在天然的差别，虽然工作产出都达到了标准要求，但有的成果质量只是满足了最低要求，有的却达到了卓越的标准，所以，在量化计算工时的基础上，还需要对因“人”的因素导致的差别进行定性评价。同时，组织的各项工作都必须以整个组织目标为导向，管理部门员工的工作必须注重组织整体的成功，每个成员的贡献必须融成一个整体，产生一种整体的业绩，因此，管理部门员工之间的密切协作非常重要。在工时核定环节设置不同团队成员相互评价权重，有助于促进组织成员彼此之间的沟通与互动，提高团队凝聚力和工作效率。

2.1.5 工时兑现

工时兑现是指根据工时核定结果来核算奖金、分配资源，以充分调动员工工作的主动性、积极性。工时兑现环节是多劳多得精神的直接体现，只有多劳与多得相匹配，才能驱动“价值创造—价值评估—价值分配”闭环加速运转，实现组织价值创造的最大化。

彼得·德鲁克认为绩效精神体现在组织对人员的决策上，它们是组织真正的控制手段。人员决策包括职位安排、工资报酬、职务调整、人员调离等，这些人员决策要遵循“你做了什么比你说了什么更重要”的原则，以表明组织的价值观念，说明组织真正需要、重视和奖励的是什么。如果组织要求必须做什么，却没有在这方面做任何奖惩，就会损耗组织威信。量化考核工作法通过工时兑现环节实现了员工工时与奖金的直接挂钩，在组织内建立了价值分配与价值创造一致的内在逻辑，使员工明白自己的努力和成果会直接影响到个人的薪酬水平，改变了“干多干少一个样、干好干坏一个样”的现状，从而提高了工作动力和绩效水平，提高了工作质量和效率。

2.1.6 绩效改进

绩效改进是对量化考核结果进行归因分析，从组织和员工两个层面分别开展经验反馈，推动绩效提升的过程。绩效改进是量化考核的根本目的所在——通过持续的绩效改进实现组织和个人的共同成长。

绩效管理不只为确定薪酬、奖惩、晋升或去留提供依据，绩效的持续提升才是其根本目的，这是组织竞争制胜的关键，而实现这一目的的途径就是绩效改进。从短期来看，绩效是一种时点概念，即在某一个时间点上表现为具体的数值或现象，但从长期来看，绩效是时空的概念，是一种永远在路上的状态，即随着认知改变而不断推进和扩展，所以绩效改进是一个持续的、螺旋上升的过程。因此，绩效改进并不是随机事件，而是一套帮助我们有系统、有方法、有结果地提升个人与组织的绩效的方法论：通过分析产生差距的原因、选择干预措施、设计解决方案、实施改进计划、巩固实施过程等步骤，帮助组织和员工个人持续改进，实现高质量发展。

2.2　量化考核工作法的可行性

工作分解和工时定标是量化考核工作法的核心要义所在，也是量化考核工作法区别于其他绩效管理方法的本质特征，分解和量化也是现代管理思想的底层逻辑的关键组成部分。

2.2.1　管理工作可分解

从性质而言，管理是一门科学，它以反映管理客观规律的管理理论和方法为指导，有一套分析问题、解决问题的科学方法论。管理是为了有效地实现组织目标，管理者利用相关知识、技术和方法对组织活动进行计划、组织、领导、控制并不断创新的过程。在这个过程中管理者个人不是进行主观的随意决策，而是着眼于组织的最优效率建立起分工协作体系，这个体系是为了完成组织目标而形成的一系列过程的组合，这些过程反映出管理活动本质的、内在的、必然的联系，是科学的规律。就构成而言，管理是一个体系，是为了实现组织目标相互关联、相互作用的管理要素所构成的统一整体，是开展计划、组织、指挥、协调和控制等闭环活动的直接对象。管理的科学性、过程性和体系性使工作分解得以开展。量化考核工作法的工作分解环节基于效率最优原则，将庞杂的管理工作拆解为一个全面覆盖、上下贯通的“工作模块—业务流程—成果标准”体系。这个体系的落脚点是基础作业单元，每一项基础作业单元都是价值创造必不可少的环节。

2.2.2　管理价值可量化

马克思认为不同具体劳动虽然在形式上各不相同，但却蕴含着共同的东西——抽象劳动，商品的价值正是由这种抽象劳动决定的。劳动时间可以衡量商品的价值，商品的价值并不是由各生产者的个别劳动时间决定，而是由社会必要劳动时间决定。什么是社会必要劳动时间呢？马克思说："社会必要劳动时间是在现有的社会正常的生产条件下，在社会平均的劳动熟练程度和劳动强度下制造某种使用价值所需要的劳动时间。"例如，市场上有100名生产者用机器织布，生产1公斤布需要1小时，而有4名生产者手工织布，生产1公斤布需要5小时，那么1公斤布的价值量就以机器生产为准。量化考核以标准工时作为价值标尺衡量各项管理工作的价值，这个标准工时是指在一定条件下，以标准化的工作方法，普通熟练员工以正常速度完成一定质量和数量的工作所必需的时间。就这个角度而言，标准工时与马克思社会必要劳动时间的概念的内在逻辑是一致的。

2.2.3 量化考核思想的成功实践

20世纪初，泰勒用以量化为特征的科学方法替代了凭经验管理的方法，开创了科学管理时代。泰勒认为财富最大化只能是劳动生产率最大化的结果，所以科学管理的根本目的是谋求最高劳动生产率，而达到最高劳动生产率的主要手段是用科学化、标准化的管理方法代替经验管理。泰勒通过将整体工作分解优化为一个个动作，并对动作需要的标准时间加以研究，得出最优绩效标准，极大提高了劳动生产率。虽然泰勒的科学管理思想起源于对生产管理的研究，但在有管理活动的地方，科学管理思想就必然能找到它的适用空间，因为提高效率、减少浪费、创造共同财富是具有普遍意义的目标。

二战结束后，来自美国军队的十位精英被刚刚接管福特公司的亨利二世招至麾下。这十位不懂汽车的精英通过建立以计划、流程和控制为基础的规范管理体系，对福特公司开展了系统管理变革。他们强调的基于数据和事实的理性科学管理使福特公司摆脱了老福特经验的禁锢，从低迷不振中重整旗鼓，扭亏为盈，再现了当年的辉煌。这十位精英因此被称为"蓝血十杰"。"蓝血十杰"管理思想最突出的一点是将所有业务分解为流程，建立规范的管理体系，实现最高效率。

1997年，华为公司遇到了发展瓶颈：产品及时交付率只有50%，各项管理相比国际大公司非常落后，已不能适应快速增长的订单需求。于是华为从IBM引入集成产品开发（Integrated Product Development，IPD）管理制度，此举帮助华为实现了从大到强的飞跃。引进之初，面对各种质疑，任正非说："为什么我们要认真推IPD？我们就是要让企业摆脱对个人的依赖，使要做的事从输入到输出直接端到端……使成本最低，效率最高。"IPD结构化、标准化的内涵与量化考核思想不谋而合。

现在，量化考核的思想和方法已成为组织进行生产计划管理、绩效管理、成本控制的重要基础。除了广泛应用于流水线生产员工的考核，在临床医学、社区卫生服务、科研管理、设计管理、非标准化设备制造等领域的人员绩效管理中也有不同程度的成功应用。本书提出的量化考核工作法是量化考核思想在管理部门员工绩效管理上的进一步发展和应用。在实践中，根据量化考核结果开展奖金分配，同级人员奖金分配最大差距由10%提升至64%，员工积极性和组织管理精细度显著提升。根据无记名问卷调查结果，量化考核工作法获得了多数单位和员工的欢迎和支持，认可度达90%。

2.3 量化考核工作法的价值

作为一种全新的绩效管理方法，量化考核工作法打开了管理"黑匣子"，实现了管理工作的体系化、标准化、知识组织化与管理部门员工绩效的显化、量化、可比化，有效破解了管理部门员工绩效管理难的问题。量化考核工作法丰富了组织开展全员绩效管理的路径选择和工具库，填补了管理部门员工精准考核、精准激励的理论和实践空白，对以KPI考核法为代表的定量方法和以360度考评法为代表的定性方法等绩效管理方法形成了有益补充，并在"五工一改"绩效循环中促进了组织绩效的提升，推动了组织与员工的共同成长。

2.3.1 提升组织绩效

降低管理难度。一方面，管理者通过分析工时记录和规律，可以直观地了解员工的工时分布、工作进展等信息，及早发现潜在的问题，优化工作任务和人财物等资源配置，确保任务达成；另一方面，管理者通过对比员工日常工作表现和工时获取差异情况，能够更加全面、客观地判断员工的工作态度、工作效率和能力水平等情况，发现谁是投入认真、工作高效的"优秀人才"，谁是装模作样、磨洋工的"老油条"。长期积累的工时数据还可以为合理确定人员编制提供客观依据——管理者根据不同岗位业务量的饱满程度、业务的周期性变化，提前进行员工调配或业务能力培训，可确保人力资源与业务需求匹配，有效支撑组织战略落地。

激发员工活力。在亚当斯的公平理论的基础上，有研究指出，如果组织能够合理利用这种"相对"差距，并且让员工充分意识到产生这种差距的根源并不是管理者的失误，而是两个比较对象之间确实存在价值创造能力的不同，那么，这种差距就会成为低报酬一方努力追逐的动力。量化考核为合理拉开分配差距提供了客观依据，形成了高投入、高绩效、高报酬之间的良性循环。用实施量化考核工作法的部门员工的话来说："工时结果一经公布，谁做得怎么样一清二楚，做得好的就多拿，做得差的就少拿，谁也挑不出毛病。想要多拿奖金，就多挣工时。"

加强绩效沟通反馈。工作分解环节明确了每项基础作业单元的成果的标准要求，让管理者与被管理者都做到了对绩效目标结果何为优、何为劣"心中有数"，为共同开展工作奠定了基础。在工作开展过程中，量化考核通过完成每项基础作业单元的"短期指标"来衡量员工每月、每周甚至每天的工作成效，为管理者与员工开展绩效沟通提供了有效依据。通过绩效反馈的沟通互动，员工能更加理解管理者的要求，管理者也能清晰地了解员工期望做些什么、存在什么困难。

提升组织信任度。组织信任可以显著缓和紧张关系，并提升个体绩效、团队绩效与组织绩效。密薪制是大多数企业的基本管理制度，密薪制导致了员工之间无法进行奖金比较，使员工容易对薪酬分配的公平性产生质疑，削弱组织的信任文化。量化考核体系以客观、清晰的量化数据为基础进行奖金分配，员工可以算出自己的奖金，整个过程公开、公平、可查验，促进了组织信任文化的形成。在这样的信任文化基础之上，管理部门员工与组织能够紧密结合起来，形成利益一致的价值创造联合体。

塑造高绩效文化。对效率的竞争永远是市场竞争的主旋律，量化考核的核心是追求以最优的路径实现最优绩效。量化考核通过建立明确的工作分解体系和成果标准要求，向员工传递组织的目标和绩效要求，告诉员工什么是成功，以及如何成功，使员工有极强的参与意识。在量化考核体系下，员工会主动运用自己的专业技能，协调各方面的资源去解决工作中遇到的问题，实现绩效目标，从而从被动的、被管理的员工成为主动的、自我驱动的自我管理者。

2.3.2　推动组织成长

实现管理标准化。彼得·德鲁克说："管理就是原则。"也就是说管理的本质是方的，其最为本源的东西就是标准化、流程化、格式化。标准化管理是组织实现现代化管理的基础和重要手段：科学管理鼻祖泰勒的研究就始于标准化；福特汽车第一条自动生产流水线就源自对各部分的标准化；风行全球的 ISO 质量体系也是从建立标准开始；ERP 也是信息、程序标准化的集成。量化考核实现了工作中每一项业务有标准、每一个流程有章可循、每一项考核有依据，真正做到了管理标准化、制度化、规范化、程序化，尽量淡化人为因素，防止个人意志凌驾于标准之上。

促进知识组织化。知识管理能力是组织的核心竞争力之一，具备良好知识管理能力的组织能够持续自我改善，不断提升自我。如果组织没有有效的方法促使员工与他人共享专业知识和技能，这种隐性财富就难以沉淀，尤其对管理部门来说，因为工作的复杂性和周期性，经验累积是开展任务活动、达成项目目标的重要基础，是提升工作效率的重要途径。虽然管理部门员工在日常中会交流工作经验，但这种零星的、随意的分享很难形成有效的、可传承的知识体系。量化考核通过持续优化工作分解体系和工作流程，将员工的个人知识提炼并使之固化为组织的知识，确保信息被共享使用，从而提高组织的集体智慧。

激发改革创新。改革创新是发展的强大动力，量化考核工作法通过调整调节系数或标准工时值，形成了牵引和奖励改革创新的有效机制，激发了员工的创新意识和内在动机。在每年年初，通过对改革型、创新型任务设置较高的调节系数，员工完成改革型、创新型任务后获得的标准工时高于常规任务20%以上，可提升员工申领改革型、创新型任务的积极性。在量化考核工作法运行一定周期后，根据业务成熟度、组织信息化水平等，系统调降常规任务的标准工时值和占比，能够引导员工将更多时间和精力投入到工时值更高的改革型、创新型任务上。

促进对标提升。量化考核把管理领域内最佳实践的流程、方法和技巧总结出来，并提炼在标准工时手册中，使之变成一个可以对照操作的模板和工具，促使绩效不断提高。组织实施量化考核工作法后，管理部门可从业务体系、工作流程、成果标准要求等各个方面将自己与标杆进行比较、分析，明确差距及差距产生的原因，通过学习他人的先进经验来改善自身的不足，实现绩效的改进与提升，形成竞争优势。

实现数据驱动决策。随着数字化技术的迅猛发展，人力资源对价值的创造不再仅仅依赖于管理者的经验和直觉，而更多地由数据驱动。数据驱动的人力资源管理不仅仅是进行数据处理和分析，还将人力资源相关的数据视为关键资源，通过深入挖掘和应用这些数据来提升管理效率和业务价值。量化考核工作法积累了大量的工时数据，管理者通过将工时数据与业务数据联系起来，为反映问题提供了有意义的决策依据，使管理实现了从靠“经验＋感觉”的主观判断到靠“事实＋数据”的转变，实现了科学管理。

2.3.3 推动员工成长

实现高效自我管理。管理部门工作接口复杂，计划外任务多，如果缺乏有效的任务管理方法，员工的工作效率和质量都会受到较大影响。借助量化考核工作法建立的工作分解体系，使员工能够清楚掌握任务结构和工作流程，并且每项基础作业单元都有明确的成果要求，这就相当于建立了集成的“目标—流程—成果”管理系统，员工不再只是上级指示的被动执行者，而是成为有明确工作使命的“主人翁”。在任务执行过程中，员工将量化考核系统作为任务管理系统，根据工作完成情况及时调整任务排序，可以实现高效的自我管理。

提高投入产出效率。分解后的工作体系成果要求清晰、责任人明确，包含了从任务分配、过程管理到结果评价的全流程，使员工的各项工作有据可依，提升了工作规范度和工作效率。工时管理是量化考核体系的核心内容，员工可以通过对实际投入时间和获得标准工时的对比分析来发现问题。很多高效敏捷团队的研发人员可能连需求文档都不需要写，但却要记录自己解决问题的时长，以对工作的投入产出进行分析。量化考核工作法天然具有工时记录特性，员工通过分析自己的实际工作时间与标准工时获得情况，了解自己的工作投入产出效率，分析工作成效低的原因，从而能够有针对性地提高自己的工作能力和改善工作成效。

培养复合型人才。组织能力的提升要求组织必须拥有能力多元化的人才；组织内部跨职能协作的增加，也对员工的综合素质提出了更高的要求。专长突出而又知识广博、经验丰富的复合型人才是满足组织高速发展需求的关键要素。各个管理部门的标准工时手册作为管理工作业务的“说明书”，让每个员工都能够了解并熟练掌握各项业务的工作流程，以及业务内在的协调与控制机制等，是培养复合型人才的重要支撑。

提升系统思维能力。系统观念是马克思主义的重要认识论和方法论，能够提高系统思维能力。“十个指头弹钢琴”就是在把情况搞清楚的基础上，统筹兼顾、综合平衡，突出重点、带动全局。员工在进行工作分解和工时定标的过程中，通过深入分析本部门工作、自身岗位职责的体系构成和关键要素等，对组织战略、部门业务和岗位职责有了更加深刻的认识，员工的体系思维、逻辑思考和分析能力都得到了有效提升。

2.4 量化考核工作法展望

虽然量化考核工作法取得了显著成效，但它毕竟是一个新生事物，其研究与应用仍有许多地方需要改进。为了更好发挥量化考核工作法的作用，本书主要想从“构建算法模型”“细化成果标准”“深化应用集成”三个方面进一步拓展，推进量化考核工作法不断完善。

2.4.1 构建算法模型

“构建算法模型”是指建立工作分解和工时定标算法模型。经过四年的实践，量化考核工作法形成了较为成熟的工作分解和工时定标方法，积累了大量的工时数据，但工作分解和工时定标工作目前仍主要依靠专家经验开展，时间成本高，而且存在跨部门的标准工时“价值含量”难以比较的问题。算法模型以工时数据为基础，通过将管理工作类型、行业特征、组织规模、人员能力素质、信息化程度等主要影响因素作为输入因子，构建工作分解和工时定标的内在逻辑和交叉验证关系，实现了最优工作流程、最佳工时标准的“自动生成”和“迭代优化”，并在此基础上建立不同部门之间的标准工时“价值含量”换算系数，消除了量化考核结果跨部门比较的障碍。

2.4.2 细化成果标准

“细化成果标准”是指对每项基础作业单元产出的成果标准分维度进行细化。良好的成果标准应该是可衡量、可观察、可验证的。量化考核工作法目前的成果标准更多是以成果形式展现，缺少对质量的要求。我们希望通过细化成果标准，帮助管理者区分出不同成果的质量到底处于何种水平：基本符合预期、完全符合预期，还是超出预期，并减少员工在成果产出是否能达到预定水平以及在多大程度上达到了预定水平上的疑惑，打通“做什么—怎么做—做成什么样”的链条。

2.4.3　深化应用集成

“深化应用集成”是指在深入挖掘工时数据规律的基础上，将量化考核结果与人力资源管理、生产经营深度联动，通过量化考核的杠杆撬动其他业务的发展，从而实现管理效能的系统提升。比如，将量化考核结果与人力资源管理其他模块联动，为人力资源规划、定岗定编定员、招聘与选拔、培训与能力开发等业务提供量化依据，夯实其他人力资源业务决策基础；与组织生产经营活动联动，分析工时数据与业务进展、业务周期的相关关系，为管理者进行生产经营决策提供参考。

本章小结

量化考核工作法基于科学管理思想，创造性地应用马克思劳动价值论，通过将标准工时作为价值衡量单位，找到了衡量不同管理工作的价值的统一标尺，使对管理部门员工绩效的评价有了客观依据，有效解决了管理部门员工绩效管理的“五难”问题，改变了“干多干少一个样、干好干坏一个样”的现状。当然，量化考核工作法并不仅仅是一个考核工具，还是系统提升绩效水平的有效方法——通过分解工作、优化工作体系，真正做到了管理的标准化、制度化、规范化、程序化，促进了组织效能的提升，实现了组织和员工共同成长的根本目标。

第三章

基石：工作分解

工作分解是量化考核工作法“五工一改”体系的首要环节，也是实施量化考核工作法的基础。各项工作的开展必须以整个组织的目标为导向，服务于组织整体的成功。虽然具体工作的贡献可能不一样，但每项工作的贡献必须融为一体，产出整体绩效。所以，工作分解并不是简单机械的分解，而是基于组织战略的功能要求和效率最优原则，将全部管理部门的业务分解为目标一致、逻辑清晰、层次分明的工作分解体系。通过这个工作分解体系，员工能够清晰了解业务的结构、职责范围、工作任务、成果标准，知道做什么、怎么做、做成什么样。

3.1 工作分解概述

工作分解是在深入开展业务体系优化、工作流程改进的基础上，按照一定顺序将标准业务逐级分解为边界清晰、成果明确、相互独立的若干作业单元，形成“横向到边、纵向到底、全面覆盖”的工作分解体系的过程。工作分解对工作的任务、流程、相互关系以及期望的成果标准做了相关的规定，建立了一个结构化、层次化、可视化的工作分解体系，能够使整个管理工作更加清晰、具体和可操作。

为了更好地开展工作分解，根据业务性质的不同，本书将所有的管理工作分为标准业务和非标准业务。其中，标准业务是指边界明确、方法确定、流程清晰、结果可衡量的业务；非标准业务是指组织管理提升或者管理转型阶段开展的创新型业务，通常具有方法不确定、成果不明确的特点。随着组织管理体系成熟度的不断提升，具备分解条件的非标准业务应逐渐更新迭代为标准业务。当然，并非所有非标准业务都转化为标准业务才是最好的，因为变革和创新是组织的常态，组织必然存在一定比例的非标准业务，而且非标准业务是组织能力发展和竞争提升的关键，组织应该持续寻找和创造非标准业务，鼓励员工不断承担非标准业务。

3.2　工作分解的原则

3.2.1　系统分解原则

工作分解应在整体把握的基础上进行，应用系统思维从业务全局的角度分解任务，使分解后的各部分业务能够有机地整合为系统整体职能。要分析不同工作之间的关系，明确工作任务之间的逻辑联系和依赖关系，以便更好地进行任务分解和流程设计。同一分解层级的各项业务应流程边界明确、业务独立，既不重复，又不遗漏；既不出现“空白”或“断口”，也不出现“多余”部分和环节。

3.2.2　成果导向原则

开展工作分解的过程可以理解为确认可交付成果的过程，因此，最小的基础作业单元应定义清晰，能够用切实的、可验证的成果来描述成果标准，并确保可分配到具体个人。在分解过程中，按照“可以分配到人、有成果可考核”的要求，在每一层次分解中考虑责任划分和归属，将工作任务分解为更小的、可管理的子任务，最终确保每一个最底层的节点都有明确的责任人，每个子任务都能够最终被完成并交付所需的成果。

3.2.3　适度领先原则

工作分解是基于效率最优原则，通过对业务体系进行系统梳理和优化，实现管理提升的。因此，工作分解不应局限于现有管理边界、方法和流程，而是要结合组织发展需要，对标行业标杆实践和学界研究成果，学习成功经验和方法，在现有业务和流程梳理的基础上，开展业务体系优化和流程改进，从而提高工作体系化、业务流程化、操作标准化、知识组织化的程度。

3.2.4 有序分解原则

工作任务可按照“横向分类别、纵向分阶段”的逻辑顺序，逐步分解成小的任务，直到每个任务都足够具体和可操作。开展工作分解时，应充分考虑业务性质、职责划分、工作流程等因素，按照层级结构组织任务和子任务，确保层级结构清晰、易于理解和操作。同时，工作分解体系按结构化设计，建立分层分级的工作流程，使得流程之间的上下游逻辑关系和系统结构关系更加明确，防止出现职责不清、互相推诿、流程混乱的现象。

3.2.5 颗粒度适宜原则

工作分解的颗粒度要有合理的大小，以有效平衡管理收益与管理成本。分解过细，会导致过高的管理成本；分解过粗，有效性和可操作性不强，无法有效衡量绩效结果。考虑管理收益与管理成本，结合管理实践经验，工作分解的层级一般为“工作模块—一级任务—二级任务—基础作业单元”四级。从完成各项基础作业单元获得的标准工时大小来看，不应超过 8 个标准工时或者小于 0.1 个标准工时。此外，分解后各类工作的深度要相对一致，避免出现事务型工作分解过细，改革型、创新型工作分解过粗的问题。

3.3 工作分解的方法

工作分解是指以 PDCA 循环法作为基本逻辑，使用 WBS 任务分解法，将宏观的、复杂的管理工作职责逐级分解为若干个更小的、更具体的子任务和基础作业单元，在分解过程中应用 ECRS 分析法，不断优化和完善工作流程，以提高工作分解成果的科学性和有效性。

3.3.1　PDCA 循环法

PDCA 循环法，即将各项工作按照制订计划、实施计划、检查实施效果、处理及改进检查结果的逻辑进行分解（见图 3－1）。

P（Plan）——计划：确定方针和目标，确定活动计划。

D（Do）——执行：实地去做，实现计划中的内容。

C（Check）——检查：总结执行计划的结果，注意效果，找出问题。

A（Act）——改进：对检查结果进行处理，对成功的经验加以肯定、适当推广并标准化；对失败的教训加以总结，以免重现失败，将未解决的问题放到下一个 PDCA 循环中。

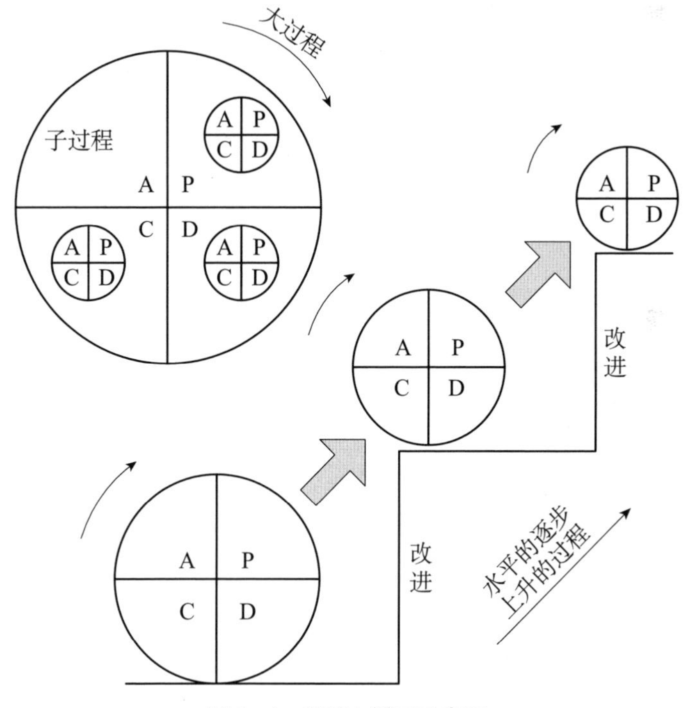

图 3－1　PDCA 循环示意图

PDCA 循环不仅适用于大过程，也适用于子过程，通过不同子过程的 PDCA 组成大过程的 PDCA 各阶段的要素。此外，PDCA 循环不是水平上的循环，而是不断解决问题的过程，是水平的逐步上升的过程。因此，A

（Act）阶段是 PDCA 循环的关键，该阶段的重点在于通过行动解决存在的问题，总结经验和改进提升，使 PDCA 循环转动向前。

示例》

用 PDCA 循环法分解招聘活动实施任务（见图 3－2）

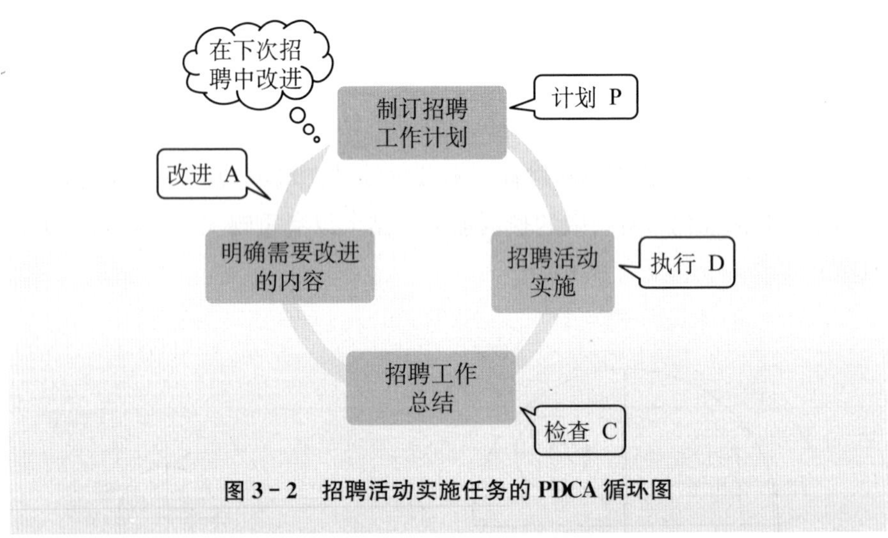

图 3－2　招聘活动实施任务的 PDCA 循环图

3.3.2　WBS 任务分解法

WBS 任务分解法是一种项目管理方法，用于将一个大型项目分解为可管理的、可控制的任务，是以可交付成果为导向，对项目要素进行分组，最终形成一个树状结构即工作分解结构（Work Breakdown Structure，WBS）的方法。最终形成的工作分解结构定义和归纳了项目的整个工作范围，通常按照项目的阶段、交付标的、工作包进行划分，每下降一层代表了对项目工作的更详细定义。其由三个部分组成，分别为：

W（Work）——工作：输出某种结果或产生某种价值的活动过程，如编制一套试题、组织一场面试，一套试题和面试结果就是工作的成果。

B（Breakdown）——分解：将工作划分成不同部分或类别、分解成更简单且可识别的任务，比如说组织一场面试，可以分解为策划、准备、实施等不同的部分。

S（Structure）——结构：用确定的组织方式来安排事物，使同一分解层级的工作任务处于同一维度。

应用 WBS 任务分解法对管理工作进行分解有以下几个步骤：

（1）确定项目目标和范围：在项目启动阶段确定项目目标和范围，了解项目任务和问题，以便能够适当地将其分解为不同的任务和子任务。

（2）识别工作包：将项目分解为几个主要的阶段和可管理的任务，将大型项目分解为小型的、易于管理的模块，确定工作包并将其编号。

（3）定义细化任务：按照“项目→任务→工作→日常活动”的步骤，关注每个工作包的任务，将其分解成更小的任务和子任务，直到分解出可定义的工作量为止。

（4）建立阶段间的层次关系：将各项子任务按照一定维度进行归类，通过构建层级结构将它们链接在一起，确保每项任务都包含在可管理的工

示例 》

组织召开会议的工作分解（见图 3－3）

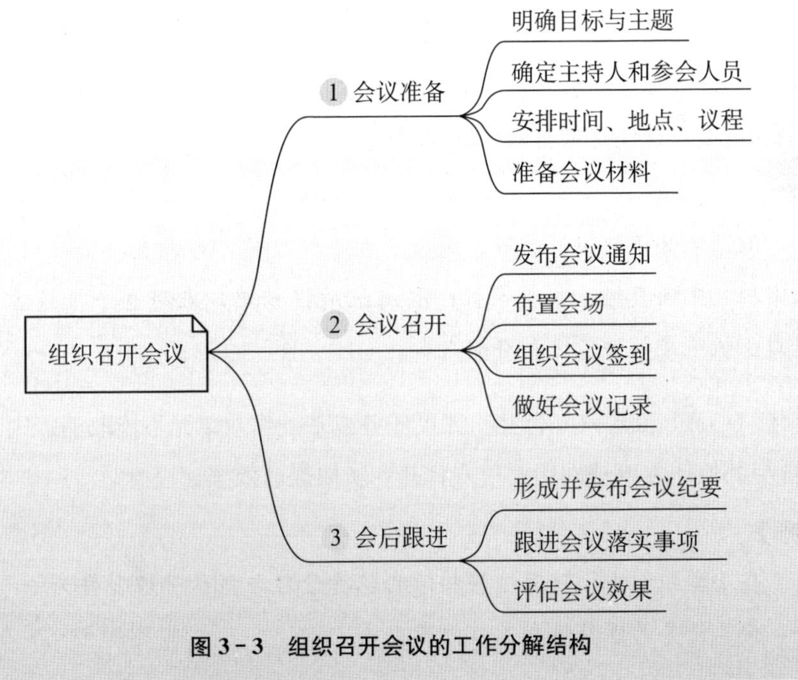

图 3－3　组织召开会议的工作分解结构

作包中。建立层次关系可以按照多种方式进行，包括按照产品的物理结构、产品或项目的功能、项目实施过程、任务的地域分布、项目的各个目标、任务的归属部门、职能模块等。

（5）评估任务的持续时间：对于每个任务，估算完成该任务所需的时间，并记录在任务的工作包中。

（6）审查并确认：在整个过程中，应该不断审查和确认已识别的任务和子任务，确保 WBS 与项目目标和范围相符。这可能需要多次迭代，并与相关方讨论工作细节和完成所需的时间。

3.3.3 ECRS 分析法

ECRS 分析法是一种工业工程学中的程序分析方法，旨在通过取消（Eliminate）、合并（Combine）、调整顺序（Rearrange）、简化（Simplify）四个原则来优化生产工序，以减少不必要的工序，从而达到更高的生产效率。在工作分解过程中使用 ECRS 分析法，能够帮助我们找到更高效能的工作方法。其中：

E（Eliminate）——取消：首先考虑该项任务或基础作业单元有无取消的可能性。如果所分解的任务、基础作业单元可以取消且不影响工作的质量和进度，这便是最有效果的改善。

示例》

取消不必要的审批环节，对于一些小额报销，可以直接由部门负责人审批，无须再经过多级审批；取消纸质报销单，采用电子报销方式，以减少纸质文档的传递和存储成本。

C（Combine）——合并：如果任务或基础作业单元不能取消，则考虑能否与其他任务或基础作业单元合并，从而提高效率。

示例》

在小型组织中，可通过将相似的职责管理与机构管理合并为一个任务，提高任务的连贯性和工作效率。

R（Rearrange）——调整顺序，也称为重排：是通过改变工作程序，使工作的先后顺序重新组合，以达到改进工作的目的。

示例 》

将制度宣贯流程调整到制度发布之前，以约束制度制定责任方必须开展制度宣贯，而不是发布之后就束之高阁，以达到制度宣贯的目的。

S（Simplify）——简化：指对工作内容和步骤的简化。经过取消、合并、调整顺序之后，再对该项工作进一步开展更深入的分析研究，采取适当方法，使现行方法尽量简化，从而最大限度地缩短工作时间，提高工作效率。

示例 》

实施电子化采购系统，实现一键下单、自动比价等功能，从而简化原先线下分批采购、人工比价的采购流程，提高采购效率；将形式主义、按例进行或意义不大的定期会议简化为信息反馈，以有效减轻工作负担。

3.4　标准业务分解

3.4.1　梳理工作体系

围绕组织战略目标实现的功能要求，对全部的工作信息进行充分的梳理和分析，包括工作的价值理念与目标、管理原则、运行模式、职责范围等方面。只有在对现有工作有了清晰的认识后，才能进行具体的工作分解。工作体系的梳理一般包含两个方面：

一是自上而下开展组织战略的分解，将组织战略方向、战略目标分解到各部门层级，再细分到具体业务模块，从而确定各个工作模块的价值理念和工作目标，明确达成组织目标应具备的业务结构、关键任务和人员能力等要素。

二是梳理和分析已有的工作记录和文献资料，提炼和总结最佳实践经验，确定最优的工作体系和业务流程。涉及的资料可分为内部资料和外部资料：内部资料为组织内部与业务工作内容相关的文件资料，例如部门职责分工、岗位说明书等文件，从中获得相关组织/部门/岗位信息，以便对每一项工作的任务、责任、权力、工作负荷、任职资格等有一个全面的了解，为进一步分解奠定基础；外部资料是指行业或学界已有的相关领域标准或相似岗位研究材料，从中获得权威专业的参考和指导。

3.4.2 明确工作模块

根据组织经营发展需要，对标部门业务所在领域行业标杆的实践和学术界研究成果，综合考虑工作性质、职责划分等因素，将全部业务划分为不同工作模块。工作模块通常可以分为三类：一是自身体系建设模块，即对整体工作的系统谋划，主要包含工作的价值理念和目标、运行模式、业务范围、制度体系建设、运行质量、营销宣传管理等内容；二是职责范围内的业务模块，即根据组织发展定位和业务现状，按类别划分的具体工作模块等；三是区别于部门职责的综合管理模块，如部门团队建设，以及处于组织内部或一定组织环境下而必须开展的党群工团、计划管理、预算管理等业务。

示例》

某公司根据职责分工、标杆单位的实践经验以及最新理论研究成果，将其经营管理部门的工作分解为13个工作模块，包括1个“经营管理体系建设管理”工作模块和“战略规划管理”“专题研究管理”“经营业绩考核管理”“经营统计分析管理”“固定资产投资管理”“股权投资管理”“企业改革管理”“采购与供应商管理”“企业资质管理”“生产经营计划管理”“经营管理信息化管理”等11个业务模块，以及1个“部门综合管理”模块。

3.4.3 明确一级任务

根据各工作模块的具体内容、性质等因素按照“横向分类别”的原则完成一级任务的分解，目标是确保一级任务之间不重复、不遗漏。一般来说，各工作模块可按照 1＋N 的体例进行分解：“1”即总体设计，在各个业务模块间确定一个“总体设计”的一级任务，主要包含目标管理、职责权限、资源支持保障、评估与改进等内容，明确该业务模块要实现哪些目标以及如何实现；“N”即多个具体业务，按照业务类别将本模块所有业务分解为多个一级任务。

示例》

某公司财务领域将“成本管理”工作模块分解为 6 个一级任务，包括 1 个“成本管理体系建设”总体设计的一级任务和“成本规划”“成本控制”“成本核算”“成本分析与对标”“成本考核”等 5 个具体业务的一级任务。

3.4.4 明确二级任务

二级任务来源于对一级任务的进一步分解。一般来说，各二级任务可以按照“制度建设＋PDCA 业务流程＋材料归档与信息维护”的体例进行分解。其中 PDCA 业务流程就是将一项任务按照 PDCA 循环法的“计划、执行、检查与改进”四个环节，分别分解为具体的二级任务，分解后要确保二级任务之间逻辑清晰、过程完整。

示例》

“组织绩效管理”分解为“制度建设”“绩效考核组织机构建设”“公司年度绩效计划制订”“各部门/单位年度绩效计划制订”“绩效计划执行监督”“绩效计划调整”“绩效完成情况考核”“绩效结果应用”“结果反馈”“申诉与处理”“材料归档与信息维护”等 11 个二级任务。

3.4.5 明确基础作业单元

基础作业单元是工作分解的最小单元，来源于将二级任务进一步分解为更小的、可管理的子任务，是输出成果的最终活动。过程中应使用ECRS分析法不断反复验证分解成果的合理性和最优性，寻求改进提升计划，通过取消、合并、调整顺序和简化，找到更高效能的工作方法。

为了避免重复并保持工作概要的独特性和唯一性，对基础作业单元的描述应简洁准确，一般采用“动词＋宾语”结构，以有效区分不同基础作业单元的任务量，如“编制制度”“修订制度”，为下一步确定各项基础作业单元标准工时奠定基础。同时，对不同模块之间的共性业务（如开展调研、制度建设、履行内部决策程序等），在描述基础作业单元时应采用统一的表述方式，避免引起定义不清及分解不平衡。

示例》

所有工作模块的“制度建设”任务可以统一分解为如表3-1所示的基础作业单元。

表3-1 “制度建设”任务分解表

二级任务	基础作业单元
制度建设	编制/内容修订/形式修订
	征求意见及沟通反馈
	履行内部决策程序
	开展制度宣贯
	发布制度

3.4.6 明确成果标准

根据工作分解结果明确每项基础作业单元的成果标准，进一步明晰基础作业单元的内涵，使各项基础作业单元有更具体的遵循和依据，同时，通过成果标准判断员工每项基础作业单元的产出是否符合要求，以有效衡量员工工作任务的完成情况。通常应采用切实的、可验证的成果来描述，一般包含成果的表现形式及质量标准两部分：表现形式可以是通知公告、会议纪要、制度文件、审批记录、清单、PPT 等；质量标准一般应明确成果的表现形式所必须包含的要素以及相关指标。

3.4.7　明确计量单位

根据基础作业单元性质的不同或者发生的频次，明确各项基础作业单元的计量单位（见表 3－2），以便在考核周期内准确统计员工标准工时的获取情况。

表 3－2　基础作业单元分解表

工作模块 1					
序号	一级任务	二级任务	基础作业单元	成果标准	单位
1					
2					
3					
工作模块 2					
序号	一级任务	二级任务	基础作业单元	成果标准	单位
1					
2					
3					

3.5　非标准业务分解

非标准业务具有方法不确定、成果不明确的特点。为了降低工作分解和工时定标难度，对非标准业务一般参照标准业务的分解原则和方法，并类比同类标准业务进行分解。进行非标准业务分解时，应在充分开展工作分析的基础上，对于能够分解到基础作业单元及成果标准的环节尽量分解；对于前期确实无法细化的环节，也应通过拟订工作计划大致确定关键任务节点，以作为确定非标准业务工时的依据，待任务完成后，在工时申报环节可根据实际情况进行调整。

示例》

表3-3以“创新优化专项工作”类非标准业务为例提供参考。

表3-3 “创新优化专项工作”类非标准业务分解表

工作模块	一级任务	二级任务	基础作业单元	成果标准
改革型任务	创新优化专项工作	前期策划	研讨上级单位指导文件	研讨记录
			开展调研和领导访谈	调研报告
			成立专项工作组	公文
			征集意见建议	意见建议
			编制专项管理实施方案	方案
			编制汇报材料	汇报材料
			履行内部决策程序	会议纪要/审批记录
			发布实施方案	通知
			上报实施方案	公文
		过程实施	编制下发工作通知	通知
			组织实施工作任务	实施记录
			组织开展专项培训	培训记录
			跟踪实施进展情况	跟踪记录
			上报上级单位进展情况	进展情况报告
			组织参加交流研讨	会议记录
		评估调整	定期评估实施效果	评估记录
			编制评估报告及调整建议	评估报告
			提交专项工作组审议	审议记录
			调整实施方案	方案
		总结改进	编制工作总结	总结报告
			提交专项工作组审议	审议记录
			上报工作总结、案例	公文
			开展经验交流推广	交流记录
		材料归档与信息维护	整理归档相关材料	材料台账
			维护相关信息	维护记录

上表中，首先按照 PDCA 循环基本逻辑，将“创新优化专项工作”分解为“前期策划”“过程实施”“评估调整”“总结改进”“材料归档与信息维护”等 5 个二级任务，并对各二级任务进一步细化，其中“前期策划”“总结改进”“材料归档与信息维护”基本能够分解到明确的基础作业单元，但“过程实施”和“评估调整”这 2 个二级任务仅是分解到较大的关键任务节点，仍需在后期实施过程中结合实际进行调整。

补充说明》

就分类而言，标准业务和非标准业务应该包含所有的工作业务。但因为外部环境、工作职责等不断变化，工作中还会出现临时任务，这种任务既可能是可分解的标准业务，也可能是非标准业务（见图 3－4）。当临时任务出现时，应先判定它属于标准业务还是非标准业务，再按照相应的方法进行分解。

图 3－4　临时任务与标准业务及非标准业务的关系

3.6　工作分解的动态调整

由于工作分解成果是基于一定的职责分工、管理流程等确定的，实施过程中难免存在相关条件变化的情况，因此工作分解并非一成不变。应建立工作分解动态调整机制，以确保工作分解成果能够准确反映实际业务的内容和流程。工作分解的动态调整一般分为临时修订和定期修订。

3.6.1　临时修订

对于因职责增减、任务分工及管理流程等条件发生变化，而导致基础作业单元严重不符合实际的，应及时开展修订。临时修订的流程一般为：员工或管理者提出修订事项、修订理由，部门负责人组织审核，并在部门内部进行公示和征求意见，之后再进行发布。

3.6.2 定期修订

步骤1 确定周期

当《标准工时手册》投入使用后，应及时了解其日常运转情况，了解管理者和员工等相关方的意见建议。同时，还应结合评估周期开展实施意见收集工作，分析评价相关意见建议，确定其中的工作分解成果是否符合实践需求。评估周期不宜过长或过短，一般应当在一个完整的业务周期后开展修订。

步骤2 开展修订

相比首次工作分解，由于已有统计数据和运行反馈意见，修订工作可以简化开展。修订的内容一般为以下方面：

①新增业务的分解。新增业务有两种类型：一是对于因业务范围和职务变化而新增的业务；二是部分非标准业务已相对成熟、流程清晰、可复制性强，也应考虑转变为标准业务。对新增业务开展分解时，要综合考虑工作性质、职责划分等因素，将其划分到合适的工作模块，并结合历史数据、已有同类业务开展分解，逐步确定一级任务、二级任务、基础作业单元以及成果标准和计量单位。

②流程优化业务的分解。对于工作流程改进的业务，使用ECRS分析法等方法重新梳理业务流程，优化工作方式方法，减少不必要的工作流程，提高工作效率。

3.7 常见误区

3.7.1 简单机械的分解

由于工作分解的主要依据之一是组织现行职责分工要求，并受工作分解人员的经验和个人利益的影响，工作分解过程中会出现仅基于现状进行的机械分解，而忽略对业务体系和流程的对标、评估与优化。例如，现有的工作流程让工作对象产生明显不满，但仍未进行优化；同类业务已经使用信息化手段，实现了线上管理和流程优化，但本业务仍未进行优化；部分人员为了后期多获取个人绩效，人为提升任务的难度或增加不必要的流程；等等。因此，在工作分解过程中，除了需要对日志记录和历史经验进行分析，还应该充分开展流程再造与优化、对标分析、同行评估等，以实现最优的分解。

3.7.2 过粗或过细的分解

工作分解是一项系统工程，一般需要多人或多个小组协同开展。由于不同人员在理解和尺度把握上存在偏差，可能产生粗细不一的情况。例如，根据实际工作情况，“指标预警”“预警追踪”“预警解除”“预警检视”等4个流程一般可以连续开展，且均耗时较少，合并为“预警提示及处理”1项基础作业单元即可（见表3-4），这样更便于后续的工时定标和实际使用过程中的统计。为了避免分解过粗或者过细，在完成分解之后，可以比较同类型或者相似业务分解后基础作业单元是否粗细一致，或者大致评估基础作业单元标准工时是否符合“不应超过8个标准工时或者小于0.1个标准工时”的基本要求。

表3-4 预警管理指标工作分解举例

二级任务	基础作业单元	成果标准	单位
关键指标预警管理	预警指标设置	监控表样	/次
	预警指标监控	监控记录表	/次
	指标预警	指标预警提示单	/次
	预警追踪	追踪处理记录	/次
	预警解除	预警解除通知	/次
	预警检视	检视报告及汇报	/次

3.8 良好实践

一个合格的工作分解体系

基于组织战略达成的功能要求和效率最优原则，一个合格的工作分解体系应具备以下几点特征：

从整体上来看，覆盖本领域全部标准业务，各任务逻辑清晰、过程完整；

从结构上来看，各层级层次分明、相对平衡、体例统一；

从表述上来看，各业务表述规范、定义明确；

从质量上来看，充分对标，能实现最优的工作体系和业务流程；

从各级任务上来看，同类型或者相似业务分解尺度统一、粗细适宜，各基础作业单元表述简洁准确、成果标准切实有效。

以下为 H 集团财务管理领域工作分解体系介绍。

3.8.1 模块划分

按照《企业会计准则》和《关于中央企业加快建设世界一流财务管理体系的指导意见》(国资发财评规〔2022〕23 号)“1455”框架，并结合各单位工作实际，在此将财务管理划分为 12 个模块（见表 3－5)。

“1455”框架：“1”是建成世界一流财务体系的目标；“4”是四个变革；“5”是强化五项职能——票、账、表、钱、税，即核算报告、资金管理、成本管控、税务管理、资本运作；另一个“5”是完善五大体系，即全面预算管理体系、合规风控体系、财务数智体系、财务能力评价体系、财务人才队伍评价体系。其中财务体系模块主要包括财务管理的整体运营模式、框架管理等宏观层面事项；将财务内控单独设为模块主要是为了强调财务安全；将财务报告与会计核算分开建立模块是从财务报告重要性角度考虑；财务信息化是当前财务数智化转型的重点，也是财务工作中的重要内容，故单设模块；预算管理、资金管理、成本管理、资产管理、税务管理、科研管理、综合管理等为财务管理工作的主要内容。

表 3-5　H 集团财务管理工作分解模块

序号	工作模块
1	财务体系
2	财务内控
3	税务管理
4	会计核算
5	财务报告
6	预算管理
7	成本管理
8	资金管理
9	资产管理
10	科研管理
11	财务信息化
12	综合管理

3.8.2　预算管理工作模块的划分

预算管理一般包括预算体系、预算编制、预算执行和预算考核。为保持颗粒度相对统一，将工作任务分解为预算编制、预算控制和分子公司预算管理三个一级任务（见表 3-6）。其中：预算编制按照编制形式的不同又分为报告编报前准备、国资委全面预算、业务预算编制和年中预算调整等二级任务；预算控制按照具体业务分为月/季度预算滚动、日常预算管理、预算执行分析和预算执行考核等二级任务；分子公司预算管理按照预算编制的先后逻辑分为预算管理检查、预算目标管理、预算过程管理和预算指标考核四个二级任务。然后按照“自上而下、自下而上、上下结合、逐级汇总”的思路及日常工作流程对各二级任务进行细分。具体如表 3-6 所示：

表 3-6 预算管理工作模块划分

序号	一级任务	二级任务	基础作业单元	成果标准	单位
1	预算编制	报告编报前准备	学习领会国资委、集团公司年度预算管理工作相关要求	会议记录	/年
2			结合公司经营目标，确定各财务专项指标目标	目标清单	/年
3			确定公司年度固定资产、股权投资预算情况	预算明细	/年
4			确定公司年度捐赠预算情况	预算明细	/年
5			明确公司年度预算管理工作方案	工作方案	/年
6			开展预算编制培训	培训材料	/年
7			年度 MKJ 涉及财务预算相关测算工作	测算底稿	/年
8		国资委全面预算	国资委预算工作通知	工作通知	/年
9			编制单户国资委预算久其报表	财务报表	/年
10			编制单户国资委预算久其报告	财务报告	/年
11			准备抵销底稿，编制差额表	预算汇总表	/年
12			汇总上报预算预报表	财务报表	/年
13			下达预算建议目标	财务报表	/年
14			各单位上报年度预算草案	预算方案	/年
15			汇总上报年度预算草案	预算方案	/年
16			发起预算审核流程	预算底稿	/年
17			召开全面预算审核质询会进行质询	会议记录	/年
18			批复预算目标	文件	/年
19			发起上报预算的正式行文	文件	/年
20		业务预算编制	编制/修订年度预算编制通知	编制通知	/年
21			组织各业务部门、各单位提交年度预算	部门预算表	/年
22			整理汇总年度预算	汇总预算表	/年

续表

序号	一级任务	二级任务	基础作业单元	成果标准	单位
23	预算编制	业务预算编制	反馈各部门、各单位年度预算	部门预算表	/年
24			提交预算管理机构审核	财务预算表	/年
25			编制财务预算报表	财务报表	/年
26			编制/修订年度预算方案总办会材料	PPT	/年
27			编制/修订年度预算方案党委会材料	PPT	/年
28			编制/修订年度预算方案董事会材料	PPT	/年
29			起草本单位预算下达文件	文件	/年
30		年中预算调整	启动年中预算调整并发布通知	预算调整通知	/年
31			组织各业务部门提交年中调整预算需求	部门预算调整表	/年
32			整理汇总年中预算调整	预算调整汇总表	/年
33			提交预算管理机构审核	预算调整汇总表	/年
34			编制财务预算报表	财务报表	/年
35			准备上会材料	PPT	/年
36			通过年中预算调整并下达	文件	/年
37	预算控制	月/季度预算滚动	启动滚动预算并发布通知	工作通知	月/季
38			组织各业务部门提交滚动预算	部门滚动预算表	月/季
39			整理汇总	滚动预算汇总表	月/季
40			编制预算报表	财务报表	月/季

续表

序号	一级任务	二级任务	基础作业单元	成果标准	单位
41	预算控制	日常预算管理	日常预算调整审批	预算调整申请单	/月
42			日常预算编码维护	预算编码	/月
43			日常预算数据反馈	预算数据	/月
44		预算执行分析	整理预算实际执行数	预算执行底表	月/季
45			月/季度预算执行偏差分析	偏差表	月/季
46			出具偏差分析报告	分析报告	月/季
47			对年度预算进行检查	检查记录	/年
48			编写年度预算问题报告	分析报告	/年
49			对相关问题进行整改	工作记录	/年
50			编写年度预算整改报告	整改报告	/年
51		预算执行考核	下达预算考核通知	工作通知	/次
52			考核类指标完成情况	评分表格	/次
53			监控类指标完成情况	评分表格	/次
54			评价决算数据与预评分数据偏差	评分表格	月/季
55			调整考核方案参数设计	调整方案	月/季
56			进行考核数据整理	考核数据	月/季
57			通报考核结果	文件	/次
58	分子公司预算管理	预算管理检查	检查制度体系建设情况	检查记录	/年
59			审查分支机构预算管理具体制度与总部预算管理制度的一致性	检查记录	/年
60			检查年度预算文件的完整性	检查记录	/年
61			检查年度预算执行情况	检查记录	/年
62			根据需要，实行具体预算案例抽查	检查记录	/年
63			提质增效专项工作检查	检查记录	/年

续表

序号	一级任务	二级任务	基础作业单元	成果标准	单位
64	分子公司预算管理	预算管理检查	经济运行工作检查	检查记录	/年
65			资金计划管理检查	检查记录	/年
66			预算精细化管理检查	检查记录	/年
67			其他专项工作	检查记录	/年
68		预算目标管理	根据公司整体经营指标要求，提出规划目标	规划文件	/年
69			结合分支机构自身发展实际，调整、确定规划目标	规划文件	/年
70			发摸底通知	备忘录	/年
71			汇总摸底数据（包括本年度预算完成情况和次年度预算指标），同各分子公司沟通完成上下游匹配、指标平衡工作，形成初步方案	初稿	/年
72			部门内部汇报、完善，和各分子公司确定	定稿	/年
73			上预算办公会	会议纪要	/年
74			整理并下达预算（一下）	备忘录	/年
75			发通知，汇总数据（包括分月预算）（一上）	备忘录	/年
76			同各分子公司沟通完成上下游匹配、指标平衡工作，形成初步方案	底稿	/年
77			部门内部汇报、完善，和各分子公司确定	初稿	/年
78			上预算办公会	会议纪要	/年
79			上预算委员会	会议纪要	/年
80			上董事会	上会材料	/年

续表

序号	一级任务	二级任务	基础作业单元	成果标准	单位
81	分子公司预算管理	预算目标管理	小权重拟稿	文件	/年
82			征集意见	备忘录	/年
83			完善小权重	定稿	/年
84			小权重下达	备忘录	/年
85			根据规划目标和年度整体指标要求，设定预算考核目标	预算文件	/年
86			设定年度监控指标	预算文件	/年
87			完成年度业务预算指标填报	业务预算表	/年
88			完成月度预算指标分解	分月预算表	/年
89		预算过程管理	以快报形式报送月度预算指标完成情况	快报	/月
90			分析月度重要预算指标的偏差情况	快报	/月
91			以快报形式报送年度预算指标完成情况	快报	/月
92			分析年度重要预算指标的偏差情况	快报	/月
93			月度执行反馈	跟踪表	/月
94			编制季度经济运行分析汇报材料	汇报材料	/季
95			季度总结分析	季度报告	/季
96			与分子公司沟通，完成预算调整初审	预算调整底稿表	/年
97			整理预算调整材料并复核	文件	/年
98			上预算办公会	会议纪要	/年
99		预算指标考核	下达预算考核通知	工作通知	/次
100			考核类指标完成情况	评分表格	/次

续表

序号	一级任务	二级任务	基础作业单元	成果标准	单位
101	分子公司预算管理	预算指标考核	监控类指标完成情况	评分表格	/次
102			评价决算数据与预评分数据偏差	评分表格	月/季
103			调整考核方案参数设计	调整方案	月/季
104			进行考核数据整理	考核数据	月/季
105			通报考核结果	文件	/次

本章小结

工作分解是按照目标一致、效率最优原则，在深入开展业务体系优化、工作流程改进的基础上，按照一定顺序将标准业务逐级分解为边界清晰、成果明确、相互独立的若干作业单元，形成“横向到边、纵向到底、全面覆盖”的工作分解体系的过程。开展工作分解应遵循系统分解、成果导向、适度领先、有序分解、颗粒度适宜的原则。常用的工作分解方法包括 PDCA 循环法、WBS 任务分解法和 ECRS 分析法。工作分解的一般步骤为梳理工作体系、明确工作模块、明确一级任务、明确二级任务、明确基础作业单元、明确成果标准、明确计量单位，从而逐步建立工作分解体系。

第四章

核心：工时定标

“量化”是量化考核工作法的核心，基于此管理部门员工的绩效贡献该如何量化呢？借鉴马克思关于社会必要劳动时间可以衡量商品价值的思想，本书认为，管理部门员工的工作价值也可以通过完成该项工作所消耗的必要劳动时间来衡量。当然，这里的必要劳动时间并不是每个人完成工作任务实际使用的时间，而是胜任工作要求的“标准人”完成某项工作所需的平均时间，本书将其称为标准工时，确定各项基础作业单元标准工时的过程被称为工时定标。通过将标准工时作为“统一度量衡”，实现了对员工绩效贡献的量化评价和比较。

4.1　工时定标概述

工时定标是指通过经验数据分析、专家研讨及对标等方式，按照合理适度、民主集中、持续优化的原则，确定完成各项基础作业单元所需标准工时的过程。标准工时是一个衡量单位，是指在一定的标准条件下，以一定的工作方法，合格且受过良好培训的人员以正常的工作状态完成某项基础作业单元所需的平均时间。

（1）一定的标准条件：工作环境、工作设备等处于正常状态。

（2）一定的工作方法：工作流程明确、工作方式相对固定。

（3）合格且受过良好培训：一般以具有中级水平且正常参加岗位培训的人员为基准，例如本科生工作满 5 年或硕士生工作满 3 年。

（4）正常的工作状态：工作人员生理、心理等状况正常，符合员工行为规范要求。

标准工时包含直接完成基础作业单元的工作时间，以及所需的辅助时间，如用于沟通协调、收集信息、预约场地、必要的休息的时间等。

4.2　工时定标的原则

4.2.1　合理适度原则

一般以一名合格且受过良好培训的人员完成基础作业单元所消耗的时间作为工时定标的基准。通常情况下，一名在本领域工作满 5 年的本科生或工作满 3 年的硕士研究生，其学历、能力和工作经验已经能够胜任一般管理岗位，作为一名标准对象较为适宜。工时定标还应考虑部门人员的整体素质情况。如果人员整体素质较高，最后确定的标准工时可在基准水平上适当缩紧，避免大多数员工实际工作时间较短而获得较高标准工时的“虚高”情况；如果人员整体素质较低，标准工时则应在基准水平上适当增加，避免员工实际工作时间很长但却无法获得数量合适的标准工时的情况，这样容易挫伤员工的工作积极性。

4.2.2　民主集中原则

管理工作既是一门科学，也是一门艺术，这种双重特点决定了管理工作无法像生产工作一样百分之百量化，所以标准工时的确定无须追求绝对精准，只要相对客观准确、大多数员工认为赋值恰当即可满足绩效管理需要。因此，在工时定标过程中要充分征求员工的意见建议，使结果得到大多数员工认可非常重要。员工要充分参与到工时定标过程中，通过互动沟通，逐步达成一致意见，这样既有利于检验工时定标的合理性，也能为后续量化考核工作法的实施建立良好的群众基础。

4.2.3 持续优化原则

工时定标工作量大、复杂程度高，而且组织所处的外部环境、信息技术条件也在不断变化中，因此，确定一套百分之百合理、长久不变的工时标准是难以实现的。此外，随着社会生产力水平的持续提升，管理部门员工的效率也随之提升，这就必然要求对工时定标体系进行动态调整，降低事务型、常规型工作的标准工时，提高改革型、创新型工作的标准工时，以确保标准工时能够合理反映员工完成各类工作的绩效贡献情况。在实施过程中，可以充分利用信息化手段，定期开展针对标准工时的分析和评价，持续完善工时定标体系。

4.3 工时定标的方法

4.3.1 实测分析法

实测分析法是指记录符合条件的观察对象的实际工作耗时情况，并经过统计分析形成标准工时的方法。实测分析法的数据来源主要包括现场观测记录和工作日志记录两种。将实测分析法作为工时定标的基础资料时，要注意该工作任务的边界条件、成果产出等是否与所定标的基础作业单元相匹配，对于存在边界条件差异的，应记录相应区别，以便为合理确定标准工时提供参考，然后通过对调查或收集获取的各种数据及资料进行数理统计和分析，形成定量的结论。

在对数据进行统计分析时要注意以下事项：对统计数据的完整性和准确性的要求要高，否则制定的标准容易产生偏差；统计数据分析方法选择不当会严重影响标准的科学性；利用不同单位之间的统计资料为某项工作确定标准，需要考虑单位之间的规模、管理水平、信息化程度、人员素质等，以确定合理的定标水平。

在采用现场观测记录的方式时，应选择资质、能力和经验等适合的观测对象，观测人员也应该对工作的各环节有充分的了解。现场观测记录方式的优点是真实可靠、具有较强说服力，但此方式受到业务开展的普遍性程度不同、测试对象的差异、观测工作量较大等因素的限制，难以对所有业务全部开展现场观测。应用实例见表 4-1。

表 4-1 现场观测工时记录表

观测岗位：　　　　观测对象：　　　　观测人：　　　　记录日期：

编号	基础作业单元	完成情况	耗时	备注
1				
2				
3				
……				

工作日志是指员工每天记录工作内容、工作成果、对应花费的时间等所形成的书面记录。随着信息技术的迅速发展，工作日志平台、OA 系统、绩效管理软件等支持开展日志记录的新应用层出不穷，工作日志记录信息的全面性和便捷度也越来越高，工作日志成为记录工时的有效手段。应用实例见表 4-2。

表 4-2 工作日志表

部门：　　　　姓名：　　　　岗位：　　　　记录日期：

<table>
<tr><th colspan="2">分类/记录</th><th>编号</th><th>工作内容</th><th>完成情况</th><th>耗时</th><th>备注</th></tr>
<tr><td rowspan="6">日常工作</td><td rowspan="3">上午</td><td>1</td><td></td><td></td><td></td><td></td></tr>
<tr><td>2</td><td></td><td></td><td></td><td></td></tr>
<tr><td>3</td><td></td><td></td><td></td><td></td></tr>
<tr><td rowspan="3">下午</td><td>4</td><td></td><td></td><td></td><td></td></tr>
<tr><td>5</td><td></td><td></td><td></td><td></td></tr>
<tr><td>……</td><td></td><td></td><td></td><td></td></tr>
<tr><td colspan="2" rowspan="3">其他工作（临时任务、专项任务等）</td><td>1</td><td></td><td></td><td></td><td></td></tr>
<tr><td>2</td><td></td><td></td><td></td><td></td></tr>
<tr><td>……</td><td></td><td></td><td></td><td></td></tr>
</table>

4.3.2 专家意见法

专家意见法是指由具备业务经验的专家，在充分考虑实际条件、管理基础及其他相关条件的基础上，结合经验开展工时定标的方法。使用专家意见法开展工时定标包括独立估算、对比分析、研讨确定等环节。

独立估算包括综合估算和分析估算。综合估算是指专家根据实操经验，对影响工时消耗的相关因素进行总体分析，综合估算每项基础作业单元的标准工时，适用于复杂程度不高的基础作业单元。分析估算是指通过分析基础作业单元实施环节及相关可能影响工时消耗的因素，确定该项基础作业单元的工时标准。进行独立估算时，一般使用书面方式与被征询意见的专家单独进行联系，被征询意见的专家相互之间不进行交流，独立反馈相关意见。为了提高估算质量应注意以下几点：选择的估算专家应具有相应经验和水平，以提高经验估算的准确性；避免将个别专家的经验作为唯一依据；深入工作实际，积累相关资料和进行必要的验证。

在估算完成之后，需要对所有专家的估算意见进行统计分析，形成初步结果并反馈给相关参与专家，并再次征询专家的意见，直至取得基本一致意见。在此基础上，进一步组织召开专家研讨会，逐一讨论各项基础作业单元的工时定标情况，对定标意见分歧较大的，要深入讨论相关因素，合理确定标准工时。

4.3.3 标杆对照法

标杆对照法是指根据行业内最佳实践的标准工时数据，结合组织业务特性、组织架构、工作流程和人员素质等整体考虑，从而确定一个合理的标准工时范围的方法。由于各个组织之间存在诸多差异因素，标杆对象的标准工时数据更多是作为参考。在采用该方法时，需要开展标杆对象的标准工时本土化转换工作。一般情况下，可以由实施单位结合标杆对象，对照本单位的业务范围、企业规模、发展阶段、管理基础、人员基础、信息化水平以及其他影响管理效率的因素进行分析，开展适应性调整。

4.4　标准业务工时定标

标准业务工时定标可按梳理基础条件、统计分析数据、组织专家研讨、校验工时合理性、征求员工意见、发布《标准工时手册》等步骤进行。具体流程如图 4－1 所示：

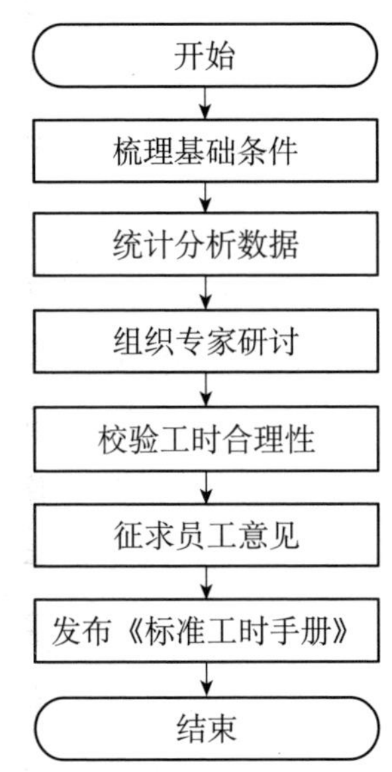

图 4－1　标准业务工时定标流程图

4.4.1　梳理基础条件

在开展工时定标前，应梳理实施单位开展该项工作的基础条件，确保能够顺利开展工时定标工作。一是确认实施单位是否具备相关工作记录资料，如是否具有工作日志资料，以及确认日志资料的存储形式、数据信息包含哪些字段等，以确定是否具备采用工作日志法开展初步工作的基础。二是梳理实施单位从事相关业务的队伍基础，标记人员的层次，如按照高级水平人员、中级水平人员和初级水平人员进行大致分类，以便在现场观测、意见征集等环节有效判断各个职级人员的水平和态度。通过对基本条件的梳理，可以确定本单位宜采用的工时定标方法，进而明确开展工时定标的详细计划、所需资源等。

4.4.2 统计分析数据

在现场观测、工作记录或对标分析的基础上，汇总完成每项基础作业单元所需的实际时间，形成标准工时定标数据源。在此基础上，开展数据源统计分析：一是横向比较不同业务人员完成同一基础作业单元的用时情况，二是纵向比较不同业务模块中同类或相似基础作业单元的用时情况。主要分析中级水平人员完成基础作业单元用时与其他人员完成基础作业单元用时的最优数、平均数、众数差异，一般以中级水平人员实际用时为基准确定基础作业单元实际用时；对重复率高、难度较低、信息化程度较高的基础作业单元也可取最优数作为实际用时。

4.4.3 组织专家研讨

组织专家研讨实际用时数据：一是针对各项基础作业单元实际用时展开讨论，重点对用时差异较大、对照较少、存在明显不合理情况的基础作业单元的实际用时进行修正；二是考虑开展工作必需的休息时间和生理时间，综合确定部门统一的人因宽放率（一般可结合部门员工的素质能力确定，如员工素质能力较强，宽放率可定为 0.95；如员工素质能力不足，宽放率可定为 1.05）；三是以推动组织绩效提升、组织与员工共同成长为出发点，对简单重复型及复杂创新型基础作业单元分别设置不同的任务宽放率（如 0.9～1.2，一般可结合部门业务特点及管理导向等确定）。

4.4.4 校验工时合理性

可以通过模拟计算一定周期内（如一个年度）预计产生的工时总数，并按部门编制人数计算人均工时数、典型岗位工时数等，以分析工时标准是否合理。就实际工作时间而言，当人均标准工时与人均实际工时出现较大偏差时，需要分析工时定标的松紧度是否合理。当个别岗位的标准工时与人均工时出现较大偏差时，需要分析该业务类型的工时横向的松紧度或者该岗位的职责分配是否合理。对于明显不合理的，应进行调整。就部门编制对比而言，按照一定周期内（如一个年度）各项基础作业单元发生的频次模拟测算产生的工时总数，并计算所需人员数量［人员数＝（$\sum$基础作业单元标准工时×周期内发生频次）/（8个工时/天×周期内工作日天数）］，再与现有编制等进行对比，校验工时定标是否合理。对于因人员配置不足或超额、个别岗位职责赋予不合理而产生的偏差，而非工时定标不准确的情况，应保持工时标准不变。

4.4.5　征求员工意见

工时定标结果在发布前，需要征求全体员工意见。对于收集的意见应充分分析：对于意见反馈量大、反馈的共性问题较多的，需要结合意见对工时标准进行系统性分析，查找偏差的原因。对于意见反馈量不大，或者小部分人员有意见的标准工时，可以通过逐一沟通等方式，深入了解具体原因。征求意见后，对工时标准有调整的，应重点对调整的内容和理由等进行说明。征求员工意见视情况可进行多次，直至工时定标结果获得大部分员工认可。

4.4.6　发布《标准工时手册》

经过充分征求意见、持续完善和充分沟通等环节，编制《标准工时手册》，并按照要求履行相应发布程序。

补充说明》

由于标准业务的性质和发生频次的不同，在实际工时定标过程中，还对耗时与工作对象数量线性相关的基础作业单元、非线性相关的基础作业单元进行了进一步细分：

（1）耗时与工作对象数量线性相关的基础作业单元。

①对于随着工作对象数量增长，完成单项基础作业单元消耗的工时基本不变的情况，直接确定该项基础作业单元的标准工时。完成该类基础作业单元任务可获得的工时为 $T=t\times X$，其中，t 表示基础作业单元的标准工时，X 表示工作对象数量。

示例》

耗时与工作对象数量线性相关的基础作业单元工时计算（见表 4-3）

表 4-3　员工完成耗时与工作对象数量线性相关的基础作业单元可获得工时

基础作业单元	成果标准	单位	标准工时	备注
审查预备党员转正人员资格	审查通过人员名单	/人	0.2	

如员工 A 独立完成“审查预备党员转正人员资格”5 人，可获得 1（=0.2×5）个工时；如员工 A 独立完成“审查预备党员转正人员资格”10 人，可获得 2（=0.2×10）个工时。

②对于基础作业单元中单次耗时极少、发生频次较高的情况，为了提高统计效率，按周期实施工时包干管理。

单次耗时极少、发生频次较高的基础作业单元工时计算（见表 4-4）

表 4-4　员工完成单次耗时极少、发生频次较高的基础作业单元可获得工时

基础作业单元	成果标准	单位	标准工时	备注
维护文件收发台账	—	/月	4	

如员工 A 兼职部门公文管理工作，无论每月登记、签收多少份文件，只要按要求完成公文收发任务就能固定获得 4 个工时。

（2）耗时与工作对象数量非线性相关的基础作业单元。

①对于随着工作对象数量增长，完成单项基础作业单元消耗的工时边际递减的情况，除确定该项基础作业单元标准工时外，还须设置一个统计周期内完成若干个该项基础作业单元可获得工时的上限。完成该类基础作业单元任务可获得的工时为 $T=\text{Min}(t\times X, H)$，即工作对象超过一定数量 X 后，获得此项基础作业单元的工时总量 H 将不再增加。

示例》

对于随着工作对象数量增长，完成单项基础作业单元消耗工时边际递减的基础作业单元工时计算（见表 4-5）

表 4-5　员工完成单项基础作业单元消耗工时边际递减的基础作业单元可获得工时

基础作业单元	成果标准	单位	标准工时	备注
录入维护入职人员信息	维护记录	/人	0.5	每增加录入维护 1 人再获得 0.1 个工时，在一个统计周期内上限为 8 个工时

录入维护入职人员信息时，录入维护 1 人获得 0.5 个工时，每增加录入维护 1 人再获得 0.1 个工时，在一个统计周期内上限为 8 个工时。

②对于因工作内容深度不同而导致的单次耗时存在较大不确定性的基础作业单元，启动该项基础作业单元即会产生一个基础工时，但会考虑不同的影响因素，设置工时获取的权重系数。

示例》

报告/方案类基础作业单元的标准工时为：

$$T=t\times k_1\times k_2\times k_3\times k_4$$

其中，t：根据《标准工时手册》对应报告/方案中的基础作业单元工时确定，如工时手册中无此报告/方案类基础作业单元，则参考同类报告/方案中的基础作业单元工时确定；

k_1：根据最终篇幅，在 0.5～2 之间确定；

k_2：根据参考基础强弱，在 0.5～1 之间确定；

k_3：根据编制频次，在 0.5～1 之间确定；

k_4：根据报告等级，如非正式报告、处室级、部门级、公司级等，在 0.5～1 之间确定。

示例》

如对于宣传工作，存在制作新闻片、创意短片、专题片、年度回眸片、企业形象宣传片等基础作业单元，其业务产出均为“一定时长的视频片”，由于其制作基础、难易程度等存在明显差异，为此，可以围绕成果标准，结合基础素材、难易程度等特征，采用设置多个影响维度进行工时标准的确定（见表 4-6）。

表 4-6 员工完成内容深度不同的基础作业单元可获得工时

<table>
<tr><th>序号</th><th>视频类型</th><th>单位</th><th>基础工时（t）</th><th>基础素材系数（k_1）</th><th>编辑难度系数（k_2）</th><th>修改频次系数（k_3）</th><th>标准工时</th></tr>
<tr><td>1</td><td>新闻片</td><td>/30s</td><td>2.0</td><td>1</td><td>1～1.3</td><td>1～1.2</td><td rowspan="4">$T=t\times k_1\times k_2\times k_3\times$视频时长/30s</td></tr>
<tr><td>2</td><td>创意短片（公益片、警示片、Vlog 等）</td><td>/30s</td><td>4.0</td><td>1～1.3</td><td>1～1.3</td><td>1～1.2</td></tr>
<tr><td>3</td><td>专题片、年度回眸片</td><td>/30s</td><td>4.0</td><td>1～1.3</td><td>1～1.3</td><td>1～1.2</td></tr>
<tr><td>4</td><td>企业形象宣传片</td><td>/30s</td><td>6.0</td><td>1～1.5</td><td>1～1.3</td><td>1～2</td></tr>
</table>

注：1. 视频制作工时指从视频制作编辑、修改到成片所获得的工时。
2. 视频时长不足 30 秒，按照 30 秒计算。

制作、修改完一个 1 分钟左右的新闻视频，按照基础素材、编辑难度、修改频次的最低系数来计算，可获得 4（$=2\times1\times1\times1\times60/30$）个工时。

4.5 非标准业务工时定标

非标准业务一般可采用任务分解、类比核算及经验估算定标等方式确定所需工时。具体流程如图 4-2 所示。

步骤 1 确定工时

一般情况下，可以由所在部门量化考核管理员参照工时定标规则，采用

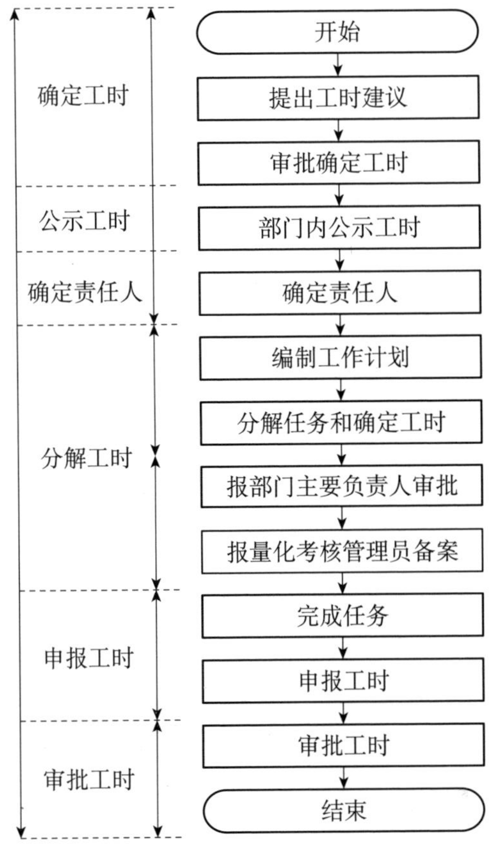

图 4-2　非标准业务工时定标流程图

类比同类标准业务、参考有关技术资料及同行对标等方法提出该业务可获得的工时建议，经部门主要负责人审批后确定。

步骤 2 公示工时

在部门内部公示该非标准业务工时，接受员工监督。

步骤 3 确定责任人

根据任务难度、任务期限并结合员工能力、现有工作任务情况，采取主动申领、“揭榜挂帅”、直接分配等方式确定非标准业务责任人。

步骤 4 分解工时

责任人收到任务后及时开展工作分析，编制工作计划，分解各个任务节点可获得工时，经部门主要负责人审批同意后，报部门量化考核管理员备案。

步骤 5 申报工时

责任人根据工时设定情况，结合工作完成情况进行工时申报。

步骤 6 审批工时

部门主要负责人审批工作完成情况即可获得工时。

补充说明》

由于非标准业务的实施流程、工作成果等具有不确定性，在申报和审批环节，可以进行适当调整（见表 4-7）。管理者需要充分了解实施过程和成果，客观公正地进行核准。

表 4-7 非标准业务工时调整申请表

非标准业务名称		责任人	
拟调整任务			
调整前		调整后	
成果要求		成果要求	
时间节点		时间节点	
拟可获得工时		拟可获得工时	

调整原因说明：

签字：

日期：　　年　　月　　日

续表

内设机构负责人意见：   签字： 日期：　　年　　月　　日
部门负责人意见：   签字： 日期：　　年　　月　　日

根据工作实际需要，对于工作中出现的临时任务和无直接成果产出的特殊业务，也确定了工时定标方法。

（1）临时任务工时定标。对临时任务应先进行类别判断，再进行工时定标，工时确定后要在部门内进行公示，且对于再出现的同类临时任务应采取同样的工时核定规则，不因人而变。临时任务工时定标步骤具体如下：

①属于标准业务的，如已列入可参照《标准工时手册》执行。如未列入，应先按照工作分解的原则和步骤确定该任务的基础作业单元的构成，再根据工时定标的原则和步骤，参照《标准工时手册》中同类或相近基础作业单元确定该临时任务中各项基础作业单元的标准工时。对该类临时任务要将其及时纳入本单位《标准工时手册》管理。

②属于非标准业务的，按照非标准业务的工时定标步骤确定工时。

（2）无直接成果产出的特殊业务工时定标。按照成果导向原则，无直接成果产出的业务一般不赋予工时，但对于因工作需要必须执行的出差、参加会议或培训等无直接产出等特殊业务，按以下规则核定工时：

①出差：以实际出差路途耗时为依据核定工时。

②参加会议：由组织安排参加的会议，按照会议实际耗时核定工时；其他非由组织安排参加的会议不核定工时。

③参加培训：由组织安排参加的培训，按照培训时长的一定比例核定工时（具体比例由各单位根据实际情况和管理导向等确定）；其他非由组织安排参加的培训不核定工时。

4.6 标准工时的动态调整

由于工时定标是基于一定的管理基础、信息化程度等确定的，实施过程中难免存在相关条件变化的情况，并且组织管理的导向性、业务的成熟度等也在不断变化，因此工时标准并非一成不变。实施单位应建立标准工时动态调整机制，以确保标准工时能够准确反映基础作业单元的价值。标准工时动态调整一般分为临时修订和定期修订。

4.6.1 临时修订

对于因基础作业单元的管理基础、信息化程度等设定条件发生变化，而导致标准工时严重失真的，应及时开展修订。

临时修订的流程一般为：员工或管理者提出修订事项、修订理由，部门负责人组织审核，并在部门内部进行公示和征求意见，之后再进行发布。

4.6.2 定期修订

步骤1 定期评估

当《标准工时手册》投入使用后，应及时了解其日常运转情况，了解管理者和员工等相关方的意见建议。同时，还应按照一定周期开展实施意见收集工作，分析评价相关意见建议，确定《标准工时手册》是否符合实践需求。一般来说，评估周期不宜过长，可以结合本单位绩效任务下达时间和考核周期等合理确定。

步骤 2 开展修订

相比首次工时定标，由于已有标准工时基础数据和反馈意见，修订工作可以简化开展。修订的内容一般为以下方面：

①新增基础作业单元工时确定。对非标准业务进行分析，对于流程清晰、可复制性强的业务，应考虑纳入标准业务，并结合工时核定的历史情况确定标准工时。对于因业务范围变化等新增的业务，应在工作分解的基础上进行工时定标。

②业务迭代的工时优化。充分调查和了解业务流程的成熟度，对于成熟度较高的业务，应在原工时标准的基础上，通过设定系数的方式，适当下调标准工时。此外，还应考虑工作的软硬件条件是否发生变化，对于通过采用信息化手段提升了效率的业务，应重新定标或采用一定缩放率下调标准工时。

步骤 3 征求意见

对调整后的《标准工时手册》需要征求员工意见，详细说明调整的原因、调整的依据、调整前后的对比等情况。该步骤可以视情况多次进行，直至修订结果获得大部分员工认可。

步骤 4 发布《标准工时手册》

经过充分征求意见后，修订形成新的《标准工时手册》，并按照要求履行相应发布程序。

4.7 常见误区

4.7.1 忽视民主流程

G 公司在实施量化考核工作法过程中，由部门相关业务经理和外部专家组成工时定标组，确定了各项基础作业单元的标准工时后，认为员工只要按规定执行就好，没有必要参与工时定标过程，同时又担心员工对工时定标有意见，没有征求员工意见就将《标准工时手册》直接发布实施了。

发布实施后，由于部分工时定标不合理，在量化考核试行阶段，出现了不少员工工时数据异常情况，引发了员工的不满。

《标准工时手册》的最终应用是面向员工的，应充分征求员工意见，因为征求意见既是一个意见达成的过程，也是一个为考核工作持续铺垫的过程。尤其对于本单位采用标杆单位或上级单位开发的《标准工时手册》的情况，可能存在“别的单位能用，我们就能用”或者“这是上级单位发布的，我们还能有什么意见，直接用就可以了”等思想，忽视员工提出意见建议的需求，实际上是失去了良好的铺垫和沟通机会，甚至会引发不必要的矛盾。因此，工时定标结果必须要履行民主流程，充分征求员工意见建议，对于收集的意见建议应充分沟通，并根据修订情况持续征求意见，最终获得大多数员工支持方可实施。

4.7.2 工时定标过于宽松或者紧张

当工时定标过于宽松时，会出现员工获得的标准工时远高于实际工作时长的“工作过于饱满”假象，导致管理者无法准确判断员工实际工作状态，员工也可能会误认为所承担的工作量过大，进而减少工作投入。当工作定标过于紧张时，会出现员工获得的标准工时远低于实际工作时长的“工作不饱满”假象，影响员工的积极性、成就感，并使员工产生紧张或不安情绪。

工时定标过于宽松或者紧张，主要是由定标人员的主观影响导致的，比如在工时定标征求员工意见环节，员工出于认知偏差或竞争压力，可能存在故意放大任务工作时长以便于获得更多工时的情况。在采用专家意见法开展工时定标时，一般邀请的提供估算数据的人员为具有丰富从业经验的人员，其自身工作效率、工作能力等较为出众，如果仅依据其本人完成单项工作的耗时进行工时定标，往往所确定的工时标准偏低。因此，进行工时定标时应采取一定措施，尽可能消除工时定标偏差。解决方法有：

（1）对于集团化的组织，可以组织力量集中开发实施本领域的《标准工时手册》，应用单位则可以此为参考，通过适应性修订等流程，形成本单位的《标准工时手册》。该种方式可以提高定标的权威性和手册形成效率，是量化考核实践中较为有效的方式。当然，对集团公司的《标准工时手册》进行修订时，应该充分考虑评估调整的必要性和相关的影响因素。

（2）对于自主开发《标准工时手册》的单位，需要充分开展各环节工作：在确定征求意见的对象时，既要考虑本岗位的人员，又要考虑不在当前岗位但具有相关经验的人员；在统计分析时，应多角度、多方法验证，既要分析中位数、平均数等典型数据，又要重点关注适中人员的工时与之相比较的情况，以综合确定合理的工时标准。

4.7.3　同类基础作业单元定标标准不一致

工时定标工作量较大，一般需要多人或多个小组协同开展，由于在理解和尺度把握上会有偏差，可能产生同类基础作业单元定标不一致的情况。比如，不同的工作模块中都包含了“履行内部决策程序”基础作业单元，有的模块需要的是 2 个标准工时，而有的模块需要的是 1 个标准工时，但在实际中，“履行内部决策程序”这项具体的工作并不因为属于不同的工作模块而在程序要求、材料准备上有本质的区别。

为保持工时定标标准的一致性，在完成各个模块基础作业单元工时定标后，还需要应用类推比较法对不同模块相似或同类型、同系列的基础作业单元的标准工时开展比较分析，确保同工同时。

4.7.4　混淆标准工时与实际工作时间

标准工时强调符合“一定标准条件”“一定的工作方法”“良好培训的人员”“正常的工作状态”等因素的人员完成某项基础作业单元所需的平均时间，是工作成果的价值衡量单位，而不是实际工作时间的计量单位。由于对标准工时的本质认识不清，有些员工可能会产生工作 1 个小时就应该获得 1 个标准工时，或者加班也应该被赋予标准工时的误解。

需要提醒的是，在量化考核文件中，应明确指出不能将标准工时简化等同于实际工作时间，否则可能会产生不必要的劳动争议。比如：由于工作成效突出，员工某个月可能获得 200 个标准工时，远超公司规定的当月正常工作时长，如果未将标准工时与实际工作时间加以区分，超出部分可能会被员工作为提出申请加班待遇或反映企业违反劳动法规的佐证。

4.8 良好实践

标准合理的工时定标

财务报表管理工作流程复杂、规范性要求高，在开发过程中采用专家意见法并通过统计分析以及类推分析等方法进行梳理，形成了合理的标准工时，主要采取的措施如下：

（1）本次财务领域的《标准工时手册》由某集团统一组织开发，因而开发组具有调动旗下单位各方面专家的便利性，确定了以专家意见法为主的工时定标方法。

（2）开发组在确定的专家范围内，经过多轮次的意见征集，结合反馈数据进行了统计分析和测算，提出相关问题并与专家进行反馈沟通，进一步确定了标准工时。

（3）对于初步形成的标准工时，邀请具备专业背景的财务领域专家、具有工时手册开发经验的相关人员等，开展专题研讨，形成调整和修订意见。

经过多轮次的专家意见征集工作，并经过研讨修订，最终形成较为合理的标准工时（见表 4－8）。

表 4－8　财务报表管理标准工时

二级任务	基础作业单元	成果标准	单位	标准工时
决算布置	参加集团公司决算布置会	会议材料（电子版）	/次	4.0
	编制及发布年终决算结账通知	年终决算结账通知	/次	4.0
	召开公司年终决算布置会	会议纪要	/次	4.0
	年终决算备案	决算备案文件	/次	2.0

续表

二级任务	基础作业单元	成果标准	单位	标准工时
往来对账	年度债权债务清理	债权债务统计表	/次	4.0
	年度集团内关联交易对账	关联交易平台	/次	8.0
	核实银行往来询证函信息及清单确认	询证函清单	/次	8.0
	往来询证函发函	询证函	/10 份	0.5
	往来回函情况跟踪	回函情况跟踪记录表	/10 份	0.5
决算相关报表编制及修订	决算报表基础数据核对	基础数据准确	/次	8.0
	军工决算报表及附报文档编制	军工决算报表及附报文档	/次	24.0
	企业决算报表及附报文档编制	企业决算报表及附报文档	/次	24.0
	人工成本表编制	人工成本表	/次	16.0
	其他决算报表	决算报表	/次	80.0
	决算布置	财务报表附注	/次	24.0
	财务情况说明书编制	财务情况说明书	/次	48.0
	决算问题沟通反馈及修订	问题清单	/次	48.0
	人工成本表问题沟通反馈及修订	问题清单	/次	24.0
	往来对账	问题清单	/次	48.0
境外子企业报表填报	确认分配境外决算套表内容	财务套表（电子版）	/次	4.0
	境外子企业套表编制	财务套表（电子版）	/次	4.0
	编制财务情况说明书	财务情况说明书	/次	4.0
	完成总部套表内容审核	财务套表（电子版）	/次	4.0
	决算相关报表编制及修订	财务套表（电子版）	/次	4.0

续表

二级任务	基础作业单元	成果标准	单位	标准工时
境外子企业报表填报	对总部及分子公司数据进行合并，对内容进行调整审核	财务套表（电子版）	/次	4.0
	完成境外子企业决算套表系统上传	财务套表（电子版）	/次	4.0
决算审计	决算审计资料收集、整理、复核、提供	提交审计资料	/次	56.0
	决算审计具体业务过程	确认各表及报告终版	/次	56.0
	审计问题整改	整改报告	/次	56.0
合并汇总	审核并反馈决算全级次数据	与事务所核对一致	/户	16.0
	修订决算全级次数据	与事务所核对一致	/户	16.0
	汇总全级次数据	全级次报表	/次	8.0

本章小结

本章介绍了工时定标的概念、原则、方法、步骤等，并结合实践经验总结了开展标准工时修订的方法，同时对工时定标的常见误区进行了探讨，并以财务报表管理为例，展示了工时定标的良好实践。为了确定合理的标准工时，使之有效发挥价值标尺作用，需要以“标准人”的平均工时作为定标基准。在标准工时确定过程中，要充分征求员工的意见建议，这样既有利于检验工时定标的合理性，也能为后续量化考核工作法的实施打下良好的群众基础。考虑到整个社会的生产力水平在不断提升，管理部门员工必须提高效率才能保持组织的竞争优势，工时定标体系也应该定期修订完善，降低事务型、常规型工作的标准工时，提高改革型、创新型工作的标准工时，以发挥战略引领作用。

第五章

驱动：工时获取

任正非曾说过："茶壶里煮饺子，倒不出来就不算饺子。能力再强，需要工作绩效来体现。绩效考核考评的是工作中表现出来的过程行为和最终结果，而不是能力。"因此，工时获取的真正内核是激励员工高效达成绩效目标。在绩效目标达成的过程中，员工是直接责任人，管理者是主要责任人，员工需要主动高效地执行工作任务，管理者必须在过程中给予员工充分的指导和支持，及时帮助员工解决存在的困难和问题，否则绩效目标的达成就会是水中月、镜中花，量化考核的价值创造功能也就难以真正发挥作用。

5.1 工时获取概述

工时获取是指员工达成绩效目标并获得相应工时的过程，在这个环节员工所获取的工时称为统计工时。员工最终能够获取多少工时，需要通过明确工作任务、确定年度工时标准、完成工作任务和核算统计工时四个步骤来实现。

5.2 工时获取的步骤

5.2.1 明确工作任务

一般而言，管理者需在上年度末或当年度初根据组织的使命和战略目标，确定部门年度工作任务，并制订年度工作计划，明确各考核内容和时间节点，并与员工沟通部门工作任务和绩效成果要求，帮助员工通盘了解整体情况，推动工作更加有序高效开展。

5.2.2 确定年度工时标准

为了更好地调动员工承接创新型任务、重点任务的积极性，管理者往往需要根据工作任务的重要程度、创新程度和难易程度，提前确定好各项工作任务的年度工时标准，以激励员工努力创造高绩效。通常做法是，为各项工作任务所涵盖的基础作业单元的标准工时设置差异化的“年度调节系数”，即基础作业单元年度工时标准＝基础作业单元标准工时×年度调节系数。年度调节系数的取值范围不宜过大或过小，设置在0.9～1.2之间较为合适，避免主观评价对以定量为主的结果评价体系产生冲击。一般而言，对于常规工作任务，可设置在0.9～1.0之间；对于本单位年度重点或创新型任务，可设置在1.0～1.1之间；对于上级单位下达的年度重点或创新型任务，可设置在1.1～1.2之间。

示例》

（1）在人力资源薪酬管理模块中，编制员工月度工资报表属于常规工作，年度调节系数设置为0.9；编制年终奖发放方案为重点任务，年度调节系数设置为1.0；制定薪酬优化调整方案具有一定挑战性，年度调节系数设置为1.1。

（2）在战略管理模块中，收集梳理上级战略、行业战略材料对专业性要求低，年度调节系数设置为0.9；编制上级战略、行业战略信息分析报告的工作相对复杂，年度调节系数设置为1.1；编制单位深化改革方案对知识、经验要求高，需要创新性思考，年度调节系数设置为1.2。

5.2.3 完成工作任务

完成工作任务是指员工完成基础作业单元任务、达成绩效目标的过程，也是员工获取工时最重要、最关键的环节。完成工作任务主要包括确定目标、执行任务两个方面的内容。在完成工作任务的过程中，管理者和员工双方都需要充分参与，各司其职、各尽其责，确保绩效目标顺利达成。

(1) 确定目标

管理者应结合部门人员情况做好任务分工，保证每个员工的任务相对饱满，并与员工进行充分沟通，使员工明确任务目标和成果标准要求。员工在接到任务后，应明确任务目标、时间节点、成果产出标准，并从《标准工时手册》中选取与工作任务相匹配的基础作业单元，与管理者进行确认。在双方达成共识后，管理者要与员工就完成目标所需的工作方法、行动计划、资源保障等进行深入讨论，确保员工考核任务与基础作业单元一一对应，不重复、不遗漏。

示例 》

某公司正在开展一个关键项目，但是项目中一个关键岗位的研发工程师突然离职。为了不耽误项目的进度，研发总监要求人力资源部一周之内找到合适的替代人选。招聘经理将这一任务分派下去时，发现几个员工都面露难色。显然，在这么短的时间内找到合适人选并不是一件容易的事情。为了推动任务顺利开展，招聘经理与员工详细沟通了该招聘工作的目标和计划。

第一步：确定目标

(1) 我们的目标是不是在一周内找到一个合格的研发工程师？

(2) 为了实现这一目标，我们需要设定哪些阶段性目标？

(3) 对每个阶段性目标，需要设置哪些时间节点？

第二步：分析现状

(1) 公司目前的招聘进展怎样？

(2) 要实现我们的目标，存在哪些困难和障碍？

(3) 我们目前拥有哪些招聘渠道以及相关的招聘资源？

（4）如果我们需要和竞争对手“抢人”或者对合适的人选“挖墙脚”，公司具备哪些优势？

第三步：寻找解决方案

（1）如何消除前面提到的困难和障碍？

（2）为了尽快完成任务，我们可以采取哪些与以前不一样的尝试？

（3）如何更好地利用公司现有的资源和优势？

第四步：确定行动计划

（1）为了尽快完成招聘任务，我们需要拓展哪些招聘渠道？如何更好地利用现有的招聘资源？

（2）根据以往的面试录用率，为了达成目标，我们每天需要面试多少人、筛选多少份简历？

（3）为了达成目标，我们还需要公司提供怎样的支持和帮助？

通过引导和沟通，招聘团队很快确定了完成这个任务面临的三大难题：

- 任务时间紧；
- 该职位的薪资水平在市场上没有太大的竞争力；
- 招聘该类型人才的竞争对手较多。

通过分析公司的资源和优势，招聘团队最终确定了招聘方案：

招聘渠道：公司候选人才库＋内部推荐＋招聘网站搜索＋微博招聘＋QQ 招聘＋微信招聘。

公司在面临竞争对手“抢人”时向候选人推销的优势包括：该项目在公司内的重要地位、该职位在公司有较大的发展空间、提供优厚的补贴。

具体的行动计划：首先由研发总监确定研发工程师职位的核心要求，非核心要求在招聘时可适当放宽；同时明确每个招聘渠道的时间分配、每天需要收集的简历数、初试人数、复试人数等数据指标；同时还确定了跟进流程、资源支持、核查点以及下一次沟通的时间。

第五步：确定匹配的基础作业单元（见表5-1）

表5-1　工作计划与基础作业单元匹配结果

序号	工作模块	一级任务	二级任务	成果标准	单位	标准工时
1	社会招聘管理	制订招聘计划	收集招聘需求	报告	—	8
2			编制招聘计划	招聘计划	—	24
3			调整招聘计划	招聘计划	—	4
4			履行内部决策程序	会议纪要/审批记录	—	8
5			报送社会招聘计划	招聘计划	—	2
6			批复招聘计划	招聘计划	—	2
7		开展招聘筹备	制定工作方案	方案	—	24
8			确定外部合作方	合作协议	—	32
9			发布招聘信息	招聘公告	—	4
10		组织开展招聘	线上/线下筛选简历	简历份数	/100份	1/4
11			候选人邀约	邀约人数	/人	0.1
12			自主素质测评及分析	报告	—	4
13			组织笔试	成绩单	—	4
14			组织面试	成绩单	/人	0.5
15			组织背景调查	完成背景调查	/人	0.5
16			沟通录用意向	沟通人数	/人	0.1
17			确定拟录用人选	拟录用名单	—	1
18			履行内部决策程序	录用名单	—	4
19		材料归档与信息维护	整理归档相关材料	材料台账	/月	1
20			维护相关电子化信息	维护记录	/人	0.2

（2）执行任务

在执行任务过程中，员工和管理者的努力对任务目标的达成都是不可或缺的，二者需要注意以下方面的内容。

【员工】

①对达成目标的承诺。员工必须承诺将达成已经确定的目标，寻找完成工作任务的各种方法，而不是找借口。

②收集和反馈绩效信息。员工应该经常向管理者汇报关于绩效目标达成程度的最新进展。汇报的内容可以是行为方面的情况，也可以是结果方面的情况。

③为绩效回顾做好准备。员工不需要等到绩效周期结束才准备绩效回顾。相反，应该在执行任务的过程中及时、定期地了解自己的工时获取情况，分析自己的工作投入产出情况，及时采取相关的纠正行动。

【管理者】

①观察并记录。管理者要分析员工的工时情况，动态观察员工的工作状态，并对员工在执行任务过程中的优良绩效和不良绩效事例进行记录，为绩效沟通提供依据。

②更新目标。因为组织目标可能会发生变化，所以管理者需要注意根据需要及时更新和修订目标，避免因外部客观条件导致员工无法按期达成绩效目标。在更新和修订目标前，应注意与员工做好沟通。

③沟通反馈。在执行任务过程中，管理者应该经常向员工反馈他们在达成目标过程中的绩效表现，同时向他们提供绩效改善方面的指导，而不是等到一个绩效考核周期结束之后再反馈。

④提供资源。当员工遇到困难和问题时，管理者应当向员工提供人财物等各种资源，或及时调整任务分配，确保任务达成。

⑤强化。对于工时排名靠前的员工，或工时投入产出比高的员工，管理者应及时提出表扬，强化员工的有效行为及其在达成目标方面取得的进步，让员工知道他们的突出绩效已经受到关注，同时也激发未获得表扬的员工的积极性和动力。

5.2.4　核算统计工时

员工在达成绩效目标后，即可获得与所产出成果标准相对应的工时数，即统计工时。核算统计工时具体包括工时分配和工时统计两个环节。

(1) 工时分配

①独立完成工作工时分配规则。

员工独立完成某项工作任务，即可获得相应基础作业单元工时。

②多人合作完成工作工时分配规则。

多人参与完成某项工作任务，根据涉及的基础作业单元类型确定工时分配规则，具体如下：

平行类基础作业单元：参与该项工作的人员均可获得该项基础作业单元工时。

主次类基础作业单元：参与该项工作的人员根据职责分工和实际贡献获得该项基础作业单元一定比例的工时，合计为100%。由任务责任人提出团队成员标准工时的分配意见，经部门负责人审批后执行。

示例》

多人合作完成工作工时分配规则（见表5-2）

表5-2　完成平行类与主次类基础作业单元可获得工时

基础作业单元	成果标准	单位	标准工时	备注
招标评审	符合条件的最优中标对象	/个	0.5	平行
编制《部门年度工作报告》	《部门年度工作报告》	/份	32	主次

在招投标管理工作中，如员工A、B同时作为招标人员参加招标评审，审查共10家单位的投标情况，员工A、B可各获得5（=0.5×10）个工时。

在编制《部门年度工作报告》工作中，员工A独立完成该工作，可获得32个工时；如员工B协助完成30%的工作，则员工A可获得22.4个工时，员工B可获得9.6个工时。

(2) 工时统计

统计工作可按照工时上报、审核、审批、汇总统计等步骤开展，具体如图 5－1 所示。

步骤 1 管理部门根据实际情况确定工时统计周期，员工定期进行个人工时统计申报。

步骤 2 内设机构正职对员工的统计工时数据进行审核，如有问题须及时与员工沟通并达成一致。

步骤 3 部门主要负责人对员工的统计工时进行审批确认。

步骤 4 由专人负责汇总统计工时数据。

员工统计工时＝∑（基础作业单元标准工时×年度调节系数）＋∑非标准业务工时

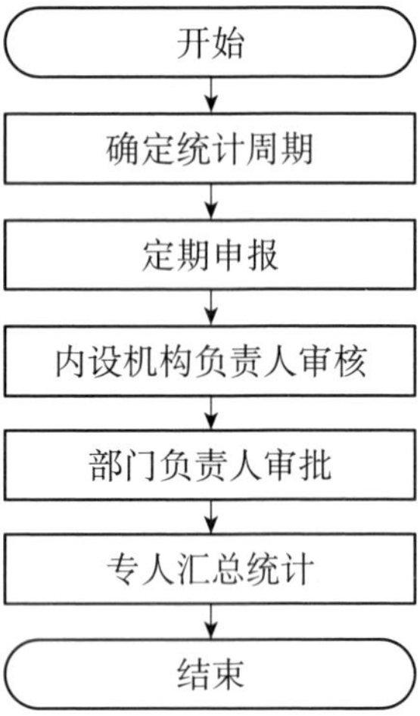

开始 → 确定统计周期 → 定期申报 → 内设机构负责人审核 → 部门负责人审批 → 专人汇总统计 → 结束

图 5－1 工时统计工作流程图

示例 》

内设机构工时统计（见表 5－3）

表 5－3 某内设机构工时统计表

人员类别	基础作业单元 1		基础作业单元 2		基础作业单元 3		非标准业务工时	个人统计工时合计
	累计获得工时	年度调节系数	累计获得工时	年度调节系数	累计获得工时	年度调节系数		
内设机构正职	50.0	1.00	50.0	1.05	50.0	1.10	25.0	182.5
内设机构副职	50.0	1.00	100.0	1.05	50.0	1.10	10.0	220.0
员工 1	50.0	1.00	50.0	1.05	75.0	1.10	0	185.0
员工 2	60.0	1.00	40.0	1.05	50.0	1.10	25.0	182.0
员工 3	155.0	1.00	20.0	1.05	0	1.10	0	176.0

5.3 常见误区

5.3.1 平行任务“搭便车”

由于平行任务的参与者可以同时获得对应的工时，部门内设机构正职为了拿到较高的工时数（内设机构正职工时数一部分来源于内设机构其他成员的工时总数）或出于“老好人”心理，可能会将只需要少部分人参与的平行任务“平均”分配给多人执行，事后大家都拿到相同工时，造成工时数据的失真。比如“开展调研和访谈”基础作业单元，只需要主谈和记录各一人参加，但内设机构正职却安排了所有人参加。这种情况不仅会导致部门内设机构之间形成恶性竞争，影响考核的公平性和准确性，也会造成管理失效，助长员工养成“搭便车”的惰性。

对于以上问题，管理者首先应对任务下达环节进行事前管控，控制参与人数或明确具体参与者；其次应加强培训，向参与量化考核的人员传递正向的竞争导向，明确相关规则，加强部门内设机构之间和内设机构内部的任务统筹，避免极端化的“忙闲不均”；最后应在工时审核阶段严格把关，了解该类任务的实际参与及完成情况，积极引导员工主动承担改革型、创新型的高价值工作，避免把时间浪费在同质化工作中。

5.3.2 主次任务“大锅饭”

管理部门涉及大量团队协作工作，一项工作任务往往会由多人协同完成，即由一名员工牵头负责，其他相关人员负责协同配合。在核算工时时，按照规则，应由牵头负责人按照职责分工和实际贡献的比例进行分配。但在实际分配中，牵头负责人由于“老好人”心态或者出于团队团结的考虑，机械平均分配工时，造成“干多干少一个样”的现象，违背了实施量化考核工作法的“初心”，无法体现任务参与人的真正贡献。

对于以上问题，在执行任务前，管理者应明确员工职责分工和工时分配规则，在量化考核实施方案中制定清晰的平行任务工时分配规则，降低任务牵头人的任务分配难度；在完成分配后，可在一定范围内进行工时公示，避免任务牵头人单纯地将工时按人头进行均分，形成工时分配“大锅饭”现象。

5.4 良好实践

工时悬赏助力保密迎检工作顺利完成

2022 年，A 公司开展第四轮武器装备科研生产一级保密资格单位认定工作。A 公司人力资源部作为涉密人员归口管理部门。为了实现审查“争取少扣分、力求不扣分”的目标，需要花费大量人力准备相关迎检工作，但日常从事涉密人员管理工作的职员仅有一人，迎检人力严重不足。为了解决迎检工作人手不够的问题，鼓励其他员工在完成本职工作之余协助参与，人力资源部制定了工时悬赏机制，在部门内部号召员工积极参与，组建专项工作组，增加工作力量。

保密资格单位认定工作包含的相关工作内容为组织管理的创新型业务，具有方法不确定、成果不明确的特点，属于非标准业务。因此，按照非标准业务的工时定标步骤确定工时。具体步骤如下：

步骤 1 确定工时

由部门量化考核管理员参考人力资源业务标准工时中涉密人员管理、人力资源规划管理、岗位管理等标准业务确定工时，经部门主要负责人审批后确定。

步骤 2 公示工时

在部门内部公示该非标准业务工时，接受员工监督。

步骤 3 确定责任人

根据任务难度、任务期限并结合员工能力、现有工作任务情况，采取主动申领的方式确定非标准业务责任人；部门员工积极响应，主动加入工作组参与保密资格单位认定迎检工作，形成了有 4 名组员的工作组，全力保障迎检工作开展。具体分工安排见表 5－4。

表 5－4　工作分工情况

<table>
<tr><th>序号</th><th>组内职务</th><th>人员职务</th><th>主要分工</th></tr>
<tr><td>1</td><td>组长</td><td>部门主任</td><td>涉密人员归口管理负责人</td></tr>
<tr><td>2</td><td>副组长</td><td>部门副主任</td><td>协助组长指导开展涉密人员归口管理工作</td></tr>
<tr><td>3</td><td rowspan="4">组员</td><td>内设机构正职</td><td>具体指导公司涉密人员归口管理工作</td></tr>
<tr><td>4</td><td>涉密人员管理专员</td><td>负责具体开展公司涉密人员归口管理迎检工作</td></tr>
<tr><td>5</td><td>涉密人员管理专员</td><td>负责具体开展公司涉密人员归口管理迎检工作</td></tr>
<tr><td>6</td><td>涉密人员管理专员</td><td>负责具体开展公司涉密人员归口管理迎检工作</td></tr>
</table>

步骤 4 分解工时

责任人收到任务后及时开展工作分析，编制工作计划，分解各个关键任务节点可获得工时，经部门主要负责人审批同意后报部门量化考核管理员备案。具体工时分解见表 5－5。

表 5－5　工时分解

<table>
<tr><th>一级任务</th><th>二级任务</th><th>基础作业单元</th><th>成果标准</th><th>单位</th><th>标准工时</th><th>计划时间</th></tr>
<tr><td rowspan="6">保密资格单位认定迎检专项任务</td><td rowspan="6">政策研究分析</td><td>开展法规政策梳理</td><td>报告</td><td>—</td><td>8</td><td rowspan="6">2022 年
3—4 月</td></tr>
<tr><td>开展调研和专家咨询</td><td>访谈记录</td><td>/人</td><td>2</td></tr>
<tr><td>确定涉密人员管理权责界面</td><td>方案</td><td>—</td><td>24</td></tr>
<tr><td>建立自查要求模板</td><td>自查对照表</td><td>—</td><td>20</td></tr>
<tr><td>组织涉密单位开展自查</td><td>方案</td><td>—</td><td>16</td></tr>
<tr><td>形成自查与整改报告</td><td>报告</td><td>—</td><td>8</td></tr>
</table>

续表

一级任务	二级任务	基础作业单元	成果标准	单位	标准工时	计划时间
保密资格单位认定迎检专项任务	健全完善管理制度	修订制度	《涉密人员管理办法》	—	40	2022年4—5月
		征求意见及反馈	记录表/反馈表	—	4	
		履行内部决策程序	会议纪要/审批记录	—	4	
		开展制度宣贯	宣贯记录	—	2	
		发布制度	《涉密人员管理办法》	—	1	
	完善涉密岗位体系	修订涉密岗位确定标准	岗位清单	—	8	2022年5—6月
		修订涉密岗位确定规则		—	16	
		完善岗位构成要素		—	16	
		完善岗位清单		/人	40	
	人员上岗管理	涉密人员上岗保密审查	政审表	—	1	2022年7—9月
		组织岗前保密教育	保密教育记录	—	0.5	
		组织上岗考试	考试结果	/人	0.5	
		组织签订保密承诺书	保密承诺书	—	0.1	
		涉密人员备案工作	备案表	/月	1	
		涉密人员档案建立	涉密人员档案		1	

续表

一级任务	二级任务	基础作业单元	成果标准	单位	标准工时	计划时间
保密资格单位认定迎检专项任务	在岗人员管理	涉密人员岗位、密级变更审查	变更表	/人	0.2	2022年7—9月
		涉密人员季度考核	季度考核表	/季	4	
		涉密人员年度考核	年度考核表	/年	4	
		涉密人员年度复审	年度复审表	/年	24	
	离岗管理	开展涉密人员离岗保密提醒	保密提醒	/人	0.1	
		组织签订离岗保密承诺书	保密承诺书	/人	0.1	
		办理涉密人员离岗手续	离岗证明	/人	0.1	
		编制并发送脱密期委托管理书	委托书	/人	1	
		回访脱密期涉密人员	回访记录	/月	1	
		开展脱密期涉密人员重大事项报告	报告	/人	1	
		撤销涉密人员备案	脱密处理记录	—	1	
	因私出国（境）	审批涉密人员出国（境）证件办理	审批表	—	0.5	
		出具申办出入国（境）证件的函	函件	—	0.5	

续表

一级任务	二级任务	基础作业单元	成果标准	单位	标准工时	计划时间
保密资格单位认定迎检专项任务	因私出国（境）	审批涉密人员因私出国（境）	审批表	—	0.5	2022年7—9月
		办理涉密人员护照领取	领取记录	—	0.1	
		开展涉密人员出国（境）前保密提醒	保密提醒	—	0.5	
		涉密人员回国（境）后回访及证件回收	回访记录	—	0.5	
	因公出国（境）	出具因公出国（境）政审材料	函件	—	1	
		办理涉密人员护照领取	领取记录	—	0.5	
		涉密人员回国（境）后回访及证件回收	回访记录	—	0.5	
	材料归档与信息维护	整理归档相关材料	材料台账	/月	1	
		维护相关电子化信息	维护记录	/人	0.2	

步骤5 申报工时

责任人按照计划开展工作，定期统计任务完成情况并申报工时。

步骤6 审批工时

部门主要负责人审批工作完成情况即可获得工时。

采用工时悬赏机制后，员工积极响应，主动加入工作组参与保密资格单位认定迎检工作，保密工作认定资格迎检小组组员的月度工时比所在内设机构的平均工时高出15～20个，月度绩效奖金平均涨幅达到22.5%，充分激发了员工的工作动力，全力保障了迎检工作开展。

有效杜绝“搭便车”

B 团队是一个跨部门项目研发团队，因团队成员众多、项目复杂，加上采用项目制管理等，难以准确评估每个员工在项目中的贡献，部分员工趁机不积极投入项目工作，依赖他人的努力来取得个人成果。为了解决这个问题，B 团队通过实施量化考核工作法有效杜绝团队人员的“搭便车”行为。

步骤 1 制定量化考核体系

B 团队通过基于工时的量化考核工作法，建立了一套全面、客观的量化考核体系。该体系包括各项任务的标准工时、重要性系数，以及针对员工工作质量、工作效率、团队协作等多个维度的综合评价系数。这样，每个员工的表现都可以通过工时数据的完成情况进行准确评估。

步骤 2 明确任务分工与责任范围

明确每个成员的任务分工与责任范围，要求每个员工都需要承担具体的工作内容。通过清晰的任务分工，避免了任务模糊性和重叠性，确保了每个员工都能明确自己的工作职责。同时，按照项目进度计划对任务进行详细分解，并由项目管理人员根据以往项目经验，赋予相应基础作业单元工时。

步骤 3 建立数据记录系统与监督机制

建立数据记录系统，该系统负责实时记录员工的工作量、完成任务的时间与质量等方面的数据。同时，建立了监督机制，负责定期对数据进行审核和分析，确保工时数据的真实性和准确性。这样，搭便车的行为就无所遁形，员工的绩效表现就一目了然了。

步骤 4 严格执行奖惩制度

基于量化考核的结果，B 团队严格执行奖惩制度，表现优秀的员工会得到更多奖金，而低绩效表现的员工则会受到警告、扣奖金等惩罚。这种制度的执行，形成了有效的激励和约束机制，使员工意识到只有积极投入工作才能获得回报。

步骤 5 定期沟通与反馈

B 团队的管理者定期与员工进行绩效面谈，就量化考核结果进行沟通与反馈。管理者与员工共同分析工作中存在的问题和不足，制订改进计划。定期沟通有助于员工认识到自己的不足，提升工作能力，同时也增强了员工与团队之间的信任和合作。

通过以上措施的实施，B 团队成员的工作积极性显著提高，团队协作效率大幅提升，项目质量也得到了明显改善。最终，B 团队成为公司内部的绩效管理标杆，为其他团队树立了可借鉴的榜样。

本章小结

本章介绍了工时获取的概念、主要步骤、常见误区和良好实践。工时获取的过程即绩效达成的过程，实现绩效目标不仅是员工个人的责任，也是管理者的责任。管理者需要服务好员工，做好绩效辅导和跟踪，激发员工的创造力，帮助员工达成高绩效目标。除了发挥管理者“人”的作用，还要充分发挥量化考核工作法蕴含的激励功能，通过提高挑战型、创新型任务的年度调节系数，激发员工挑战自我的内在动力，推动组织变革与发展。

第六章

量化：工时核定

工作成果是“量”和“质”的有机结合，工时获取章节更多侧重于衡量员工工作产出的“量”，缺少对工作完成的“质”的评价。如果一项工作没有达到预期的质量标准，那么即使完成了再多的数量，也没有实质性的价值。工时核定在客观了解员工工作的“量”的基础上，通过对员工工作的“质”进行综合评价，实现了定量为主、定性为辅的全面评价，在有效引导员工获取更多工时的同时，保障了成果产出质量。当然，这个“质”并非完全主观评价，而是基于客观事实，并通过适度公开考核结果的方式，确保评价的公平性。工时核定有助于获得员工对考核结果的认可，营造互相信任、互相尊重、互相支持的组织文化氛围。

6.1 工时核定概述

工时核定是指对员工获得的统计工时的完成质量、完成效率、团队协作情况等多个维度进行综合评价，并按照一定规则核定其可获得最终工时的过程。工时核定主要包括确定综合评价系数 Q、核定考核工时、发布考核结果三个步骤。

6.2 工时核定的步骤

6.2.1 确定综合评价系数 Q

（1）建立评价标准矩阵

评价标准矩阵包括评价等级、评价系数、维度、权重四个方面。

评价等级分为卓越、优秀、良好、合格、基本合格五个级别，对应的评价系数分别为 1.10、1.05、1.00、0.95、0.90。最低等级为基本合格，即成果产出必须达到最低要求，如果不满足基本合格的要求，即使投入了大量的时间和精力，按照量化考核工作法的成果导向原则，也不能赋予工时。

评价维度包括工作质量、工作效率、团队协作三个核心要素，权重一般分别为 50%、30%、20%。组织可以根据管理需要对权重进行适应性调整，但工作质量的权重应相对较高。为了降低评价复杂度，也可不细分工作质量、工作效率和团队协作的权重，由评价人综合考虑三个方面因素，直接确定评价等级，根据等级对应的分值确定综合评价系数 Q 即可。

评价标准矩阵表如表 6-1 所示。

表 6-1 评价标准矩阵表

评价等级	评价系数	工作质量（50%）	工作效率（30%）	团队协作（20%）
卓越	1.10	工作质量好	工作效率高	团队协作意识强
优秀	1.05	工作质量较好	工作效率较高	团队协作意识较强
良好	1.00	满足工作质量要求	工作效率处于平均水平	团队协作意识处于平均水平
合格	0.95	满足工作质量要求	基本满足工作进度要求	团队协作意识处于平均水平
基本合格	0.90	基本满足工作质量要求	工作效率较低，满足工作进度最低要求	团队协作意识较差

综合评价系数 Q 的取值范围不宜过大或过小。比如取值范围设置在 0.8～1.2，同样的工时统计结果，经过核定后最高值却达到了最低值的 1.5 倍，放大了主观评价的影响，会在一定程度上降低量化考核的客观性和公平性。而综合评价系数 Q 的取值范围过小，会导致过于依赖工时统计结果，不利于发挥部门负责人的管理调控作用，进而易挫伤工时统计总数

较低但工作表现较好的员工的工作积极性。因此，综合评价系数 Q 的取值区间设置为 0.90～1.10 相对科学合理，在客观工时统计数据的基础上，赋予了管理者一定的空间和权限，用于平衡员工工作的“量”与“质”、效率、团队协作之间的关系。

（2）明确评价主体及权重

在一个部门内，评价主体按照人员层级一般可分为部门负责人、内设机构负责人与员工三类。考虑责、权、利对等因素，可将评价对象的上级直接管理者的权重设置为 50%，同级人员的权重设置为 20%。具体比例可结合实际情况进行适当调整。示例如表 6－2 所示。

表 6－2　不同评价主体的权重分配情况

评价对象	评价主体		
	部门负责人	内设机构负责人	员工
内设机构负责人	50%	20%	30%
员工	30%	50%	20%

综合评价系数 Q 的核算公式如下：

$$Q=\frac{\sum_{i=1}^{n_1}Q}{n_1}\times X_1+\frac{\sum_{i=1}^{n_2}Q}{n_2}\times X_2+\frac{\sum_{i=1}^{n_3}Q}{n_3}\times X_3$$

其中：

① Q——综合评价系数；

② X_1——部门负责人评价权重；

③ n_1——参与评分的部门负责人总数；

④ X_2——内设机构负责人评价权重；

⑤ n_2——参与评分的内设机构负责人总数；

⑥ X_3——其他员工互评权重；

⑦ n_3——参与评分的其他员工总数。

（3）确定评价周期

综合评价一般按月或按季度开展，评价周期应与绩效奖金分配周期一致。在一个考核周期结束后，由员工对除自己以外的其他人员进行评分。综合评价系数互评表示例如表 6-3 所示。

表 6-3　综合评价系数互评表

评价对象	评价指标			
	工作质量（50%）	工作效率（30%）	团队协作（20%）	综合评价系数 Q
	综合评价系数范围：0.90～1.10			
内设机构正职				
内设机构副职				
员工 1				
员工 2				
……				
员工 N				

6.2.2　核定考核工时

(1) 核定员工考核工时

员工考核工时由个人获得的全部统计工时与本人综合评价系数确定，即：

员工考核工时＝个人统计工时×个人综合评价系数

(2) 核定内设机构正职考核工时

内设机构正职考核工时由内设机构员工平均统计工时与本人综合评价系数确定，即：

内设机构正职考核工时＝(内设机构全部统计工时÷内设机构人数)×个人综合评价系数

“内设机构全部统计工时”包含内设机构正职和其他员工全部人员的统计工时。使用内设机构统计工时平均值作为核定内设机构正职考核工时的因子，主要出于两个方面的考虑：一是内设机构负责人的定位是管理者，而不是具体业务执行人，管理者的职责在于带领团队实现组织目标，这就需要管理者将主要精力集中在制定目标和计划、为员工提供指导和帮助、提升团队能力上；二是把员工工时与内设机构负责人的工时紧密关联，能够鼓励内设机构负责人把“工时蛋糕”做大，避免内设机构负责人为了获得工时而与员工争活，导致管理者和员工角色颠倒。

如果管理部门人数较少，内设机构正职参与执行较多具体任务，可以适当按比例使用其完成任务获得的统计工时来核定考核工时。

(3) 核定内设机构副职考核工时

内设机构副职考核工时由内设机构正职考核工时的一定比例（a）与个人统计工时及本人综合评价系数共同确定，即：

$$内设机构副职考核工时=内设机构正职考核工时\times a+内设机构副职个人统计工时\times 个人综合评价系数\times (1-a)$$

通常情况下，内设机构副职一般具有两种不同的角色定位：一是承担一定管理职责，协助和支持内设机构正职开展工作；二是不承担管理职责，仅负责具体业务的执行。各单位可结合内设机构职责分工的实际情况、管理导向等因素，合理确定 a 的取值范围。从鼓励内设机构副职主动多承担具体业务、多获取工时角度出发，a 的取值建议在 10%～30%之间。

(4) 汇总工时核定结果

根据以上规则，分别核定员工、内设机构正职、内设机构副职的工时，结合考核周期，形成部门考核工时核定汇总表（见表 6-4）。

表 6-4　部门考核工时核定汇总表

考核周期：×年×月×日—×年×月×日

序号	姓名	工作岗位	统计工时	综合评价系数 Q	考核工时
合　计					

审批人：　　　　审核人：　　　　填表人：

(5) 分析工时核定结果

为提升工时核定结果的信度和效度，汇总部门员工工时核定结果后，部门负责人应开展工时比较分析工作。具体可以从以下两个方面开展：

- 横向比较：按照职级，将每位员工的工时核定结果与平均水平进行对比分析，列出远高于或低于均值的人员名单等，分析有无异常情况。
- 纵向比较：将员工工时核定结果与上一考核周期工时核定结果进行同比比较，找出增幅较大和降幅较大的员工，分析有无异常情况。

对于异常情况，管理者需要深入分析产生的原因，并及时采取措施修正异常工时值。如员工统计工时很高，但是因为 Q 值评价低，导致工时核定结果排名出现较大异常的，管理者需要再次核实评估 Q 值评价的合理性。若确是 Q 值评价偏低，可在公开民主的前提下，适度调整综合评价系数 Q。

示例 》

核算部门人员工时产出结果

B公司某部门共有4个内设机构，参与量化考核的人数共计15人，某月度的统计工时如表6-5所示。

表6-5 某部门某月度的统计工时

机构	人员类别	标准工时	非标准工时	月度统计工时
内设机构1	正职	140	28	168
	副职	160	12	172
	员工1	168	17	185
	员工2	157	17	174
内设机构2	正职	145	20	165
	副职	156	14	170
	员工1	159	18	177
	员工2	155	14	169
内设机构3	正职	143	25	168
	副职	156	19	175
	员工1	166	9	175

续表

机构	人员类别	标准工时	非标准工时	月度统计工时
内设机构 4	正职	150	25	175
	副职	157	13	170
	员工 1	178	16	194
	员工 2	165	10	175

评价主体综合考虑评价对象的工作质量、工作效率、团队协作情况，对照评价标准矩阵表，完成互评。根据综合评价系数 Q 核定规则，得到的各员工综合评价系数如表 6-6 所示。

表 6-6　各员工综合评价系数

机构	人员类别	综合评价系数 Q
内设机构 1	正职	1.10
	副职	1.05
	员工 1	1.05
	员工 2	1.00
内设机构 2	正职	1.05
	副职	1.00
	员工 1	1.00
	员工 2	1.05
内设机构 3	正职	1.05
	副职	1.00
	员工 1	0.95
内设机构 4	正职	1.10
	副职	1.05
	员工 1	1.05
	员工 2	1.00

按照人员类别，分别计算考核工时：

（1）员工考核工时（见表6-7）

员工考核工时=个人统计工时×个人综合评价系数

表6-7 员工考核工时

机构	人员类别	月度统计工时	综合评价系数Q	考核工时
内设机构1	员工1	185	1.05	194.25
	员工2	174	1.00	174.00
内设机构2	员工1	177	1.00	177.00
	员工2	169	1.05	177.45
内设机构3	员工1	175	0.95	166.25
内设机构4	员工1	194	1.05	203.70
	员工2	175	1.00	175.00

（2）内设机构正职考核工时（见表6-8）

内设机构正职考核工时=（内设机构全部统计工时÷内设机构人数）×个人综合评价系数

表6-8 内设机构正职考核工时

机构	人员类别	月度统计工时	内设机构平均工时	正职综合评价系数Q	正职考核工时
内设机构1	正职	168	174.75	1.10	192.23
	副职	172			
	员工1	185			
	员工2	174			
内设机构2	正职	165	170.25	1.05	178.76
	副职	170			
	员工1	177			
	员工2	169			
内设机构3	正职	168	172.67	1.05	181.30
	副职	175			
	员工1	175			

续表

机构	人员类别	月度统计工时	内设机构平均工时	正职综合评价系数 Q	正职考核工时
内设机构 4	正职	175	178.50	1.10	196.35
	副职	170			
	员工 1	194			
	员工 2	175			

(3) 内设机构副职考核工时（见表 6-9）

内设机构副职考核工时＝内设机构正职考核工时×a＋内设机构副职个人统计工时×个人综合评价系数×（$1-a$），a 的取值为 30%

表 6-9　内设机构副职考核工时

机构	人员类别	月度统计工时	综合评价系数 Q	正职考核工时（占比 30%）	副职考核工时
内设机构 1	副职	172	1.05	192.23	184.09
内设机构 2	副职	170	1.00	178.76	172.63
内设机构 3	副职	175	1.00	181.30	176.89
内设机构 4	副职	170	1.05	196.35	183.86

6.2.3　发布考核结果

(1) 结果反馈

结果反馈是绩效管理的关键一环，也是绩效管理的“最后一公里”，对组织、考核人、被考核人都至关重要。但在实践中，结果反馈的实施效果并不理想，比如：有些管理者从思想上忽略反馈的重要性，认为反馈可有可无；有些管理者由于缺乏翔实客观的过程记录和结果支撑材料，不愿开展绩效反馈工作，未发挥其帮助组织和员工改进提升绩效的作用。量化考核工作法的反馈立足于客观清晰的工时数据，整个考核过程可追溯查验，有助于管理者开展结果反馈。在反馈过程中应注意以下事项：

①坚定反馈理念。工时核定结果及相关改进建议应反馈给员工，诸如“考核是管理者自己的事，与员工无关，所以没必要公开”或“担心考核结果会引起非议，激发矛盾，所以不愿意公开”都是错误的观念。

②做好即时反馈。管理者对员工考核结果的反馈应该是即时的、常态的，包括考核周期内的过程辅导和考核周期后的绩效反馈。延迟的反馈面谈不但不利于帮助员工改进绩效，反而容易引起反感和抵触情绪。

③营造良好氛围。在考核结果反馈面谈的过程中要营造融洽的沟通交流氛围，沟通要坦率、具体，谈话场地尽可能免受干扰。沟通中要先表扬员工的成就，给予员工真心的肯定，再指出需要改进的具体行为表现。

④客观陈述事实。管理者应将考核结果反馈面谈视为一个管理过程，而不是单纯地告知员工绩效评价结果，在沟通中不要只谈结果或过程，要描述事实，用工时数据说话，与员工共同分析工时数据的特点，提出有针对性的改进建议。

⑤注意沟通方法。在考核结果反馈面谈的过程中要时刻保持双向沟通，不要先入为主，要多倾听，引导员工多说。在回顾过去时要对事不对人，在展望未来时可以既对事又对人，但对人时不要涉及对员工人格的评判。管理者既要帮助员工找出工作方式方法的缺陷，又要诊断出原因以便改进，最后落实到具体的、可实施的行动目标和计划上来。

（2）结果公示

适度公开考核结果有助于营造信任的组织文化氛围，发挥示范引领作用，是激励先进、鞭策落后的有效方式，主要有以下三点益处：

①适度的结果公示能够增强绩效考核的透明度，发挥群众监督的作用，有助于减少人为主观评价的随意性。考评者担心工时核定结果公示，员工会对结果提出争议，带来一些不必要的麻烦。但如果绩效考核是一个“黑盒子”，那些不说出来的意见就会在“坊间”的猜测、揣摩及共鸣中发酵，不利于问题的发现和解决，相反还会带来很多隐性的弊端。结果公示后反映出来的问题，其实是工时核定持续改进的契机，也是量化考核改进的“抓手”。

②结果公示有助于更好发挥激励导向作用。通过公开考核结果，能够使员工了解自己的工作表现和自己在团队中的位置，从而更好地认识到自己的优点和不足，增强自我认知；同时使员工感受到一定的压力和动力，促使其更加努力以争取更好的成绩，从而有利于促进员工之间的竞争，激发员工潜力，提高组织的工作效率和质量。

③结果公示能够使员工更加了解组织的整体表现和目标，推动员工更好地协作和配合，从而共同实现组织目标。

在量化考核试行初期，可公示考核排名前30%的员工，后续根据实际情况逐步调整公示范围。在调整公示范围时，要坚持合理适度原则，避免因为公示范围过大，让排名靠后的员工丢失面子，过分增大组织张力，从而导致排名靠后的员工失去改进的动力，排名靠前的员工受到排挤，团队内部的矛盾在无形中放大，引发管理内耗和矛盾，给组织文化造成不必要的冲击。

补充说明》

组织张力是指组织系统在正常状态下，组织要素的紧张度，如同肌肉在收缩和舒张之间的恢复状况。张力上升，会引发组织内部力量的重新配置，从而激发组织内部的力量，当然这也会引起组织要素的不适应。相反，张力下降，会引发组织内部力量的消减。因此，组织张力必须保持一个合适的“度”。

(3) 争议处理

健全完善工时核定结果争议处理机制，是落实绩效考核闭环管理的关键一招。由于工时核定结果与员工的工资收入、晋升提拔、培训发展等息息相关，员工的重视程度较高，员工难免会因为工时核定结果与预期存在偏差而产生争议，认为工时核定存在不公平的现象。对于此类争议，一般可从以下五个方面来处理：

①换位思考。在收到关于考核结果的申述时，争议处理人员要学会换位思考，提高同理心、共情力，主动接纳员工的感受。

②找准问题主体。员工的直接上级对其工作效率、成果和态度最了解，对其统计工时、考核工时的评价有主要话语权，因此，初期解决问题的主体应该是员工与其直接上级，争议处理人员需要协调双方进行开诚布公的沟通，消除误解。如果沟通失败，争议处理人员再介入，综合双方的意见，认真分析，客观地判断考核结果的公正性。

③自检核定规则。确认工时核定程序和规则的合理性，考核信息的来源及信息收集过程的规范性。如果是考核程序导致的问题，则须按照正确的工时核定程序再次确认，对此，管理者和相应的工作人员应该承担相应的责任。

④重新审视结果。如果考核程序是符合标准的，则请双方提供各自的评判证据，必要时由绩效考核委员会或承担相应职责的机构进行评判。如果是管理者的绩效管理能力不足，应对管理者进行相应培训；如果存在管理者评价不公正的情况，则需要再次对员工的绩效进行评定，并按照公司规定对管理者进行处罚。复核申请表如表 6-10 所示。

⑤保持坦诚心态。调查结论出来后，保持坦诚的心态与员工进行沟通有益于化解矛盾。经过调查，如果员工的绩效结果并没有出问题，需要就调查过程和结论向员工进行正式的沟通和解释。如果有必要，则可以请员工的直接上级一同参与，向员工强调考核结果是对工作结果的评价，而非针对个人，鼓励员工向前看。谈话结束后要以积极坦诚的心态做出支持员工工作的承诺，帮助员工度过情绪低谷期。

表 6-10　量化考核结果复核申请表

姓名		岗位	
复核周期			
复核事项			
申请理由			

续表

补充说明：   签字： 日期：　　年　　月　　日
复核意见：   签字： 日期：　　年　　月　　日

6.3　常见误区

6.3.1　综合评价系数区间设置过大

案例　某公司某部门除去部门负责人共计 5 名员工，于 2022 年 6 月开始正式实施量化考核工作法，按季度进行考核。经过一个季度试运行后，部门负责人在开展员工考核工时结果反馈工作时，引起了员工 1 和员工 2 的强烈不满，谈话结束后，两名员工就直接向公司分管领导和上级主管部门进行了投诉。

该公司该部门按照统计工时和考核工时对员工进行排序对比，对比结果如表 6 - 11 所示。

表 6 - 11　某部门员工工时排名

员工	统计工时	统计工时排名	综合评价系数 Q	考核工时	考核工时排名
员工 1	560	1	1.1	616.0	5
员工 2	545	2	1.2	654.0	4
员工 3	525	3	1.4	735.0	1
员工 4	475	4	1.4	665.0	3
员工 5	449	5	1.5	673.5	2

该案例中设置的综合评价系数 Q 的范围为 1.0～1.5，从上表统计工时排名和考核工时排名中可以看出，统计工时最高的员工 1，经过综合评价系数调整，成为考核工时最低的员工，而统计工时最少的员工 5，经过综合评价系数调整，成为考核工时排名第二的员工，统计工时排名第二的员工 2 成为考核工时排名倒数第二的员工。根本原因是综合评价系数区间设置过大，赋予主观评价过大的权重，降低了量化考核工作法的客观性和公平性，最终导致量化考核结果的整体失真、失效、失信，这也是两名员工投诉的导火索。

因此，综合评价系数区间不宜设置得过大，在员工综合评价打分过程中，部门负责人要做统计工时和考核工时的比较，避免出现颠覆性影响。

6.3.2　初期公布全部结果排名

案例　B 公司某部门于 2023 年 1 月启动量化考核试点工作，2 月至 3 月试运行期间考核工时不与薪酬挂钩，但根据考核工时将排名情况进行了公示，效果良好，员工干劲十足，各内设机构超额完成月度下达的指标。经过两个月试运行后，于 4 月开始正式运行，将考核工时与月度绩效奖金挂钩，挂钩比例为 20%。在 4 月份考核结束之后，部门负责人将部门全部员工的考核结果在部门范围内进行了公示，同时将本部门量化考核工作实施经验总结通过公司内部网络传阅给其他各部门学习。5月1日，2名员工找到了部门负责人理论，情绪激动，在办公室与部门负责人发生争执，事后，2名员工为表示不满提交了辞职信。

了解情况后发现，提出异议的2名员工在部门整体考核结果排名中均比较靠后，日常表现欠佳，但基本能够完成职责范围内的工作，其在试运行期间也并未表现出不满情绪，但最终引起2名员工不满的根本原因是部门负责人在部门例会会议室张贴了全员考核工时排名表，并在传阅给公司各部门的实施经验总结中公布了部门考核结果。

管理大师杰克·韦尔奇提出的活力曲线（见图6-1），以业绩为横轴，以组织内达到这种业绩的员工数量为纵轴，利用正态分布图，将员工分为业绩排在前面20%的员工（A类）、中间70%的员工（B类）和业绩排在后面10%的员工（C类）。活力曲线陈述的是员工优胜劣汰的正态分布情况：一方面，在对前面20%的员工的不断奖励下，会激发中间70%的员工积极进取的工作热情，使团队呈现不断上进的势头；另一方面，在“末位淘汰”的压力下，表现相对较差的员工就会充满危机感，至少会为了避免使自己成为被淘汰的10%而努力。

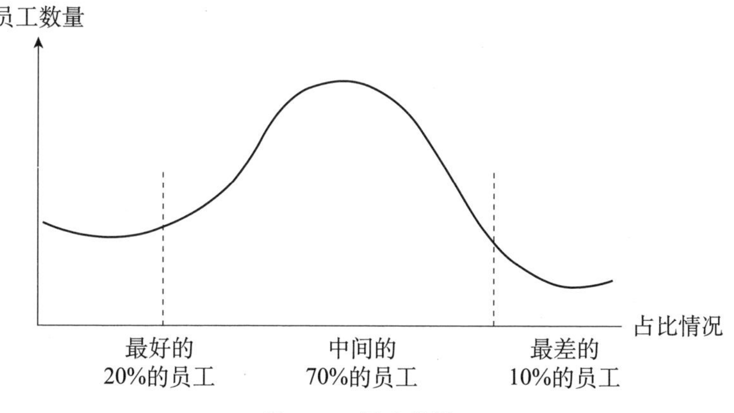

图6-1　活力曲线

组织正确运用活力曲线能够引导大家形成“后进赶先进、先进更前进”的氛围，但在量化考核运行初期或组织未形成一定氛围基础时，简单粗暴地将排名靠后的员工公之于众，容易造成员工的不满和管理风险。

因此，在运行初期，为确保考核结果的公信力和激励效果，营造比学赶超的氛围，推动员工实现“后进赶先进、先进更前进”的目标，考核结果的公示范围一般为排名靠前的30%的员工。组织应谨慎使用“一刀切”的方式公开全部结果，以免出现一发不可收拾的失控局面。

6.4 良好实践

一次有效的绩效反馈面谈

小李刚升任招聘主管（有下属2人）满一年，工作热情很高，但工作方法有所欠缺。根据公司三季度的考核标准和工时核定情况，部门经理对他进行的绩效考核的预评估结果为合格，于是决定与小李开展绩效面谈，并思考应如何提前做好心理预期以及绩效辅导工作。周一早上刚上班，部门经理在公司楼道里碰到了打开水的小李，小李主动跟经理打了招呼，几分钟后，经理预计小李打完水回到了办公室，于是给小李拨打了电话。

【分析】经理在楼道中没有跟小李提面谈的事情，反而通过预计时间来给小李拨打电话，一是绩效面谈是一件很严肃的事情，应尽可能通过正规的沟通渠道来说明，二是希望让小李能够充分感到被重视和尊重。

（一）准备工作

经理：你好，小李，公司三季度的考核马上要开始了，这周我想跟你聊聊你的绩效考核结果。我看了一下我本周的计划，周四、周五这两天没什么特别的事情，你看你什么时候方便？

小李：嗯……周四吧，我周四下午都可以，您看行吗？

经理：那就周四下午3点，咱们去部门的会客室聊聊，正好你也利用这两天整理一下你的三季度工作总结和四季度的工作目标。

【分析】在时间选择上，管理者根据自己的时间给出几个比较宽泛的时间段，让面谈对象在时间选择上自由度更大一些。

（二）开场

周四下午，部门经理带着整理好的绩效考核评估材料，提前 10 分钟来到了会客室，在茶几上摆好了一个茶壶、两个茶杯之后，再一次翻阅了评估材料，在某些地方有针对性地进行了标注。几分钟后，小李敲门进屋，经理微笑地示意小李坐在自己右前方。面谈开始。

经理：小李，你知道公司马上要进行三季度的考核，而且公司对这方面很重视，我也希望通过今天的交流对你三季度的表现有一个比较客观的评价。当然，更重要的目的是发现问题、总结经验，以便你更好地进行下一季度的工作。今天面谈的内容围绕这些方面，你觉得可以吗？

小李：经理，我明白您的意思，正好我对我下一季度的工作有些想法，也希望借此机会听听您的建议。

经理：很好，那我们开始。你先按照公司的季度工作总结思路谈谈自己三季度的工作情况吧。

【分析】在面谈材料的准备上，进一步标注出面谈重点，并通过准备茶水、安排座次尽量营造舒适、放松的面谈环境；在开场白上，便于对方有充分的心理准备。

（三）倾听员工的自我评价

小李：好的，那我先回顾一下我的工作……（小李用了 5 分钟左右汇报完了自己的工作情况）

经理：非常好，三季度你所负责的校园招聘工作做得不错，从工时统计的结果上也能看出你在这方面花费了大量精力，尤其是在目标院校合作和校园招聘的组织、策划、实施方面做了大量工作，为公司人才储备起到了非常好的支撑作用。你在这方面的努力和付出，大家都是有目共睹的。但是你在社会招聘模块上，工时核定结果不太理想……

小李：听说相关部门投诉我们部门了，原因是没分出人手来配合他们开展社会招聘工作，导致他们部门人手紧缺，影响了他们部门的工作进度……

经理：嗯，那么假如咱们的绩效考核分数满分是100分，你给自己打多少分？

小李：80分吧。

经理：80分？那你觉得扣分点主要在哪儿？

小李：我想可能主要在社会招聘模块上。

【分析】通过对方的工作回顾，认可对方的工作成果。这里要聚焦具体的点，并且通过自己的感受并结合大家对他的评价，给出具体的正面反馈。另外，这里还涉及一个小技巧：通过假设满分为100分，引导员工根据自己的工作回顾先给自己一个评价，带着对方进入讨论问题的状态。

（四）告知对方评估结果

经理：很好，你也知道咱们部门的一项重要的KPI就是协同服务好其他管理部门。这次考核，相关部门确实投诉了我们部门存在协作性的问题，他们反馈我们经常以“工作忙”为借口，直接拒绝他们的要求，最后导致××项工作严重滞后，也给公司带来了一定的损失。我们部门员工三季度的平均工时为178，你三季度的工时核定结果是167，与部门员工的平均工时存在一定差距，我也仔细看了你的工时核定表，工时丢失比较严重的地方主要在社会招聘模块上，这块的基础作业单元工时核定离预期差异较大。因此，根据公司考核标准和工时核定结果，对于三季度的考核，我给你的绩效评估结果是合格。对这一点，我也想听听你的看法。

【分析】通过部门的KPI结果以及客观事实，清晰准确地告知对方评估结果，让对方清楚地明白问题具体出在哪里。

（五）讨论员工不同意的地方

小李：这个问题确实存在，但我觉得不公平，我们团队总共就3个人，忙的时候实在是顾不过来。虽然我也知道协同配合其他部门很重要，但确实是抽不出人手，没办法才拒绝他们的。公司的规定是死的，但领导在工时核定、考核结果认定的时候是不是也得考虑一下我们的难处？

经理：嗯，确实是，你们团队人手比较少是实情，我也很能理解，之前我也碰到过类似的情况，忙起来的时候确实是挺让人头疼的，有种“巧妇难为无米之炊”的无力感。但如果你站在我的角度，因为你有难处，在工时核定、考核结果认定的时候就网开一面，那其他人该怎么想？团队人少，事实确实如此，但有没有其他办法来解决呢？

小李：那下次遇到这种情况，您看能不能帮我借调人员过来，作为临时的补充？

经理：不错的办法，这个可以。其实像这种情况，你可以第一时间跟我沟通，我来帮你协商解决。人手不足确实也是实情，但对我们来说，支持业务部门、服务单位的生产经营才是最重要的。如果说就是因为人手不够而不干活的话，不仅对咱们部门达成目标不利，也会给你自己带来一些负面的影响。

小李：经理，我明白了，下次遇到这种情况，我会先跟您及时沟通。

经理：嗯，以后遇到这类问题，一定记得先跟我沟通。此外，你认为除了及时沟通，有没有什么更好的办法来处理和解决类似的问题？

小李：嗯，其实事后我也有想过，团队任务繁重，有一些工作可以按照轻重缓急重新梳理，这样可以将精力集中在更重要的事情上，也好让我们更好地腾出手来支持其他部门。

经理：很好，把工作按照优先级排序，再确认重点，这样确实是能够让工作变得更有序一些。除了这一点，还有吗？

小李：嗯，还有就是要多跟团队成员沟通，协调有限的人手，提升工作效率。团队的工作不是靠我一个人就能完成的，本来我跟他俩的交流就不是很多，再加上任务量突增，我也没细想，简单布置任务之后，就各干各的，也没有顾得上对任务的过程和结果进行追踪，我想这对我自己和团队的发展都不好。

经理：既然你注意到了这一点，那你有什么好的解决办法吗？

小李：我想我需要在平时多跟他俩交流，可以多把问题拿出来共同讨论，这可以提升他们的参与感，另外也要不定期对他们进行辅导，要对他们多了解，多倾听他们的想法，平时结合他们的特长来安排一些具体的工作，以更好地体现他们的价值。总之，多分享，多交流，让团队的氛围更融洽一些，也能让自己和团队共同进步。

【分析】面对员工利用事实说话，有一定的负面情绪，且试图推卸责任的现象，管理者就需要利用同理心，表示能够理解对方的感受，先接受和处理对方表现出来的情绪，再利用“是什么?”方式提问，引导对方进一步思考。在对方给出一定的解决方法后，可以再继续追问“还有吗?”，过程中不要轻易打断对方，并通过一些肢体语言，传达出给对方以鼓励的信息。

（六）协助员工制订改进计划

经理：我也这么想，团队氛围的好坏是影响团队的重要因素。如果能在团队氛围营造上多花一点时间，对团队和成员的成长都会有很大帮助。

小李：嗯，这方面也是我列出的下个季度的工作重点，这两天我把思路捋一捋，就开始着手了。

经理：能够快速行动，这点很好。

小李：经理请放心，我自己明白这个季度问题出在哪里，下个季度我会改正的。

经理：好，我们今天实际上是谈了两个问题，一是工作优先级排序，二是团队沟通和协作，我也做了记录。这两个问题你可以列入你的绩效改进计划当中，关键是我想看到你在下一季度的改变。如果过程中有什么需要支持的地方，尽管提出来，我会尽可能地帮你协调。

小李：经理，您放心，感谢您对我的支持。

【分析】在这个阶段，通过言语上的引导，让员工对未来的计划进行思考。在这一过程中，需要明确对方下一阶段的工作目标，并进行纸面上的记录。同时，对计划实施的过程，要给予一定的支持承诺。当然，这种承诺不能仅仅停留在口头上，后期需要定期对改进计划进行跟踪和辅导。

（七）结束面谈

经理：好的，如果没有其他问题，我们就谈到这里。这份绩效面谈记录是刚才咱们谈话的内容，如果没有异议，我们一起签个名。另外，你下一季度的工作规划和关键任务调整，下周一能发给我吗？

小李：好的，下周一中午之前，我通过邮件发给您。

经理：小李，谢谢你的合作，期待你下一季度有所突破。

小李：好的，有了这些改进方向，我会做得更好的。经理，再见。

【分析】面谈结束之前，与对方就面谈结果签字确认，并将其作为绩效合同中的一部分；约定下一季度改进计划的纸质文档，这也是为了后期对照改进计划进行跟踪和辅导。

本章小结

工时核定是通过对员工统计工时的完成质量、完成效率、团队合作情况等进行综合评价，最终确定员工考核工时的过程。作为量化考核工作法承上启下的关键环节，工时核定是对前期工时获取结果的确定，也是下一步工时兑现的前提，直接决定了工时结果应用的质量。工时核定主要包括确定综合评价系数 Q、核定考核工时、发布考核结果三个步骤，其中综合评价系数 Q 的取值区间不宜过大或过小，可将考核结果分为五个等级。考核工时可按照员工、内设机构正职、内设机构副职三类人员分别核定。发布考核结果环节应关注结果反馈、结果公示和争议处理中的各类误区。

第七章

应用：工时兑现

工时兑现环节将工时核定结果作为组织分配激励资源的主要依据，整个过程客观公正、透明可查验，避免了主观判断和人为干扰，使员工的付出和贡献得到充分的认可和回报，是多劳多得、优绩优酬精神的直接体现。工时兑现能够有效激发员工的工作热情和积极性、提高员工的工作动机和效率、增强员工对组织的信任感和归属感，有利于提升组织的凝聚力和战斗力。

7.1 工时兑现概述

工时兑现是指以考核工时为依据，实施奖金分配、薪档调整、中长期激励、荣誉表彰、职务晋升和个性化奖励的过程。员工达成绩效目标，在得到预期的报酬后，会充满热情地去完成下一轮任务目标，形成持续的高绩效循环，工时兑现就是这个高绩效循环的“发动机”。工时兑现环节应坚持公平公开、合理拉开差距、及时性、多样化原则。

（1）公平公开原则。公平公开原则是工时兑现的最基本原则：一是机会公平，保证每位员工的工时兑现机会均等，同类型员工适用同一规则，不能人为设置不同的附加兑现条件；二是过程公平，制定明确的工时兑现规则和程序，做到有据可依、有章可循，并建立意见反馈通道；三是结果公平，工时兑现结果与考核工时结果的趋势保持一致，确保多劳多得、优绩优酬。

（2）合理拉开差距原则。对于不同工时结果的员工在组织激励资源的分配上必须有差距。激励资源向绩效优秀员工倾斜，才能真正激发员工内在动力，推动员工努力获取更多工时，创造新的价值。工时兑现拉开差距也要与组织文化和业务实际相匹配，保持在适度范围内。因为，如果工时兑现结果差距过大，会引发组织张力增大，部分员工可能过分关注工时结果而导致恶性竞争，破坏团队协作氛围；如果工时兑现结果差距过小，工时排名靠前的员工会认为自己的努力没有得到相应的回报，工时排名靠后的员工也会认为努力和不努力一个样，从而产生“躺平”心理。

（3）及时性原则。员工通过努力工作获得工时后，如果组织不能及时兑现工时结果，员工便无法判断“付出”与“获得”之间的关系，就会失去继续努力获取工时的动机。在月度或季度将工时结果及时兑现，让员工直接感知行动和报酬之间的直接关系，才能对员工行为起到强化作用，形成积极的工作氛围和你追我赶的竞争局面。

（4）多样化原则。行为科学认为，人的动机来自需要。马斯洛需求层次理论提出，人类的需求从低到高分为五个层次，当某一层次的需求获得满足后，这种需求便中止了激励作用。不同的员工具有不同层次的需求动机，经济方面的激励作用是有限的，并不能满足所有员工的需求。针对不同需求的员工，在绩效奖金之外，要采取多样化的工时兑现方式，如通过职务晋升、荣誉表彰、个性化奖励等，全方位激发员工的内在动机和积极性。

7.2　工时兑现的方式

7.2.1　奖金分配

不同于基本工资、津补贴和福利等固定收入，绩效奖金是员工薪酬收入中的弹性部分，是最能调动员工积极性的薪酬激励因子，属于激励性收入。将工时结果作为奖金分配的主要依据，可以引导员工聚焦价值创造，激励员工将资源和精力投入到工时获取和绩效目标的达成上。

绩效奖金分配与工时结果挂钩的方式主要有直接挂钩核算和强制分布挂钩核算两种。

(1) 直接挂钩核算

直接挂钩核算是指根据员工工时结果直接核算其奖金额度。直接挂钩核算操作简单，能够直观地反映员工工时结果与奖金的直接关系，员工也能够直接根据工时核算出自己的奖金，能最大程度降低员工对奖金分配公平性的质疑。奖金核算公式为：

$$m' = M \times \frac{m \times P}{\sum_{i=1}^{n} m \times P}$$

其中：

M：该类别员工挂钩奖金总额；

m：该类别每名参与量化考核员工的奖金基数；

P：该类别每名参与量化考核员工的考核工时；

n：该类别员工数量。

示例》

某部门有 2 个层级共 9 名员工参与量化考核，其中内设机构负责人 3 人，员工 6 人。核算过程分别如下：

①内设机构正职奖金核算（见表 7－1）

表 7－1　内设机构正职奖金核算　　单位：元

序号	人员	挂钩奖金	考核工时	核算结果
1	内设机构 1 正职	12 000	206	13 729
2	内设机构 2 正职	10 000	183	10 163
3	内设机构 3 正职	10 000	146	8 108
挂钩奖金总额 M		32 000	—	32 000

$$\text{内设机构 1 正职奖金} = 32\,000 \times \frac{12\,000 \times 206}{12\,000 \times 206 + 10\,000 \times 183 + 10\,000 \times 146}$$

$= 13\,729$（元）

$$\text{内设机构 2 正职奖金} = 32\,000 \times \frac{10\,000 \times 183}{12\,000 \times 206 + 10\,000 \times 183 + 10\,000 \times 146}$$

$$= 10\,163\text{（元）}$$

$$\text{内设机构 3 正职奖金} = 32\,000 \times \frac{10\,000 \times 146}{12\,000 \times 206 + 10\,000 \times 183 + 10\,000 \times 146}$$

$$= 8\,108\text{（元）}$$

②其他员工奖金核算（见表 7-2）

表 7-2　其他员工奖金核算　　单位：元

序号	人员	挂钩奖金	考核工时	核算结果
1	员工 1	8 000	211	9 075
2	员工 2	6 000	185	5 968
3	员工 3	5 000	192	5 161
4	员工 4	5 000	191	5 134
5	员工 5	5 000	173	4 651
6	员工 6	4 000	140	3 011
挂钩奖金总额 M		33 000	—	33 000

$$\text{员工 1 奖金} = 33\,000 \times \frac{8\,000 \times 211}{8\,000 \times 211 + \cdots + 4\,000 \times 140}$$

$$= 9\,075\text{（元）}$$

$$\text{员工 2 奖金} = 33\,000 \times \frac{6\,000 \times 185}{8\,000 \times 211 + \cdots + 4\,000 \times 140}$$

$$= 5\,968\text{（元）}$$

……

$$员工6奖金 = 33\,000 \times \frac{4\,000 \times 140}{8\,000 \times 211 + \cdots + 4\,000 \times 140}$$

$$= 3\,011（元）$$

(2) 强制分布挂钩核算

当员工工时结果相对集中时，采用直接挂钩核算方式绩效奖金差距较小，无法对员工形成有效激励，而采用强制分布的方式进行奖金核算，能够有效拉开差距并合理控制分配差距。强制分布挂钩核算的步骤如下：

①在分配前，预先确定各绩效等级的分配系数，并根据正态分布、线性分布或等比例分布等规则确定各等级人数；

②在获得考核工时结果后，由高到低进行排序，并按照预先确定的人数核定其绩效等级；

③根据事先确定的分配系数核算奖金。

示例》

某部门共有10名员工参与量化考核，其中内设机构正职3人，员工7人。该部门在量化考核实施过程中，发现员工月度工时结果较为集中，最高工时与最低工时的差距倍数为1.1（见表7-3）。

表7-3 采用直接挂钩方式核算奖金结果 单位：元

序号	人员	考核工时	挂钩奖金	直接挂钩方式奖金挂钩结果
1	内设机构1正职	189	12 000	11 980
2	内设机构2正职	183	10 000	9 667
3	内设机构3正职	196	10 000	10 353
4	员工1	192	8 000	8 113
5	员工2	186	6 000	5 895
6	员工3	189	5 000	4 991
7	员工4	184	5 000	4 860

续表

序号	人员	考核工时	挂钩奖金	直接挂钩方式奖金挂钩结果
8	员工 5	182	5 000	4 807
9	员工 6	199	5 000	5 256
10	员工 7	193	4 000	4 078

按照直接挂钩方式进行奖金核算，员工奖金并没有有效拉开差距，较本人的挂钩奖金也没有明显的变化，无法做到有效激励。为了形成更有激励效果的奖金分配方案，该部门使用强制分布方式，将工时结果分为 A、B、C 三个等级，并设置了各等级人数和强制分布分配系数（见表 7-4）。

表 7-4 强制分布分配系数

等级	内设机构负责人数量	其他员工数量	强制分布分配系数
A	1	2	1.20
B	1	4	1.00
C	1	1	0.85

对工时结果进行排序后，根据强制分布规则，每位员工奖金的核算结果见表 7-5。

表 7-5 调整后的员工奖金核算结果 单位：元

序号	人员	考核工时	考核等级	分配系数	挂钩奖金	调节系数 T	挂钩结果
1	内设机构 1 正职	189	B	1.00	12 000	0.978	11 736
2	内设机构 2 正职	183	C	0.85	10 000	0.978	8 313
3	内设机构 3 正职	196	A	1.20	10 000	0.978	11 736

续表

序号	人员	考核工时	考核等级	分配系数	挂钩奖金	调节系数 T	挂钩结果
4	员工 1	192	B	1.00	8 000	0.978	7 824
5	员工 2	186	B	1.00	6 000	0.978	5 868
6	员工 3	189	B	1.00	5 000	0.978	4 890
7	员工 4	184	B	1.00	5 000	0.978	4 890
8	员工 5	182	C	0.85	5 000	0.978	4 157
9	员工 6	199	A	1.20	5 000	0.978	5 868
10	员工 7	193	A	1.20	4 000	0.978	4 694

注：为保证奖金挂钩结果总额与待分配奖金总额一致，使用调节系数对挂钩结果进行了相应调整。

7.2.2 薪档调整

薪档调整是指对实施岗位工资制的员工，根据其工时结果对其基本薪酬档级或标准进行调整。对于工时结果越高、排名越靠前的员工，调增的幅度就越大；对于工时结果较低、排名靠后的员工，调增的幅度可以较小或者不调；对于工时结果特别低或者长期排名靠后的员工，可以考虑调降其薪档。对于实施其他薪酬制度的员工，可以根据工时结果，对固定薪酬部分进行一定比例的调整。

示例》

某部门实施量化考核工作法后，将量化考核工时结果作为年度薪档调整的依据，每年年末根据员工全年的工时结果排名对员工基本工资等级进行调整，具体规则如表 7-6 所示。

表 7-6　基本工资等级调整规则

当年度工时结果排名	上年度工时结果排名	调整规则
排名前 10%	排名前 10%	调增薪酬档级 2 级
	排名前 10%～30%	调增薪酬档级 1 级
	其他	不调整
排名前 10%～30%	排名前 30%	调增薪酬档级 1 级
	其他	不调整
其他	—	不调整
排名后 10%	其他	不调整
	排名后 10%	调降薪酬档级 1 级

7.2.3　中长期激励

中长期激励是指将员工利益与组织的利益和长远发展相联系，在短期薪酬体系以外，通过额外给予员工股权或分红权，对员工中长期业绩和贡献给予回报的激励方式。中长期激励能够使核心员工稳定地在组织内长期工作，着眼于组织的长期效益，规避短期经营导向，有助于实现组织的长期发展目标。在中长期激励实施过程中，工时结果主要用于界定激励对象和设定业绩目标。

示例 》

某单位为进一步激励员工，决定采用岗位分红方式实施中长期激励。在选择激励对象时，将“工作业绩贡献突出，连续两年内年度量化考核工时结果在同层级排名前 30%”作为业绩条件之一。

7.2.4　荣誉表彰

荣誉表彰是指通过表彰先进、树立典型，激发员工的工作热情，引导员工向榜样看齐，与先锋模范对标，有效激发全体员工的认同感、自豪感、自信心，提高组织的凝聚力。在荣誉表彰过程中，将工时结果作为重要参考依据之一，能够强化业绩导向，营造组织积极向上的文化氛围。

示例》

某公司是一家大型制造企业，由管理部门组织实施量化考核工作法。为提升员工的工作积极性和绩效，公司决定将工时结果作为评先选优的重要依据，以表彰那些在工作中绩效表现出色的员工。如在“最佳员工”评选中，首先通过工时数据进行筛选，将各部门全年总工时排名前20%的员工作为候选人，再根据其他条件综合评选；在“进步最快员工”评选中，将年度工时结果改善幅度作为评选的关键条件，原则上工时结果改善幅度最大的员工即被评为“进步最快员工”。

7.2.5 职务晋升

职务晋升是员工个人职业发展的重要途径，是组织对其工作能力与工作业绩的肯定与认可，能够带来员工经济地位和社会地位的提升。将量化考核结果作为职务晋升的标准之一，是组织塑造高绩效文化的有效途径。

示例》

某企业在实施量化考核工作法后，为进一步完善员工职业发展通道，将员工工时结果作为员工能否晋升的重要条件。该企业为员工职务晋升设置了三类条件，包括基础条件、能力条件和业绩条件，其中业绩条件就与员工工时结果相关：员工年度工时在本部门排名前20%积6分，排名20%～60%积3分，排名60%～90%积1分，排名后10%无积分。当员工在一定周期内工时相关积分达到12分且其他方面也满足晋升条件后，即可晋升。

7.2.6 个性化奖励

组织可以根据员工的个性化需求，为量化考核结果排名靠前的员工提供多样化奖励，以进一步满足员工内在的心理和社会需求，解决员工不同层面的困难，提高员工的满意度和忠诚度。

①提供带薪休假。在享受正常年休假的基础上，可以额外增加带薪休假天数，比如增加年休假、探亲假、育儿假、陪护假等，以满足员工平衡工作与生活的需要。

②提供培训机会。给予更多参加专业技能培训、行业交流的机会，提高员工的综合素质和竞争能力。当然，组织应该将参加必要的培训作为职务晋升的条件之一，以增加培训对员工的吸引力。

③提供特殊资源保障。将量化考核结果作为子女教育、落户、住房保障等特殊资源指标分配的重要参考依据。组织还可根据所在地区、所处行业和员工的结构特点，提供其他不同的特殊资源保障。

7.3　常见误区

7.3.1　挂钩分配规则过于复杂

某公司在近十个管理部门全部实施了量化考核工作法，覆盖百余名员工。为了对员工进行激励，该公司制定了一套复杂的绩效奖金分配规则，涵盖了员工工时结果、部门整体绩效水平、公司经营目标达成情况等多个方面。由于规则过于复杂，很多员工反映他们在尝试理解规则时感到困惑，人力资源部门需要投入大量时间和精力去解释规则、处理员工的疑问和投诉，以及监督和调整奖金分配。同时，一些员工可能因为规则的某个细节而获得意外的高额奖金，而另一些表现优秀的员工则可能因为不了解规则而错失奖金，这导致的最终结果是，员工普遍认为即使努力工作，也可能因为无法理解和适应规则而难以获得应有的奖励，从而降低了工作积极性。

因此，在制定奖金挂钩分配规则时，必须保证挂钩规则是公平、具体且易于理解和实施的。同时，在规则制定完成后，要向参与考核的员工做好培训和解释工作，确保员工知晓并认可奖金分配方式，以提高员工的满意度和激励效果。

7.3.2 兑现周期过长，不能及时兑现

某公司在管理部门实施了量化考核工作法，并按月组织员工申报工时，从而获得了员工的月度工时结果数据。然而，该公司并未按月度开展奖金分配，而是在年底进行统一的结算和兑现。这种不及时的奖金兑现方式，缺乏明确的激励和目标导向，导致员工日常的绩效表现不佳。

与工时结果挂钩兑现奖金的周期，应该根据公司的实际情况和管理需求来确定，一般采用月度或季度为周期，以保证员工能够及时感知劳动付出与收获的关系，从而持续保持良好的工作动力。

7.3.3 工时结果挂钩奖金额度过低

某部门实施了量化考核工作法，并规定月度奖金与量化考核工时结果挂钩。在量化考核工时实施初期，每月绩效奖金中与量化考核工时结果挂钩的比例为20%。由于其部门月度奖金基数不高，每月员工的工时结果虽然拉开了20%的差距，但员工个人之间的奖金差距不足百元。随着量化考核工作趋于成熟，月度绩效奖金和工时结果的挂钩比例逐步提升至100%，但由于该部门量化考核工时只用于月度绩效奖金分配，而月度绩效奖金占全年收入的比例不足30%，导致全年因量化考核拉开的奖金差距对全年收入的影响更小。最终，由于和工时结果挂钩的奖金额度低，量化考核引发了工时结果排名靠前员工的不满和工时结果排名靠后员工的懈怠，在投入了大量管理成本开展量化考核的情况下，仍未达到预期的绩效目标。

因此，在实施工时兑现时，不仅要看挂钩比例，还要看挂钩额度的绝对值，要充分考虑奖金挂钩比例和总体额度的激励性，避免出现“雷声大、雨点小”的情况。

7.4　良好实践

强化工时结果与分配联动，有效拉开奖金差距

某公司规划发展部为解决管理部门绩效考核难题，在部门实施了量化考核工作法。经过近 3 个月的试运行，整体工时数据趋向合理、稳定，在员工一致同意后，该部门将量化考核工时结果应用于绩效奖金分配。

该公司规划发展部共有 13 名员工参与量化考核。三季度各员工的工时统计数据具体如图 7 - 1 所示：

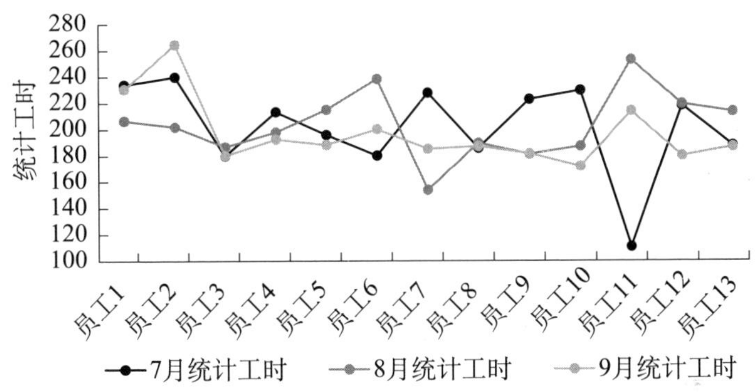

图 7 - 1　某公司规划发展部 13 名员工 7—9 月工时统计数据

经计算，7—9 月部门员工月度人均统计工时分别为 202、203、197。从工时曲线图可看出，大部分员工的工时数据与人均统计工时数据相差不大，工时量与实际情况基本一致，较为合理。员工 7 和员工 11 的工时数据偏离较大。经了解，两名员工工时数据较低的原因为当月休假天数较多，未开展业务工作，未统计休假期间的工时；工时数据较高的原因分别为当月承担的临时性任务增多且任务难度较大、科室人员减少造成工作量增大。

在确定工时数据不存在问题之后，规划发展部采用了直接挂钩方式进行奖金分配。规划发展部将员工实施量化考核工作法前后挂钩奖金分配的增减幅度进行了对比，具体如表 7 - 7 所示。

表 7-7 实施量化考核工作法后挂钩奖金增减幅度

员工	7月	8月	9月
员工 1	14%	0	16%
员工 2	18%	1%	36%
员工 3	−11%	−5%	0
员工 4	5%	0	−2%
员工 5	−4%	8%	−5%
员工 6	−12%	19%	1%
员工 7	12%	−24%	−8%
员工 8	−9%	−5%	−6%
员工 9	10%	−12%	−7%
员工 10	12%	−7%	−14%
员工 11	−46%	21%	−5%
员工 12	7%	7%	−7%
员工 13	−8%	2%	−5%

从上表可看出，应用工时数据与绩效奖金挂钩核算方法后，7 月员工挂钩奖金降幅最大为 46%，增幅最大为 18%；8 月降幅最大为 24%，增幅最大为 21%；9 月降幅最大为 14%，增幅最大为 36%。

经核定，7 月员工 11 奖金降幅 46%，原因为 6 月休假天数较多，统计工时数据较低；9 月员工 2 增幅 36%，原因为 8 月份所在科室人员减少，该员工承担了离职人员的部分工作，导致统计工时数据较高。

本章小结

本章介绍了工时兑现的概念、原则，并详细介绍了其在奖金分配、薪档调整、中长期激励、荣誉表彰、职务晋升和个性化奖励等方面的应用规则和具体示例。为了充分发挥工时兑现的激励作用，兑现结果要适度拉开差距，并及时兑现，让员工充分感受到付出与收获之间的必然关系。因为不同的员工具有不同层次的需求，在制定工时兑现方案时，还需要考虑员工的个性化需求，对量化考核结果排名靠前的员工提供多样化奖励，进一步满足员工内在的心理和社会需求，解决员工不同层面的困难，提高员工的满意度和忠诚度，以充分发挥工时兑现的激励作用。

第八章

成长：绩效改进

传统的绩效管理更加关注绩效考核结果的应用，而基于组织战略的绩效管理则更加注重绩效改进，通过提高组织和员工的能力，帮助组织持续取得竞争优势。量化考核工作法的绩效改进环节通过对工时数据进行全方位的定量分析，以更全面、更系统、更加客观的视角来看待绩效结果，锚定绩效发生的核心要素。对于创新理念和良好实践，提炼方式方法，组织推广应用，实现知识组织化；对于差距和不足，深入分析成因，明确改善计划，提高能力水平——最终通过标杆推广和问题改善的“双轮”推动管理提升，实现高绩效循环。

8.1　绩效改进概述

绩效改进是指在一个考核周期结束后，对工时数据开展定量分析，厘清现状与目标之间的差异，从员工层面和组织层面对考核结果进行归因分析、开展经验反馈，制定并实施相应干预措施，提升绩效水平的过程。

与其他绩效管理方法相比，量化考核工作法的绩效改进以工时数据为基础，通过对工时数据进行全过程的记录和全面比对，准确掌握员工的绩效表现、绩效成因、绩效变化动态，为组织和员工个人的绩效改进提供坚实的基础，可有效避免定性分析维度不全、深度不够、要素不准的问题。

8.2　工时数据分析

工时数据分析是绩效改进的基础，是掌握员工和团队工作效率、效能和成果最简单和最直接的方法。深入开展工时数据分析，总结数据特征和规律，确定数据背后的绩效发生的原因，有助于管理者了解全局，为制定人力资源和经营管理决策提供参考依据。工时数据分析包括评估数据质量、确定分析维度、确定分析方法和确定分析策略四个步骤。

8.2.1　评估数据质量

（1）完整性。工时数据的完整性是指数据涵盖了所有时间段、所有员工、所有类型。工时数据分析是一项综合性很强的工作，需要多维度、多视角的数据基础，不完整的数据所能提供的应用价值会大大降低，数据不完整也是数据质量问题中最为基础和常见的问题。常见的数据缺失包括部分数据缺失，如某个时间段、某个员工或者某些类型的数据缺失，或者是数据结构不完整。导致数据完整性问题的原因主要是在数据记录、传输或存储过程中发生丢失，比如若没有记录量化考核工作法试运行阶段的工时数据，就无法发现试运行存在的问题，就无法为优化改进实施方案提供参考依据。

（2）准确性。工时数据的准确性是指所有数据值均是客观真实的，不存在异常或错误。导致数据准确性问题的原因一般是数据在录入或处理过程中出现错误。最常见的准确性问题是数值错误。数值错误一般难以通过直观观察发现，只有通过相关的分析检验才能发现。另外一个常见问题是异常数据，即存在明显的与同类数据不相符或不符合常规的数据，比如某类数据异常大或异常小。对于这类错误要客观分析异常数据产生的原因，不能武断地认定为错误数据。如某个员工在考核周期内统计工时数据异常高，可能是填报错误，但也可能是他在这段时间内承担了大量专项工作导致的。

（3）一致性。工时数据的一致性是指同数据之间存在矛盾或不一致的情况。常见的数据一致性问题有统计口径不一致、统计周期不一致、统计规则不一致等。比如填写的数据与要求的数据含义不一致，数据出现背离，如有些员工混淆了统计工时与实际工作时间，将实际工作时间作为统计工时上报，导致数据无法使用；有的是不同内设机构对员工的工时统计周期不一致，导致数据对比分析无法展开；有的是汇总数据与明细数据矛盾，导致数据的准确性无法判断。

8.2.2 确定分析维度

（1）在指标维度上，常用的统计分析指标有工时的平均数、中位数、极值、方差、标准差，工时的增幅、降幅等，以及员工实际工作时间与统计考核、统计工时与考核工时、工时与人员编制和人工成本等的相关关系。

（2）在时间维度上，包括按月度、季度、年度甚至更长时间的工时数据分析，一般可结合业务周期或考核周期开展。

（3）在分析对象维度上，包括对所属岗位、职级，及不同业务领域、不同内设机构或部门间的工时数据进行分析。

8.2.3 确定分析方法

（1）对比分析法。对比分析法是指将两个或两个以上的数据进行比较，从而揭示工时数据所代表的工作量的变化情况和规律。采用这种方法可以非常直观地看出工时的变化或差距，并且可以准确地看出这种变化或差距是多少。对比分析法包括两种：横向对比分析，如对不同员工在同一个考核周期内的工时数据的对比；纵向对比分析，如对同一个员工在不同考核周期内的工时数据的对比。对比分析法可以使用相对值，如百分数、倍数、系数；也可以使用绝对值，如相差的绝对数（1 月份的工时数比 2 月份的工时数高了××个标准工时），或相差的相关百分点（3 月份的工时数增长率比 2 月份的工时数增长率低了××个百分点）。

（2）分类分析法。分类分析法是指将工时数据按照一定的特征和标准进行分类，并对每一类进行分析，从而更好地了解每一类工时数据的特征和规律。例如某部门想要了解不同内设机构或不同职级员工的工时情况，可以按照内设机构或职级对员工进行分组，通过每一组内的工时情况，合理判断各内设机构工作量的饱满程度，了解各个层级员工工时的排序情况，为内设机构分工调整或者员工岗位调整提供依据。

（3）结构分析法。在进行数据分析时，不仅要考虑工时数据的总体情况，还要探究不同的构成部分及其对应的对比关系。通过结构分析法可以分析整个工时数据的情况和结构特点，判定工时数据的各个组成部分的比例是否协调。比如，分析部门年度各模块工时，了解部门总体人力资源投入与重点任务的重要性是否匹配，如人力资源部门的年度重点任务是开展薪酬改革，但是整个部门在该模块工时数量最低，证明对该重点任务的时间和人力资源投入不足。

（4）相关性分析法。相关性分析法是指对两个或多个具备相关性的变量元素进行分析，分析各个变量之间相关关系的密切程度和变化规律。这种方法主要用于研究变量之间是否存在某种依存关系，并进一步了解导致相关性的原因。比如，进行员工实际工作时间与统计工时的相关性分析，统计工时与考核工时的相关性分析，工时与人员编制和人工成本的相关性分析，了解员工的工作投入产出关系、工作质量等。

（5）时间序列分析法。时间序列分析法是指通过对数据的分析和预测，了解数据的长期趋势和周期性变化情况，为工作计划和资源调配提供支持。比如，通过对一个年度内员工或部门月度工时进行分析，了解员工和部门在一个年度内不同时间段的忙闲状态，建立人力资源投入曲线图，为人员调配提供依据。

除上述方法外，还有综合评价分析法、交叉分析法、漏斗图分析法、主成分分析法、因子分析法、方差分析法等数据分析方法。不同的方法适用于不同的分析目的，这些方法可以单独使用，也可以结合使用，可以根据具体情况选择合适的方法。

8.2.4 确定分析策略

工时数据分析并不是简单地为了分析而分析，而是要通过工时数据分析探寻数据特征和规律，为绩效改进持续提供有价值的参考依据。因此，在进行数据分析之前，需要明确分析策略，以提高数据分析质量。具体可以从以下三个角度考虑：

（1）明确分析目标。分析目标“是比较两组之间的差异，还是探索多个变量之间的关系”，“是预测某个结果，还是描述数据的分布”。对于不同的分析目标需要使用不同的统计方法。比如只是对工时数据做描述性统计分析，一般是对工时数据的平均水平、集中趋势（平均数、中位数、众数等）、离散程度（标准差、极差、变异系数等）等进行统计描述即可。如果还要进一步分析工时数据与其他因素的相关关系，就要使用结构分析、相关性分析等方法。比如分析员工实际工作时间与获得工时的关系，可以使用简单的加总求和来对比与总量之间的关系。但是如果想要对员工工作投入产出关系有深入了解，还需要考虑业务周期、员工承担的标准任务和非标准任务的权重等影响因素，此时就要使用结构分析、相关性分析等方法。

（2）综合使用多种分析方法。对于简单的描述性统计分析，可以采用单一的方法。但是在开展复杂的工时数据统计分析时，单一的统计方法可能无法满足分析的需求，或者给出最准确的结果，在这种情况下，可以考虑将多种统计方法相结合，以获得更深入、更全面的分析结果。例如，可以同时使用描述性统计和推理性统计，判断工时数据与人力资源配置的关系。在此基础上，还可以尝试使用不同的统计方法，并比较这些方法得到的结果，这样可以提供更加全面的分析结果，帮助找到最适合分析数据和解决问题的方法。

（3）使用可视化结果展示方式。将分析得到的数据通过可视化方式展示，可以帮助更好地理解和解释数据，如将工时数据以图表、图形形式展示，并通过调整颜色、形状、大小等参数，强化可视化效果，能够使工时分析结果清晰、准确和易于理解，从而帮助管理者从中获取决策支持。数据分析结果，一是展示数据关系，二是展示分析后的重点，从图表中展现分析思路和数据问题。在可视化过程中，直观、准确是最重要的。要确保数据呈现与数据分析结果的一致性，可以结合文字和图表对数据进行分析和解释，以帮助管理者更好地理解和解释数据分析结果，避免出现偏差或误解。

8.2.5　常见的数据源问题

数据分析准确才能有效地发现问题、找出原因、提出建议、制定措施、推动绩效提升。如果数据源存在问题，就无法发现真正的问题所在。工时数据源出现问题主要有以下原因：

（1）数据采集过程中可能出现数据丢失、错误的数据格式、数据重复等问题，可能是网络故障或人为操作失误等原因导致的。

（2）不同数据源之间可能存在不一致性，不同部门可能使用不同的工时数据标准和格式，导致数据的不一致性，影响数据的准确性和可靠性。

（3）数据集成问题也可能导致数据质量下降，如数据重复、数据冗余、数据缺失等。

对于数据源问题，可以通过采取有效的输入控制、处理控制和输出控制的手段和方法，避免数据异常、数据缺失和数据不一致等现象的发生，具体的措施有以下方面：

（1）加强量化考核信息化管理系统的建设。信息化管理系统不仅应包括功能需求，还应包括为保证数据完整、有效、准确而建立的内部控制功能，应建立严格的数据权限管理机制，防止数据被篡改或误用。

（2）在数据采集、存储和整合过程中进行规范处理，减少数据冗余和重复，确保数据的准确性和一致性。

（3）使用合适的数据清洗和预处理方法，确保数据的完整性和准确性，在分析过程中进行数据验证和交叉验证，确保分析结果的可靠性和准确性。

（4）加强宣传培训，提高员工填报和工时系统管理员审核的重视程度。工时数据之所以出现明显的错误、异常等情况，其中一个主要原因在于数据提供者和审核者对数据缺乏足够的重视，部分数据提供者纯粹以完成数据填写任务为目标，应付了事。

8.3 绩效成因分析

绩效成因分析是绩效改进的第一步，其目的在于明确个人和组织层面存在的绩效差异，并找出导致差异的原因。工时结果受到多方面因素的影响，如果是因为工作分解或工时定标不合理导致的工时数据表现异常，应进一步完善《标准工时手册》。根据工时数据分析结果，常见的工时数据异常现象及其原因有以下方面（见表8-1）。

表8-1 工时数据异常现象及其原因

工时数据异常现象	原因分析
员工工时数据偏高	（1）员工有好的工作方法
	（2）员工工作能力较强，工作效率高
	（3）员工态度积极，主动承担更多工作任务
	（4）工作量大或职责相对较多
员工工时数据偏低	（1）员工能力不足或工作效率低下
	（2）员工存在故意旷工现象或工作态度问题
	（3）工作计划不合理或工作量不饱和
	（4）组织未提供必要的培训或相应的资源保障
员工非标准工时占比过高	（1）员工承担的改革型、创新型任务过多
	（2）管理者习惯将改革型、创新型任务分配给固定员工
员工非标准工时占比过低	（1）员工存在畏难情绪，不愿承担创新型工作
	（2）管理者未合理分配改革型、创新型工作，忽视个别员工的成长
	（3）组织缺乏创新意识，创新型工作较少
员工实际工作时间远低于统计工时	（1）员工有好的工作方法
	（2）员工工作能力较强，工作效率高

续表

工时数据异常现象	原因分析
员工实际工作时间远高于统计工时	（1）员工能力不足或工作效率低下
	（2）员工工作缺乏计划性，部分业务未当期完成
员工工时数据波动大	（1）工作计划不合理
	（2）考核周期内，业务存在阶段性峰值
员工之间工时差距大	（1）员工个人能力/态度差距大
	（2）职责分配不合理
内设机构之间平均工时差距大	（1）内设机构职责分工不合理
	（2）人员配置不合理
部门总工时过高或过低	（1）人员冗余或不足
	（2）组织承担的任务过多或过少
部门总工时构成与重点任务方面不一致	（1）任务管理不到位，过程失控
	（2）人员配置不合理，重点任务缺少必要人力资源

从上表可以发现，导致数据异常的原因，可以从员工和组织两个层面进行分析。其中，员工层面包括员工的知识、技能和态度等，组织层面包括组织的管理机制、管理者和环境等。

8.3.1　员工层面

（1）知识。知识是指在工作实践中所获得的认识和经验的总和。知识是员工充分发挥作用的基础，没有良好的知识根基，员工专业化的程度会大大降低。

（2）技能。技能是指运用相关知识及各种资源解决问题、完成工作的某一方面的能力。技能是在后天不断学习的过程中逐步完善的，技能的熟练程度可以通过完成某一任务花费的时间长短来表示。技能水平与绩效水平紧密相关。

（3）态度。态度是个体对其他的人或事物的信念和感受，以及可能由此引发的各种行为。态度包含认知、情感和行为，决定着员工在工作中的关注点是什么，以及由此引发的行为倾向。在工作中，员工是否有正确的态度和足够的自信心对绩效起着决定性作用。

8.3.2 组织层面

（1）管理机制。管理机制主要包括任务分配、人员配置、业务流程、激励措施等因素。从任务分配角度看，指是否合理分解并安排任务；从人员配置角度看，指是不是由于缺乏必要的人力资源投入，导致最终的不良绩效；从业务流程角度看，指是否有助于绩效的实现；从激励措施角度看，指是否能有效调动员工的积极性。

（2）管理者。如果只从员工方面分析，忽视管理者的管理责任，则不仅不利于全面查找绩效发生的真正原因，同时原因也不易被员工接受。从管理者角度去分析问题，能够更加透彻、全面地分析绩效差异。比如管理者有可能因为有效的指导和监控帮助员工改进了工作，但也可能因为行为不当而导致员工无法发挥自身能力，如没有明确的工作要求，没有对员工的工作给予及时有效的反馈，不鼓励员工尝试新方法和新技术等。

（3）环境。环境因素可以分为硬件条件和软件条件：硬件条件中可能对绩效产生影响的环境因素有工具、设备、原料和工作条件（如声音、光线、空间）等；软件条件主要是指组织的文化氛围、人际关系和外部影响。比如，组织的人际关系、气氛等是否有利于达成绩效目标，是否存在影响绩效的外部不可控因素（外部障碍）。

8.4 实施绩效改进

不管是对良好实践进行推广应用，还是对差距不足开展专项改进，都要综合考虑所需的时间、精力和成本等资源限制因素，并根据其与组织战略的相关性程度、重要性程度，与组织文化和管理风格的匹配度，管理层是否支持等来对绩效改进要点进行取舍，以确保改进方案的可行性。

8.4.1　明确绩效改进重点

（1）标杆推广

标杆推广是指对员工和组织在绩效实现过程中涌现的创新理念和良好实践进行提炼总结，组织推广应用，以实现知识组织化。标杆代表了一个组织、一个行业、一个领域的最高管理水平，是管理理念、管理方法、管理成果的综合集成和集中体现，对于加强组织管理、提升绩效水平具有十分重要的意义。标杆推广聚焦于员工和组织的高绩效行为是如何被触发的、如何转变为高绩效成果的，并通过构建知识模型、制作学习材料，在更大范围内将其推广应用，推动知识组织化。在进行标杆推广时可以使用经验萃取法，主要步骤如下：

①确定标杆对象。结合目前的业务发展需要和能力提升需求，根据工时数据分析结果确定标杆对象。

②经验访谈调研。对标杆组织或员工进行结构性访谈和问卷调查，并就主要内容进行分门别类的提炼，按照STAR法则整理相关资料。如对员工的个人经验萃取可以采用《典型事件还原表》（见表8-2）。

表8-2　典型事件还原表

模块	萃取问题	事件
情景S	那是一个怎样的情况？（情景）	
任务T	你当时的感受是什么？（情绪）	
	你在事件中面临什么问题？（问题）	
	你当时觉得造成问题的可能原因有哪些？（原因）	
	面对这样的情况，你的主要任务是什么？（任务）	
	要达成以上目标，你面临的主要难点是什么？（挑战）	
行动A	你做了什么？（行动）	
	为什么你会这么做？（原因）	
结果R	结果是什么？（结果）	

③制作标杆案例。对初步形成的标杆经验框架进行深入研讨，提炼取

得高绩效成果的关键行为、核心方法，并总结形成文章、课程、音频、图片或视频等宣传载体（见表8-3）。

表8-3 经验萃取表

思维层面		行为层面			工具层面
步骤/要点（What）	原因/动机（Why）	如何操作（How+Why）	陷阱问题/注意事项（How+Why）	技巧诀窍/重要事项（How+Why）	工具/模型/话术/演示（How）
第一步					
第二步					
第三步					
第四步					

④标杆经验推广。树立标杆组织或员工，进行结对子帮扶，开展对标学习辅导，帮助对方掌握标杆的经验方法。

⑤持续优化升级。整理存档标杆推广经验案例，并根据实践经验，不断进行迭代优化。

（2）问题改善

问题改善是指对于员工的不足和缺点，管理者与员工逐一开展绩效面谈，进行绩效反馈，指出员工在绩效实现过程中表现出来的优点和不足，并会同员工有针对性地制定下一考核周期的绩效改进方案，帮助员工成长与发展。对于组织层面存在的方法缺陷、管理漏洞、能力不足等问题，制定针对性改进方案和培训计划，加强人员准入资格管理，系统性地推进方法优化、管理提升。

①员工层面：

知识和技能方面：

对于知识和技能导致实际工作时间远高于考核工时的员工，组织应提供相应的培训和发展机会，包括内部培训、外部培训、工作轮换等方式，帮助员工获取必要的方法及知识，提高员工的工作能力和效率。这些培训和发展机会应该考虑员工的实际需求和能力，以确保其可行性和可实现性。同时，加强对复合型人才的培养，通过建立健全科学、系统的培训体系，对员工进行有计划、有组织、多层次的培训，使得员工的胜任力提升。培训之后要进行相应的岗位资格考试，加强人员准入资格管理，确保"合格的人干合格的事"。

态度方面：

对于存在消极怠工和畏难情绪等态度问题的员工，管理者应通过谈心交流等方式深入了解员工的真实想法，及时给予员工正向反馈，认可员工的努力和成就，让员工感受到自己的工作价值和重要性，激发员工的内在动力和积极性。同时，营造积极向上的工作氛围，建立和谐的工作环境，让员工之间互相信任、帮助和支持，提高员工的归属感和凝聚力，让员工更积极地投入到工作中。

②组织层面：

管理机制方面：

任务分配。对于因职责分配不合理导致员工月度工时标准差大、内设机构平均工时差距大的情况，要进一步理顺和明晰各层级的职能定位和管理界面，优化管理模式和权责分配，保障员工及组织的整体工作量相对平稳。对于因改革型、创新型任务分配不合理导致员工工时偏低或非标准工时占比低的情况，管理者要及时调整任务分配，合理配置改革型、创新型工作，使每个员工在负责常规工作的同时，都有机会承担改革型、创新型工作，提升自身的能力和素质。

人员配置。对于因人员冗余或不足导致平均工时过高或过低的情况，组织应定岗定编，适当减少或增加人员编制数量，并通过调配、晋升、降职、轮换、AB 角培养等手段对人力资源进行动态优化与配置。可结合工时数据，建立人力资源配置模型，分析人员配置与岗位流动、后备人才储备、核心人才占比等情况，并结合现有员工结构，使用人力资源配置模型进行人力资源结构优化调整。

业务流程。对于因业务流程分离、割裂带来的工作冲突和因效率不高导致的工时低下问题，要应用工作分解方法，系统梳理工作流程，优化工作顶层设计，不断地对工作内容、工作标准与工作流程进行改造与创新，提升工作效率。对于人员较少的单位，可以打破传统岗位设置和管理流程，探索构建更加科学、规范、高效的大岗位管理体系，减少流转环节、缩短工作链条、提升运行效率。

激励机制。应做好工时兑现方式宣传，使员工清晰了解工时结果与自己切身利益的关系；提高工时结果与奖金分配、职务调整、福利保障等的挂钩比例关系，强化员工获取工时的内在动力；通过优化核算规则、提高非标准业务的工时标准等方式鼓励员工自主承担改革型、创新型任务，推动变革发展；管理者要就工时结果加强与员工的沟通与反馈，提高绩效沟通频率，让员工认识到量化考核在帮助个人和组织成长方面的重要作用。

管理者方面：

对于管理者原因导致的工时问题，可以通过提高管理者的职业意识、管理技能和丰富管理者的管理经验等途径改善。职业意识包含整体意识、人本意识、制度意识、市场意识等。管理技能主要包括计划管理、组织协调、绩效辅导、控制监督等。对于管理经验，组织应为管理者营造更多的授权环境，通过给予管理者更多实践机会，使其不断在实践中承担起责任以更好地锻炼下级管理层，丰富管理者的管理经验。

环境方面：

改善工作现场的工作环境包括提升信息化水平、改善办公区域基础设施、营造舒适的工作环境。在组织文化和氛围方面，通过充分授权、包容培养、结果导向、竞争文化、变革意识、以人为本等文化层面的综合设计，营造适合组织的文化氛围。对于组织外部因素导致的影响，则应主动去进行调整、变革，以适应新环境、新变化。

案例　根据工时分析结果优化科室编制和职责分工

某公司经营管理部门下设战略规划科、计划管理科、固投管理科和企业改革科四个内设机构，在实施量化考核工作法一个年度后，该部门通过全年工时数据分析重新确定了部门员工编制。

2022年，部门18名员工总计获得44 513个工时，各科室的统计工时和人数及人均统计工时如表8－4所示：

表8－4　经营管理部门各科室工时统计表

科室	人数（名）	统计工时（个）	人均统计工时（个）
战略规划科	4	9 552	2 388
计划管理科	6	16 878	2 813
固投管理科	4	8 349	2 087
企业改革科	4	9 734	2 434
合计	18	44 513	2 473

从上表可以看出，战略规划科和企业改革科的人均统计工时与部门的总体人均统计工时基本持平，较为合理，但计划管理科和固投管理科的人均统计工时差距较大，忙闲不均的情况较为严重。针对该情况，部门领导对两个科室的工作任务和人员素质情况进行了深入分析，发现两个科室的员工能力和工作态度相近，并非员工主观因素造成了工时差异，主要原因是两个科室之间人员配置不合理。基于此情况，部门领导计划将固投管理科的一位员工调整到计划管理科，但调整后固投管理科的人均统计工时将达到2 783，远高于整个部门的人均统计工时。因此，部门领导结合实际业务情况，又将固投管理科负责的风险管理工作调整至计划管理科。调整之后，部门工作运行顺畅，各个科室的人均统计工时较为平衡，被调整科室的员工也表示能顺利适应工作岗位的调整。

8.4.2　制订改进计划

改进计划应包括改进目标、具体措施、责任人、时间表、资源需求、预期结果等内容。在制定绩效改进计划时，一方面，改进措施要明确具体、可衡量，能够有效地解决问题，并便于评估改进效果；另一方面，应充分考虑员工的需求和利益，提高员工的参与度和积极性。

对于解决员工个人的绩效问题，绩效改进计划应当是在管理者和员工充分沟通的基础上制订的，单纯按照管理者的想法制订绩效改进计划，可能会使改进项目脱离实际，因为管理者并不一定很确切地知道每个员工的具体问题，管理者认为应该改进的地方可能并不是员工真正需要改进的地方；而单纯按照员工个人的想法着手制订的计划，虽然可以激发其积极性，但是员工有可能避重就轻，漏掉重要的项目。只有管理者和员工就这一问题进行充分探讨，才能有效地实现绩效改进的目的。管理者和员工沟通的要点包括以下方面：

（1）个人基本情况以及该计划的制订时间和实施时间。

（2）根据上一个绩效评价周期的绩效评价结果和绩效反馈情况，确定在工作中需要改进的方面。

（3）明确需要改进的原因，并附上前一个绩效评价周期中个人在相应评价指标上的得分情况和评价者对该问题的描述或解释。

（4）明确写出个人现有绩效水平和经过绩效改进之后要达到的绩效目标，并在可能的情况下将目标明确地表示为在某个评价指标上的得分。

（5）明确改进措施。提出的改进措施应当尽量具体并富有针对性。除了确定每个改进项目的内容和实现手段外，还需要确定每个改进项目的具体责任人和预期需要时间，有时还可以说明需要得到的帮助和资源。例如，就某一方面进行培训，就应当列出培训的形式、内容、时间、责任人等。对于特殊的问题，还应提出分阶段的改进意见，使员工逐步改进绩效。制订员工绩效改进计划时可以使用《个人绩效改进计划表》（见表 8－5）。

表 8－5　个人绩效改进计划表

一、个人信息 （以下部分由员工本人填写）		填写日期：　　年　　月　　日			
姓名		性别		年龄	
部门		岗位		职称	

续表

二、工作经历	时间	单位	部门	岗位

三、个人现状总结

优势/专长	
当前不足	

四、个人能力分析

待提升的能力	现状	期望达到的目标	计划完成时间

五、直属领导意见 （以下部分由直接上级填写）	填写日期：　　年　　月　　日

员工现状总结

优势/专长	
待提高项	

六、个人绩效改进计划

策略	行动计划	期望达到的目标	计划完成时间	所需资源支持
工作实践：通过完成有挑战性的工作，如主动承担挑战性项目、在大会上发言、讲授课程、参加高层会议等，激发潜能，提升专业和综合能力				
知识学习：通过参加课堂学习，利用在线学习、读书等方式学习知识和技能				

续表

策略	行动计划	期望达到的目标	计划完成时间	所需资源支持
导师辅导：通过接受导师辅导，或辅导他人，提升专业能力及个人影响力				
轮岗锻炼：通过转换岗位，从事不同工作，提升换位思考能力、全局视野等综合能力				
其他方式				

8.4.3 实施改进计划

将改进计划落实到实际工作中，及时与员工和管理层沟通改进计划的进展和效果，以取得他们的支持和配合。根据改进措施的需要，为员工提供必要的培训和支持。培训内容可以包括改进措施的具体内容、实施方法和相关技能等，以帮助员工更好地理解和执行改进措施，鼓励员工积极参与绩效改进工作。

案例 根据工时分析结果开展员工绩效改进

某公司财会部在实施量化考核工作法期间，通过员工月度工时的统计分析，发现经常加班的员工 A 的工时数据并不理想。管理者经过与该员工沟通，发现该员工因新接手税务管理相关工作，还不熟悉工作内容和工作流程，因此要花费更多的时间来完成工作。部门针对员工 A 的问题和实际需求，为该员工提供了有针对性的培训与指导，并且定期跟进该员工的工作情况，帮助该员工逐渐适应了新的工作要求，提高了工作效率和工作质量。

同时，该部门通过分析所有员工的工时数据发现，由于任务分配不均，有些员工承担了过多的任务而加班时间过长，有些员工则相对空闲。针对这个问题，财会部根据员工的能力和现有工作量，调整优化了部门任务分配，避免因任务分配不均导致员工忙闲不均。经过一段时间的实施，该部门员工之间的工时差距明显缩小，员工的工作满意度和积极性明显提高，公司整体财务管理水平得到了明显改善。

8.4.4　沟通与评价

制定绩效改进措施之后，应该通过绩效监控和沟通、定期评估和反馈实现对实施过程的控制。这个控制的过程是监督绩效改进计划能否按照预期执行，并根据评价对象在绩效改进过程中的实际工作情况，及时修订和调整不合理的改进计划的过程。对于解决员工存在的绩效问题，管理者应当主动与员工沟通，了解员工在改进过程中遇到了哪些困难和障碍，需要提供什么样的帮助。

绩效改进计划的完成情况反映在员工前后两次的评价结果中。如果员工在后一次评价中的结果有显著的提高，就说明绩效改进计划有了一定的成效，今后可以在一定范围内推广使用。而如果员工在后一次评价中的结果并没有显著提高，管理者则应该反思绩效改进计划的有效性。管理者尤其要与员工一起探讨对绩效不佳的原因分析得是否准确、改进措施的选择是否恰当等问题，为绩效改进计划的可行性和取得预期成果打下基础。

8.5　常见误区

8.5.1　工时数据归因不准确

管理者通过分析工时数据的特征和规律，能够有效确定绩效发生的原因，进而制定相应的绩效改进措施。但导致绩效发生的原因是复杂多样的，因为绩效发生受到员工的知识、技能和态度，以及组织的管理机制、管理者、环境等多种因素影响，如果不深入开展对比分析，并找到主要原因，采取的措施就会缺乏针对性，影响绩效改进的成效。比如，某部门员工天天加班，但是获得的统计工时总数却远低于该员工实际的工作投入时间，简单从表面上看是员工能力不能满足岗位要求，但实际可能是由于部门内设机构之间职责分工不明确、流程衔接不畅通、推诿扯皮导致的效率低下问题，如果只通过培训提升员工能力，而不解决职责分工、流程优化的问题，员工最后还是得天天加班。

因此，在开展工时数据归因分析时，应尽可能地找出各方面原因，并把这些原因一一罗列下来，再通过和前期已经掌握的工时数据进行对比分析，去除与问题不直接相关的原因，找到主要原因，进而制定明确的绩效改进措施。

8.5.2 标杆推广不到位

标杆推广对于发挥良好实践的示范带动作用、推动员工和组织的绩效改进具有重要作用。实施单位应深入探索成果应用的有效路径，将标杆推广与绩效改进、管理提升结合起来，充分发挥成果的引领、示范、辐射、带动作用。但在实践中，由于对标杆推广缺乏足够的重视和管理，常常出现标杆推广不到位的问题。典型表现如表 8－6 所示。

表 8－6 标杆推广不到位问题的典型表现

典型表现	可能原因	可能的解决方法
标杆内容错误	对单位的了解不够深入	研究确定关键因素
标杆未能转化为具体行动	标杆提炼方法不正确	使用正确的标杆提炼方法
高层管理者缺少信心	缺乏信息或理念	把标杆推广与发展联系起来，说明标杆的优势
缺乏标杆推广所需资源	缺乏高层管理者的支持	说服高层管理者主动参与标杆推广活动
标杆推广对员工缺乏吸引力	员工持怀疑态度或防备性态度	加强宣传，阐明标杆推广能够带来的好处

续表

典型表现	可能原因	可能的解决方法
太多标杆	未能定义好优先次序	把标杆推广与组织战略联系起来
信息错误或不精确	数据不够多，或数据未挖掘充分	检验各种信息的准确性，深入分析数据

针对标杆推广不到位的问题，要结合可能原因，采取有针对性的措施加强标杆推广。对于不同的标杆特点，应采取合适的推广方式：

（1）通过召开成果报告会、经验交流会进行宣传性推广。基本上大部分的标杆都可以通过召开成果报告会、经验交流会等方式推广，重点介绍标杆的产生思路、产生方法、操作过程、成果价值等。

（2）通过现场观摩交流进行示范性推广。对于实践成效显著的成果可用现场观摩交流的方式推广，优点是直接、明确、生动，便于推广者和学习者在现场双向交流，不仅能激发学习者的兴趣，也便于学习者对成果中的重点、难点、操作定义、实施方法的掌握与吸收。

（3）通过学习指导进行培训性推广。对于价值高、意义大、效果特别明显但操作要求又比较高的成果，就可以通过集中办班、系统培训的方式推广，以保证学习者掌握该项成果的实施要领、方法步骤，使成果应用与推广取得很好的效果。

（4）通过专著、论文、成果汇编等进行文字性推广。要对数量众多的成果进行推广，单靠会议宣传与交流，不可能满足要求，更多需要通过情报载体、文本资料——专著、论文、成果汇编等进行文字性推广。这类推广方式的优点是便于保存关于成果的研究资料，有利于应用者时常学习和借鉴。

8.6　良好实践

根据工时结果培养 ABC 角，提升人力资源配置效能

K 公司人力资源部下设组织科、人事科和薪酬科。部门领导发现不同

员工在不同业务周期的工作量差异较大，忙闲不均的情况较为严重。同时，员工因为一直从事相同的工作模块，工作缺乏挑战性和新鲜感，部分员工的工作积极性不高，成长较慢。为提升人力资源配置效能，人力资源部在量化考核工时数据分析的基础上，推动 ABC 角培养业务——通过业务互查和工作共担的形式，打造了“一岗精、二岗会、三岗通”的复合型人力资源队伍。经过一年多的管理实践，各岗位人员的能力得到有力提升，切实做到了以最少的人员完成最优的工作，部门员工编制由 14 人下调为 12 人，成为公司管理的典型示范。

在具体实施上，人力资源部深入分析业务周期和员工月度工时的相关情况，合理分配工作业务，优化员工工作分配，确保员工有时间、有精力开展 ABC 角培养工作。以福利管理岗位员工为例，通过分析部门开展量化考核试点工作以来 3 个月的工时数据，发现人事管理岗位员工的工时数据较高，且存在可以通岗培养的业务，于是自 2022 年 9 月起部门对福利管理岗位员工开展 C 角业务培养。通过任务合理调配，2022 年福利管理岗位员工共计完成招聘管理、绩效管理、组织机构管理等多个管理模块相关工作，在支持 A 角（薪酬管理）工作的同时，还支持人事领域的有关工作，成为人事领域的 C 角，从而人事管理岗位员工的工时数据略有下降，福利管理岗位员工 2022 年年度考核结果优秀。具体工时分布如表 8-7 所示。

表 8-7　实施 ABC 角培养前后人均月工时对比

人均月统计工时	实施 ABC 角培养前			实施 ABC 角培养后		
	6 月	7 月	8 月	9 月	10 月	11 月
人事管理岗	211	250	233	187	218	200
福利管理岗	182	191	210	207	219	216

在量化考核基础上实施的 ABC 角培养模式，充分挖掘了员工的内在潜能，推动了复合型人才的培养。同时，员工将岗位工作经验转化为知识进行传递分享，部门内部建立起了人人爱学习、人人想学习的和谐氛围，促进了组织绩效的有效提升。

本章小结

绩效改进是对量化考核结果进行归因分析，从员工和组织两个层面分别开展经验反馈，推动绩效提升的过程。结合工时数据的特征和规律，可以发现影响绩效发生的因素包括员工的知识、技能和态度，还有组织的管理机制、管理者和环境等。为了全面推进绩效改进，对于员工和组织在绩效实现中的标杆实践，可通过经验萃取法提炼总结，组织推广应用，实现知识组织化；对于存在的问题和缺陷，应加强对员工的绩效辅导和资源支持，加强组织的业务流程优化和标准化建设，强化人员准入资格管理，以系统性推进方法优化、管理提升。

第九章

实践：量化考核体系构建与实施

本章将在前述章节关于量化考核方法论的基础上，以 A 公司人力资源部的实践经验为例，详细介绍量化考核体系构建与实施的主要流程、注意事项等，以更好地展示如何在实践中构建和实施量化考核体系。

9.1 体系总览

量化考核工作法的实施分为体系构建和体系实施两大部分：体系构建阶段包括前期准备、方案制定、方案发布三个主要环节，建议花费时长三个月左右；体系实施阶段包括方案实施、评估改进两个主要环节。量化考核工作法的实施流程如图 9－1 所示。

各实施单位要严格按照有关步骤开展具体工作，并充分征求员工的意见和建议，为量化考核工作法的顺利实施奠定基础。在方案制定环节，对于上级单位已经统一开发的《标准工时手册》，各实施单位可不再重新开发，只需要在上级单位开发的《标准工时手册》基础上，结合本单位业务重点、管理部门职责、人员素质和信息化条件等实际情况，对上级单位的《标准工时手册》进行适应性调整即可。在对上级单位的《标准工时手册》进行调整时，应该充分考虑评估调整的必要性以及相关影响因素，并且履行征求员工的意见和建议等民主程序。

本书对实施各个环节的输入要素、需要使用到的方法和工具，以及最终的输出要素进行了梳理总结，全流程要素如表 9－1 所示。

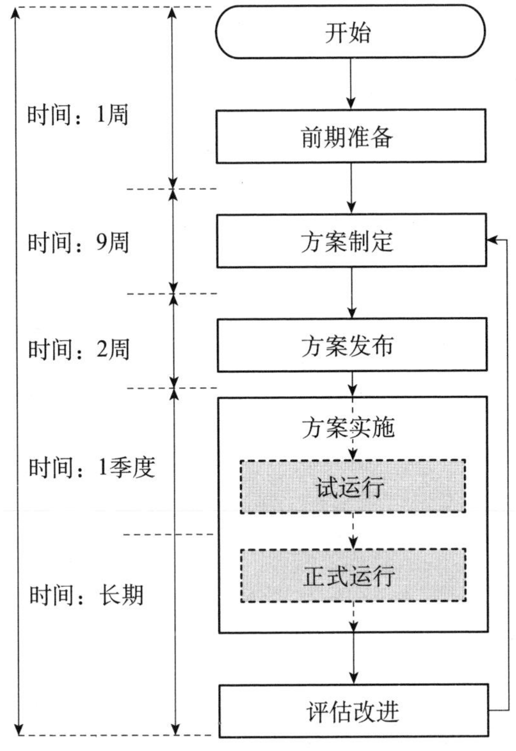

图 9-1　量化考核工作法实施流程图

为了保障量化考核工作法顺利实施，本书对实施过程中各个环节可能存在的问题、影响及应对措施进行了梳理总结。各单位在量化考核工作法实施过程中应对可能存在的问题进行预判并采取应对措施，以最大程度减少实施障碍。量化考核实施问题及应对方案如表 9-2 所示。

9.2　前期准备

前期准备环节的目的是宣传量化考核工作法的价值，统一员工思想，为量化考核工作法的实施奠定基础。前期准备主要包括成立工作组、宣传培训、员工访谈、问卷调查等环节。具体工作流程如图 9-2 所示。

表 9-1 量化考核体系构建与实施全流程要素表

<table>
<tr><th colspan="2">环节</th><th>输入要素</th><th>方法和工具</th><th colspan="2">输出要素</th></tr>
<tr><td rowspan="4">前期准备</td><td>成立工作组</td><td>组织机构与职责</td><td>—</td><td colspan="2">工作组成员名单</td></tr>
<tr><td>宣传培训</td><td>相关学习资料、量化考核工作方案</td><td>集中宣传/培训</td><td colspan="2">宣传/培训记录</td></tr>
<tr><td>员工访谈</td><td>相关学习资料、量化考核工作方案</td><td>重点交流</td><td colspan="2">交流记录</td></tr>
<tr><td>问卷调查</td><td>调查问卷</td><td>问卷调查</td><td colspan="2">调查结果分析报告</td></tr>
<tr><td rowspan="9">方案制定</td><td rowspan="2">制定《部门业务标准工时手册》</td><td rowspan="2">部门职责分工、岗位说明书、员工工作日志、行业标杆实践、外部理论资料</td><td>WBS 分解工具、ECRS 流程优化、流程图、专家研讨</td><td>部门标准业务分解库</td><td rowspan="2">《部门业务标准工时手册》</td></tr>
<tr><td>现场观测、数据分析、专家研讨、头脑风暴、民主协商等</td><td>部门标准工时库</td></tr>
<tr><td rowspan="7">制定《部门量化考核实施方案》</td><td rowspan="7">单位绩效管理制度、部门人员情况、绩效管理细则、决策程序、考核氛围等</td><td rowspan="7">专家研讨、头脑风暴、民主协商等</td><td>工时分配规则</td><td rowspan="7">《部门量化考核实施方案》</td></tr>
<tr><td>统计工时核定规则</td></tr>
<tr><td>综合评价系数 Q 核定规则</td></tr>
<tr><td>考核工时核定规则</td></tr>
<tr><td>考核结果发布规则</td></tr>
<tr><td>奖金分配规则</td></tr>
<tr><td>绩效改进规则</td></tr>
</table>

续表

环节		输入要素	方法和工具	输出要素	
方案发布	征求意见	《部门业务标准工时手册》《部门量化考核实施方案》	问卷调查、专家研讨、民主协商等	意见清单	《部门业务标准工时手册》《部门量化考核实施方案》
	修订及发布			发布通知	
	方案宣传			宣传材料	
方案实施	试运行	《部门业务标准工时手册》《部门量化考核实施方案》、员工工时获取情况等	量化考核信息系统、问卷调查	量化考核结果	
	正式运行				
	风险应对		专家研讨、民主协商等	应对措施	
评估改进	质量评估	《部门业务标准工时手册》《部门量化考核实施方案》、量化考核结果等	专家研讨、民主协商等	《部门业务标准工时手册》《部门量化考核实施方案》（升版）	
	持续改进				

表 9-2　量化考核实施问题及应对方案

环节	可能存在的问题	影响	应对方案
前期准备	管理机制不成熟、职责边界划分不清	方案推行困难，改革阻力大	健全管理机制、明确职责分工、厘清工作流程
	思想认识不统一、改革动力不足		加强宣传，与员工逐一谈心交流，获取员工支持
方案制定	《标准工时手册》有遗漏，未能覆盖全面	工时统计不准确	1. 筛选时鼓励员工参与，确保《标准工时手册》覆盖全面 2. 运行过程中及时查漏补缺，定期更新《标准工时手册》
	综合评价系数 Q 评价维度不全面，等级划分不清	无法全面客观评价员工的工作质量，影响考核公信力	结合实际确定评价维度，确保评价维度能全面反映单位对员工的价值导向和考核要求
	方案细节考虑不周	不利于量化考核执行	1. 充分征求员工意见 2. 对无法量化、细化的事项，要明确具体规则和要求
方案发布	支持率较低，不满足实施要求	方案无法正式发布实施	收集并了解员工对方案的意见，优化量化考核实施方案

续表

环节	可能存在的问题	影响	应对方案
方案实施	数据填报不准确	1. 数据不具有可参考性，难以准确衡量个人贡献 2. 无法形成可用数据库，不能为后续进行数据分析及做出正确决策提供有效依据	1. 数据填报方面：组织培训，指导如何进行填报 2. 实施方案方面：完善相关条款和规则 3.《标准工时手册》方面：记录、观察存在问题的基础作业单元，适度调整标准工时
	量化统计工作量大	增加员工工作负担，影响员工参与量化考核的积极性和员工的支持力度	1. 根据工作实际确定适宜的数据统计周期，不能为了过分追求数据精确而频繁进行数据统计 2. 充分利用现有信息化手段为量化统计提供信息化支持
	员工过分关注自身工时数据的获取，团队合作意愿下降	1. 影响团队合作 2. 员工倾向于选择工时数高、容易完成的工作，回避难度大、创新型的任务	1. 对于团队合作型的任务可设置任务负责人，由其主导团队工时分配 2. 通过设置员工互评权重，引导员工注重团队合作 3. 通过设置调节系数，引导员工承担难度大、创新型的任务
	工时核定结果与绩效奖金挂钩比例不当	1. 试运行阶段，挂钩比例过高，增加了实施阻力 2. 正式运行阶段，挂钩比例过低，激励作用不明显	1. 试运行阶段，员工绩效奖金核定可暂不与量化考核结果挂钩，只公布一定比例的员工考核结果，营造积极良好的量化考核氛围 2. 正式运行后，将员工绩效奖金核定与量化考核结果挂钩，并按照循序渐进原则逐步提高挂钩比例

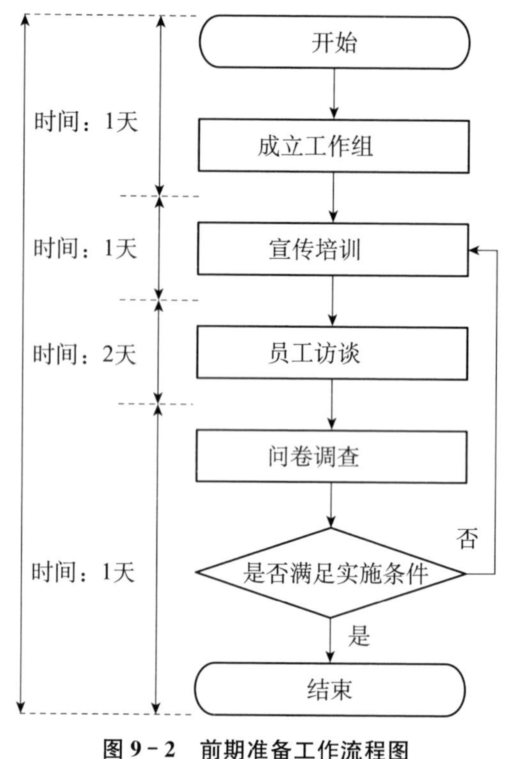

图 9-2　前期准备工作流程图

9.2.1　成立工作组

为有效推动量化考核工作的开展，实施单位需成立量化考核专项工作组。工作组组长一般由部门主要负责人及以上职务人员担任，负责审定量化考核工作的总体计划、目标以及协调相关资源等工作。工作组副组长一般由部门内设机构主要负责人或业务主管人员担任，负责具体方案制定、宣传、监控等工作。工作人员一般由负责考核的人员或综合业务人员担任，负责方案的具体执行、跟踪、联络等工作。

工作组成立后，应首先制订量化考核实施计划，明确总体要求、基本原则、任务目标、主要措施、时间安排和组织保障等六个部分内容，在主要措施部分详细列明具体工作要点，明确每一项措施对应的责任人，形成任务清单，确保工作任务逐一落实。

示例 》

A公司量化考核专项工作组成员名单

一、领导小组成员

组　长：单位党委副书记

副组长：人力资源部负责人

成　员：科室负责人

量化考核领导小组是公司人力资源部量化考核工作的领导机构，主要负责研究审定量化考核推进过程中的重大事项，开展专业指导，提供相关支持和资源保障。

二、领导小组办公室

主　任：人力资源部负责人

成　员：科室负责人及有关工作人员

领导小组下设办公室，具体负责量化考核的实施与完善等相关工作。人力资源部是量化考核工作的归口管理部门，负责日常工作，主要职责包括：

负责量化考核工作的日常推进工作；

负责员工填报工时的审核与批准；

负责量化考核结果的考评与兑现；

负责量化考核工作的完善与改进。

9.2.2　宣传培训

向部门全体员工宣传开展量化考核工作的目的和意义、理念和方法，对量化考核工作法的价值进行深入解读。应结合实际充分发挥传统媒体和新媒体的优势，在办公场所通过宣传展板、宣传手册等多种形式，同时利用公司官网、官方微信、部门微信群等新媒体平台，以图文、微视频等方式开展宣传，营造良好氛围，提高量化考核工作法的影响力。

在充分宣传的基础上，组织开展专题培训，培训的重点包括系统介绍量化考核工作法的内涵、实施意义、实施方法、步骤和工具等。在培训过程中，注意要通过分解演示、案例讲解、具体事例分析等多样化方式开展培训，使员工对量化考核工作法形成全面的认识。专题培训应不少于三次，如有必要可邀请外部专家进行培训，或者到相关标杆单位开展学习交流。

9.2.3 员工访谈

管理者应通过与全体员工进行一对一面谈的方式，及时了解员工对开展量化考核工作的真实想法。在访谈过程中，注意收集员工对推行量化考核工作法的意见，重点掌握员工的关注点、疑虑点，要对员工普遍担心的问题或者存在的困惑给予针对性答复，打消员工顾虑。为了让访谈更有效，在进行访谈前建议制定访谈提纲，但在访谈过程中不必一定要逐字逐句地按照提纲提问，主要围绕访谈目的开展即可。在访谈开始时，从一般性的问题问起，比如让员工谈一谈对量化考核的认识，然后进行具体问题的提问，不要一头扎进敏感话题，比如是否支持开展量化考核工作，这有助于员工进入访谈状态，建立和谐轻松的访谈关系。

示例》

A公司访谈提纲

一、预热环节（2分钟，可视情况简化或跳过）

1. 介绍访谈目的。

2. 请谈谈您对量化考核的认识。

二、正式访谈（10～20分钟，根据谈话对象和时间情况灵活掌握）

3. 您认为本部门的员工绩效管理存在哪些问题？量化考核能解决这些问题吗？

4. 您认为本部门实施量化考核工作法存在哪些困难？产生困难的主要原因是什么？

5. 您是否了解过部门其他员工是怎么看待量化考核的？

6. 为了更好推进实施量化考核，您还有哪些意见或建议？

9.2.4 问卷调查

开展问卷调查的主要目的是了解不同职级员工对量化考核实施的支持度，判断是否具备实施条件。

(1) 问卷设计

问卷调查须采取无记名方式，以获取员工的真实想法。问卷调查的内容包括员工基本情况，员工对量化考核工作法的了解程度和支持程度，员工对现行绩效考核方式的满意度等（见表 9－3）。在问卷设计过程中应注意以下事项：

①要有明确的主题，根据调研目的从实际出发拟题。

②结构要合理且逻辑性要强，问题的排列应有一定的逻辑顺序，一般是先易后难、先简后繁、先具体后发散等。

③问卷应使员工一目了然，并愿意如实回答，问卷语气要亲切，问卷内容要符合员工的理解能力和认知能力，避免使用员工不熟悉的专业术语。对于敏感性问题，应采用一定的调查技巧，使问卷具有合理性和可答性，避免主观性和暗示性，以免答案失真。

④控制问卷的长度，尤其是移动端的网络问卷，耗费时长一般不要超过 5 分钟。

⑤应便于资料的统计、校验和分析。

⑥要注重整个问卷调研过程中的员工体验，例如网络问卷无法正常打开、无法提交等异常情况都需要提前考虑，并准备好充足的应对方案。

(2) 结果分析

如果员工支持度不高，应从内外部两方面分析原因，并采取针对性措施解决。常见的造成支持度不高的原因如下：

①内部原因：

- 员工不了解实施量化考核工作法的价值
- 量化考核前期准备工作不充分

● 量化考核实施计划的可操作性不强

针对内部原因导致的问题，实施单位应与不同职级员工代表重点交流，向员工提供必要的培训，确保员工了解量化考核工作法的价值与意义，掌握正确的实施方法。同时，建立起良好的沟通机制，使员工有渠道表达对量化考核工作的意见。对于员工提出的意见和建议，要采取合理措施应对，并将成效反馈给员工，让员工感受到尊重，提高员工对开展量化考核工作的支持度。

②外部原因：

● 单位业务不稳定、制度建设不完善

● 单位的信息化基础较差等

● 部门间或部门内部职责分工不清晰、工作流程不明确

针对外部原因导致的问题，实施单位应及时采取针对性措施解决，完善相关管理基础，再根据实际情况适时推进量化考核工作。

表 9-3　量化考核实施基础调查问卷

为推进量化考核工作顺利开展，特组织本次问卷调查。您的意见和建议非常重要，请如实填写问卷。本次问卷调查以匿名方式进行，调查结果只用于量化考核工作。感谢您的大力支持！
一、您的工作岗位类别是什么？ 1. 部门负责人 2. 科室正职（含主持工作副职） 3. 科室副职 4. 职员
二、您从事本岗位工作有多久？ 1. 1年以内 2. 1～3年（含） 3. 3～5年（含） 4. 5年以上
三、您认为实施量化考核的目的是什么？（多选） 1. 实现员工工作成果显化、量化、可比化，为奖金分配提供客观依据 2. 优化工作流程，促进管理提升 3. 为管理决策提供依据 4. 及时了解员工工作状态，帮助员工改进绩效 5. 其他____________________

续表

四、您了解量化考核的主要内容吗？ 1. 非常了解 2. 基本了解 3. 不了解
五、您认为本部门有必要实施量化考核吗？ 1. 非常有必要 2. 比较有必要 3. 无所谓 4. 没必要 5. 非常没必要
六、您支持本部门对员工开展量化考核工作吗？ 1. 非常支持 2. 比较支持 3. 无所谓 4. 不支持 5. 很不支持
七、您认为本部门具备实施量化考核的条件吗？ 1. 具备 2. 不具备
八、如果不具备实施量化考核的条件，您认为是哪些方面的问题？（多选） 1. 量化考核实施方案可操作性不强 2. 部门管理基础薄弱，工作职责不清 3. 多数员工不支持 4. 公司领导不支持 5. 其他原因＿＿＿＿＿＿＿＿
九、您对本部门现行的绩效管理方式满意吗？ 1. 非常满意 2. 基本满意 3. 不满意
十、您认为本部门现行的绩效管理方式存在哪些问题？（多选） 1. 绩效考核指标难设定 2. 业绩标准难量化 3. 员工贡献难比较 4. 分配差距难拉开 5. 改进方案难制定 6. 其他＿＿＿＿＿＿＿＿

续表

十一、您所在的部门进行了几次量化考核方面的培训？ 1. 3次（含）以上 2. 1～2次 3. 0次
十二、您所在的部门是否与员工开展了量化考核方面的面谈？ 1. 是 2. 否
十三、您所在的部门是否具备进行量化考核统计分析的信息化条件？ 1. 是 2. 否
十四、为了更好地开展量化考核工作，您有哪些意见或建议？ 意见或建议：________________

示例》

A公司量化考核实施基础调查问卷结果分析

A公司人力资源部门通过分析问卷调查结果，发现部门中超过80%的员工比较了解量化考核的主要内容，支持且认为部门具备实施条件。该部门决定按计划开展后续工作。针对部分员工认为的“量化考核实施方案可操作性不强”“部门管理基础薄弱，工作职责不清”等问题，通过完善实施计划、梳理分工、明确职责等方式，有效予以解决。调查问卷典型问题的结果如下：

一、您认为实施量化考核的目的是什么？ [多选题]

选项	比例
实现员工工作成果显化、量化、可比化，为奖金分配提供客观依据	86.96%
优化工作流程，促进管理提升	69.57%
为管理决策提供依据	50.72%
及时了解员工工作状态，帮助员工改进绩效	68.12%
其他	1.45%

二、您认为本部门有必要实施量化考核吗？　　[单选题]

选项	比例
非常有必要	14.49%
比较有必要	56.52%
无所谓	14.49%
没必要	11.59%
非常没必要	2.91%

三、您支持本部门对员工开展量化考核工作吗？　　[单选题]

选项	比例
非常支持	30.43%
比较支持	50.72%
无所谓	13.04%
不支持	5.81%
很不支持	0

四、您认为本部门具备实施量化考核的条件吗？　　[单选题]

选项	比例
具备	82.61%
不具备	17.39%

五、如果不具备实施量化考核的条件，您认为是哪些方面的问题？[多选题]

选项	比例
量化考核实施方案可操作性不强	50%
部门管理基础薄弱，工作职责不清	25%
多数员工不支持	25%
公司领导不支持	0
其他原因	33%

9.3 方案制定

量化考核方案制定包括制定《部门业务标准工时手册》和《部门量化考核实施方案》两个方面，具体流程如图 9-3 所示。

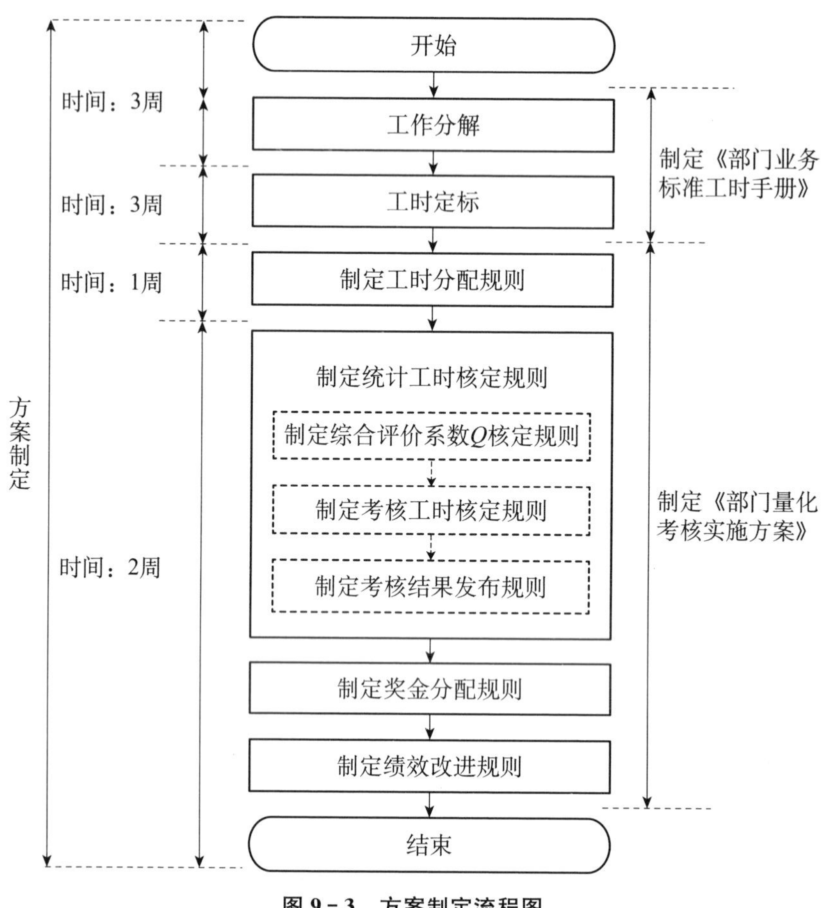

图 9-3　方案制定流程图

9.3.1 制定《部门业务标准工时手册》

成立开发组，组员主要由部门相关业务人员组成，如有条件，可邀请外部业务专家共同参与。开发组通过运用本书第三章工作分解和第四章工时定标的方法和工具，逐步制定部门标准业务分解库和部门标准工时库，编制形成《部门业务标准工时手册》。在集团内多个单位统一实施量化考核工作法时，还可跨单位选取若干具有代表性的单位共同参与，集中开发可供统一使用的《部门业务标准工时手册》。制定《部门业务标准工时手册》包括组织开展工作分解和组织开展工时定标两个方面。

（1）组织开展工作分解

①梳理工作体系及工作模块。一是根据单位经营发展需要和管理部门体系建设要求，确定管理部门的价值理念和工作目标。二是对组织内现有的工作信息、工作经验和文献资料等进行梳理，系统分析构成体系的关键要素，明确为了达成组织目标应开展的关键业务，以及必需的组织架构和人员能力素质要求等情况。三是对标部门业务所在领域的行业标杆和学术界研究成果，综合考虑工作性质、职责划分等因素将全部业务划分为不同工作模块，通常可以分为自身体系建设模块、具体业务模块和综合管理模块三类。

示例》

A公司人力资源业务工作分解

A公司根据本单位人力资源管理“三个中心”（制度理念和文化输出中心、资源配置与共享中心、业务协同与管控中心）的发展定位和业务现状，对标人力资源管理领域的行业标杆实践和学界研究成果，将全部人力资源业务划分为“1＋10＋1”个工作模块，具体如下：

“1”指人力资源管理体系建设模块。该模块是对整个人力资源管理工作的系统谋划，主要包含人力资源管理的价值理念和目标、运行模式、业务范围、制度体系建设、运行质量、营销宣传管理等内容。

“10”指10个业务模块，即人力资源规划管理、组织管理、员工发展管理、干部管理、招聘管理、培训管理、绩效管理、薪酬管理、员工关系管理、人力资源信息化管理十大工作模块。将组织管理、员工发展管理、干部管理、人力资源信息化管理业务从人力资源传统六大业务模块中分离出来，主要是为了引导员工加强对组织能力建设重要但目前又相对薄弱业务的资源投入。

“1”指综合管理模块，包括综合管理总体设计、部门建设、党建工作、工会管理、团支部管理、部门综合事务、量化考核管理等内容。

②开展具体业务分解。按照划分的工作模块及职责分工，开发组成员结合自身工作经验，充分考虑业务性质、职责划分、工作流程等因素，按照“工作模块—一级任务—二级任务—基础作业单元”的四级工作分解结构开展业务分解。为了提高分解的质量，一个业务模块的分解应由不少于两人开展。

示例》

A公司人力资源业务工作分解

A公司人力资源各个业务模块均按照“1＋N”的体例进行分解，具体如下：

“1”是本模块的总体设计，即在进行具体业务分解之前先明确本模块的客户需求、目标及路径方法等，主要包含客户需求分析、目标管理、明确工作方法、明确资源支持保障、评估改进五个二级任务。

“N”即本模块具体业务。按照业务类别将本模块所有业务分解成多个一级任务，再按照“制度建设＋PDCA业务流程＋材料归档与信息维护”的体例将各个一级任务分解为二级任务，确保各一级任务分解为二级任务后制度完备、流程完善、档案健全，并且不重复、不遗漏。在此基础上，确定各项基础作业单元。

③汇总优化同一模块分解业务。初次分解时，由于开发组成员对工作分解方法掌握不足、工作经验存在差异、分解逻辑及尺度把握不一等原因，不同人员对同一模块的分解成果会存在一定差异。对于这些差异，各业务主管人员应在充分利用内外部文献资料、工作经验和标杆实践的基础上进行汇总优化，最终确保一级任务不重复、不遗漏，二级任务逻辑清

楚、过程完整，基础作业单元粗细适度、定义明确。

示例》

A公司招聘管理模块汇总优化（见表9－4、表9－5）

表9－4 A公司招聘管理模块汇总优化前后分解数量变化

		优化前	优化后	优化情况		总体变化
优化前后分解数量变化	一级任务数量	8	8	＋1	－1	＋0
	二级任务数量	24	31	＋7	－0	＋7
	基础作业单元数量	132	154	＋28	－6	＋22

表9－5 A公司招聘管理模块汇总优化前后业务分解对比

	一级任务优化前	一级任务优化后	二级任务、基础作业单元优化情况
优化前后业务分解对比	—	招聘管理总体设计	新增二级任务“目标管理”“职责权限”“资源保障”“评估改进”，分解相应基础作业单元
	招聘体系制度建设	招聘管理方案和制度建设	二级任务“体系建设”调整为“方案建设”
	雇主品牌建设	雇主品牌建设	—
	招聘渠道维护	—	由一级任务降为二级任务，并被合并至“雇主品牌建设”中
	校园招聘管理	校园招聘管理	二级任务按照“计划制订—招聘筹备—组织招聘—归档管理”进行梳理完善
	社会招聘管理	社会招聘管理	
	内部招聘管理	内部招聘管理	
	高层次人才引进	高层次人才引进	—
	其他用工形式招聘管理	其他用工形式招聘管理	—

④统一不同模块分解业务范式。对于不同工作模块间的分解差异，组织开发组成员开展集中研讨，按照系统分解和适度领先原则，在汇总优化的基础上，再次深度梳理各业务模块，主要开展以下三方面工作：

一是根据分解成果开展深度研讨及系统优化，比如重新梳理划分工作模块，确保各模块职能能够有机地整合为系统整体职能，且划分合理、逻辑清晰。

二是统一各模块的分解思路，确保不同模块间的分解思路保持一致；对于各个模块均包含的共性业务的基础作业单元、成果标准和表述方式等，统一规范表述方式。

三是针对各模块分解成果开展逐项研讨、逐条修订，确保各一级任务、二级任务、基础作业单元流程规范、分解有序、成果明确、粗细适度。

示例》

A公司规范不同模块共性业务表述方式

A公司对不同模块之间的共性业务（如开展调研、制度建设、履行内部决策程序等），在基础作业单元、成果标准方面都采用了统一的表述方式，使标准工时手册的语言表述更加规范。以开展调研为例，基于各个模块在初次分解中的表述各异，如“开展调研”“进行调研和访谈”“与领导访谈”等，为了表述的规范，将基础作业单元都明确为“开展调研和领导访谈”，将成果标准都表述为“调研报告/访谈记录”（见表9-6）。

表9-6　A公司规范不同模块共性业务表述方式

基础作业单元	成果标准	单位
开展调研和领导访谈	调研报告/访谈记录	/人

⑤修订完善。各模块业务主管人员按照集中研讨的结果开展修订完善工作，编制形成《部门业务工作分解手册》，以用于标准工时的确定。

示例》

A 公司人力资源业务工作分解成果展示

A 公司按照以上步骤，对人力资源管理工作进行了系统分解，建立了覆盖 12 个工作模块、89 个一级任务、496 个二级任务和 2 101 项基础作业单元的人力资源工作分解体系（见表 9－7）。

表 9－7　A 公司人力资源管理工作分解情况表

序号	工作模块	一级任务	二级任务	基础作业单元
1	人力资源管理体系建设	6	33	104
2	人力资源规划管理	3	17	56
3	组织管理	5	26	119
4	员工发展管理	11	55	302
5	干部管理	9	46	270
6	招聘管理	8	33	154
7	培训管理	6	37	168
8	绩效管理	4	31	113
9	薪酬管理	16	96	378
10	员工关系管理	11	56	241
11	人力资源信息化管理	4	16	52
12	综合管理	6	50	144
合计		89	496	2 101

（2）组织开展工时定标

①开展初次工时定标。在工作分解的基础上，由开发组成员开展基础作业单元工时标准的初步确定。针对不同类型业务，可分别采用经验估算法、日志分析法、标杆参照法、意见征集法等方法确定每项基础作业单元的标准工时。对于召开会议、参加培训、程序修订升版等各模块都包含的业务，可由部门统一设置工时标准，以确保同类作业单元定标一致。

②开展统计分析及实测验证。由业务主管人员对收集到的多组工时数据进行统计分析，充分比较不同业务人员完成同一基础作业单元的用时情况。主要分析中级水平人员完成工作任务用时与其他人员完成工作任务用时的最优数、平均数等差异，一般以中级水平人员平均用时为基准确定基础作业单元的标准工时。对于重复率高、难度较低、信息化程度较高的基础作业单元也可取最优数作为标准工时。同时，适当开展实测验证，尤其对于应用经验估算法、意见征集法确定的工时，应重点开展实测验证，以确保工时标准符合实际情况。

③组织专家研讨。将各种方法确定出的标准工时数据汇总后，需要进一步统一工时定标尺度，该步骤一般以专家研讨的方式开展，以确保确定的标准具有专业性和权威性。专家主要是重点对工时差异较大、对照较少、存在明显不合理的基础作业单元的标准工时进行修正。

④开展合理性校验。按照专家研讨的结果开展修订完善工作，并进行工时手册的匹配性校验，通过模拟计算一定周期内（如 1 个年度）预计产生的工时总数，按编制人数计算人均工时数、典型岗位工时数等，以分析工时标准是否合理，并根据校验结果开展标准工时的调整修正，最终形成《部门业务标准工时手册》。

⑤充分征求意见。工时定标结果在发布前，需要广泛征求实施范围内全体员工的意见。对于收集的意见，应分类开展分析。对于较为集中的意见，需要结合意见对工时标准进行系统性分析，查找偏差的原因。对于反馈量不大或者集中在小部分员工的意见，可以通过逐一沟通等方式，深入了解具体原因。征求意见后，对工时标准有调整的，应重点对调整的内容、理由等进一步向全体征求对象说明，并继续征求意见。该步骤视情况可进行多次，直至工时定标结果获得大部分员工认可。

⑥制定《部门业务标准工时手册》。在以上基础上编制形成可正式发布使用的《部门业务标准工时手册》。

9.3.2 制定《部门量化考核实施方案》

《部门量化考核实施方案》中需明确相关定义、实施范围、人员职责、统计考核周期、流程步骤等内容，并通过专家研讨、头脑风暴和民主协商等方法，制定具有可操作性的工时分配规则、统计工时核定规则、综合评价系数 Q 核定规则、考核工时核定规则、考核结果发布规则、奖金分配规则和绩效改进规则等。《部门量化考核实施方案》的模板框架可参考表 9－8。

表 9－8　人力资源部门量化考核实施方案模板框架

人力资源部门量化考核实施方案		
序号	模块	关键要素
1	量化考核工作法整体介绍	1. 实施目的 2. 适用范围 3. 术语定义 4. 整体流程
2	人员职责	1. 部门负责人职责 2. 部门内设机构负责人职责 3. 参与员工职责
3	量化考核方案	1. 量化考核方案细则 (1) 标准业务工时的核定 (2) 非标准业务工时的核定 (3) 统计工时的汇总 2. 考核方案细则 (1) 综合评价系数 Q 的核定 (2) 考核工时的核定 3. 量化考核的组织实施
4	量化考核结果的应用	1. 工时兑现 2. 绩效改进
5	评估改进	1. 方式方法 2. 开展周期
6	附录	1. 非标准业务关键节点工时调整申请表 2. 个人工时统计表 3. 综合评价系数 Q 互评表 4. 综合评价系数 Q 评价结果汇总表 5. 部门考核工时核定汇总表 6. 量化考核结果复核申请表

9.4 方案发布

量化考核方案发布包括征求意见、修订完善、相关方审核、发布和宣传等环节，具体流程如图 9-4 所示。

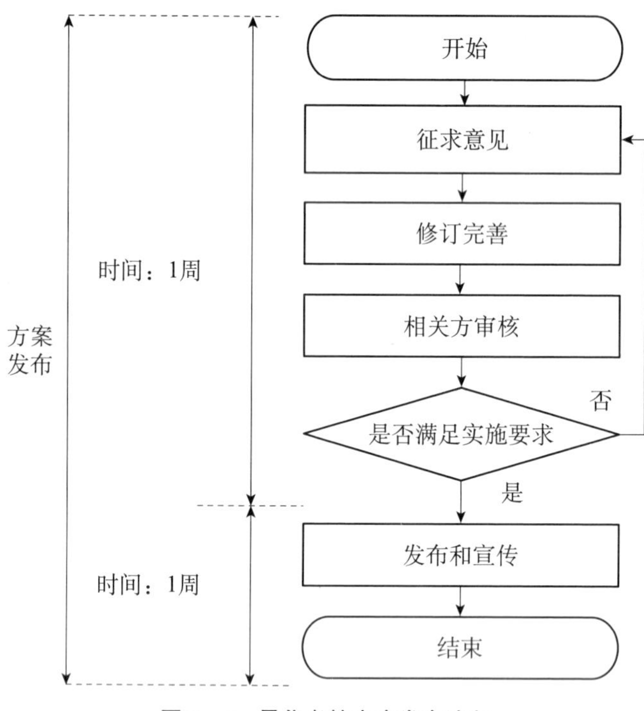

图 9-4　量化考核方案发布流程

9.4.1　征求意见

方案正式发布前，可采用匿名开展问卷调查的方式对《部门量化考核实施方案》及《部门业务标准工时手册》开展满意度调查（见表 9-9），判断量化考核方案的可行性和有效性，对于员工提出的意见和建议，要认真分析研究。通过该环节，可以有效提高量化考核方案的接受度和支持度，同时增强方案的透明度和公信力。

根据满意度调查结果，判定本部门是否具备实施方案发布条件，参考标准如下：

①方案满意度>80%，可正式发布实施；

②方案满意度≤80%，应分析原因，优化方案至具备实施条件。

表 9－9　量化考核方案满意度调查问卷

为进一步完善量化考核方案，特组织本次问卷调查。您的意见和建议非常重要，请如实填写问卷。本次问卷调查以匿名方式进行，调查结果只用于量化考核工作。感谢您的大力支持！

一、您的工作岗位类别是什么？

1. 部门负责人
2. 科室正职（含主持工作副职）
3. 科室副职
4. 职员

二、您从事本岗位工作有多久？

1. 1 年以内
2. 1～3 年（含）
3. 3～5 年（含）
4. 5 年以上

三、您认为本部门业务标准工时手册中的工作分解能覆盖部门多少工作内容？

1. 覆盖率>80%
2. 覆盖率 60%～80%（含）
3. 覆盖率 40%～60%（含）
4. 覆盖率 20%～40%（含）
5. 覆盖率≤20%

如果覆盖率不足 60%，您认为哪些工作没有覆盖到？

____

四、您是否同意本部门业务标准工时手册中基础作业单元定义清晰、边界明确、相互独立、成果可衡量？

1. 非常同意
2. 基本同意
3. 不同意

如选“不同意”，您认为哪些基础作业单元的分解还需要进一步完善？

____

续表

五、您是否同意本部门业务标准工时手册的工时定标合理？ 1. 非常同意 2. 基本同意 3. 不同意 如选“不同意”，您认为哪些基础作业单元的工时定标还需要进一步调整？ __________________
六、您认为量化考核方案综合评价系数 Q 的设置是否合理？ 1. 非常合理 2. 基本合理 3. 不合理 如选“不合理”，您认为哪些方面不合理？__________________
七、您对方案中的工时核定方法是否了解？ 1. 非常了解 2. 基本了解 3. 不了解
八、您认为本部门量化考核结果与奖金挂钩方案是否合理？ 1. 非常合理 2. 基本合理 3. 不合理 如选“不合理”，您认为哪些方面不合理？__________________
九、您是否同意本部门的量化考核方案内容全面、要点明确？ 1. 非常同意 2. 基本同意 3. 不同意 如选“不同意”，您认为哪些方面还需要进一步完善？__________________
十、您是否同意本部门的量化考核方案流程清晰、可实施性强？ 1. 非常同意 2. 基本同意 3. 不同意 如选“不同意”，您认为哪些方面还需要进一步完善？__________________

续表

十一、您对本部门的量化考核方案是否满意？ 1. 非常满意 2. 基本满意 3. 不满意 如选“不满意”，您认为哪些方面不满意？＿＿＿＿＿＿＿＿＿＿
十二、您对本部门的量化考核方案有哪些修改建议？ ＿＿＿＿＿＿＿＿＿＿

9.4.2　修订完善

根据调查问卷收集到的意见和建议，对《部门业务标准工时手册》和《部门量化考核实施方案》进行修订完善，修订后对修订原则、内容、相关考虑因素等向员工进行说明，并再次征求意见和建议，直至取得大部分员工的认可。

9.4.3　相关方审核

相关方审核是指根据需要，邀请上级单位的业务主管部门、兄弟单位同一业务部门或专业化咨询公司等对业务了解的相关方，对《部门业务标准工时手册》和《部门量化考核实施方案》的合理性和可行性进行审核。

9.4.4　发布

按照单位程序发布有关规定，完成《部门业务标准工时手册》和《部门量化考核实施方案》的发布。

9.4.5　宣传

方案发布后应及时在部门内部组织宣传，重点讲解标准工时手册及量化考核的工作思路、工作步骤以及结果应用方式等内容，确保实施范围内的所有员工充分理解具体的工作要求。

示例》

A 公司量化考核方案满意度调查问卷结果展示

A 公司人力资源部在方案发布前开展了满意度调查，对员工意见和建议进行了认真分析和研究，问卷中的典型数据分析如表 9-10 和图 9-5 所示。

表 9-10　A 公司量化考核方案满意度调查问卷结果

题目	选项	回答占比
1. 在量化考核工作开展过程中，您对管理方案中的工时认定与填报方法是否了解？	不了解	12.50%
	基本了解	37.50%
	非常了解	50.00%
2. 您认为目前的量化考核方案是否能够覆盖绝大多数工作内容？	覆盖率≤20%	0
	覆盖率 20%～40%（含）	0
	覆盖率 40%～60%（含）	0
	覆盖率 60%～80%（含）	37.50%
	覆盖率＞80%	62.50%
3. 您认为本部门工作绩效的综合评价系数 Q 是否合理？	不合理	0
	基本合理	62.50%
	非常合理	37.50%
4. 您认为本部门的量化考核方案是否科学合理？	不合理	0
	基本合理	50.00%
	非常合理	50.00%
5. 您认为目前量化考核方案能否客观反映出个人的工作成果？	不能反映	12.50%
	基本能反映	25.00%
	完全能反映	62.50%
6. 您对本部门的量化考核方案是否满意？	不满意	0
	基本满意	37.50%
	非常满意	62.50%

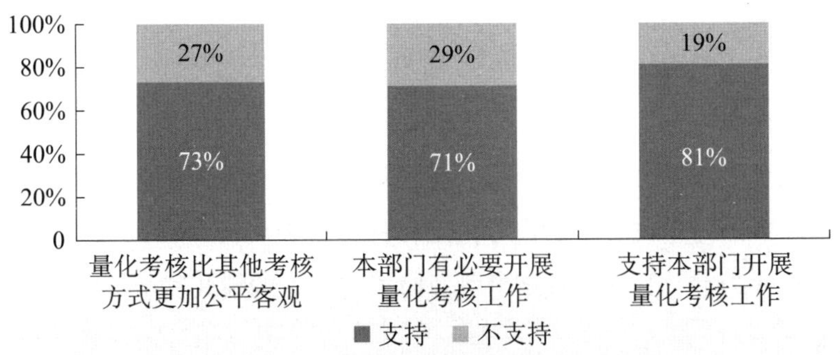

图 9-5　量化考核方案满意度调查结果

经无记名问卷调查，在标准化业务的覆盖率反馈方面，员工均认为可以覆盖 60%以上，62.5%的人认为至少可以达到 80%；在综合评价系数的评价合理性方面，认为基本合理的占 62.50%，其余为非常合理；在考核方案的满意度方面，满意度达到了 100.00%，认为非常满意的占 62.50%。

经过综合判断，A 公司人力资源部大部分员工认为量化考核比其他考核方式更加公平客观，因此有必要开展量化考核工作，且超过 80%的员工支持本部门开展量化考核工作。经相关方审核后，A 公司人力资源部正式发布了《人力资源部门量化考核实施方案》和《人力资源业务标准工时手册》，并组织了三次集中学习，重点讲解了实施量化考核的主要思路、流程步骤以及结果应用方式等内容，确保实施范围内的所有员工充分理解具体的工作要求。

9.5　方案实施

按照循序渐进、稳步实施的原则，量化考核方案实施可分为试运行和正式运行两个阶段。

9.5.1　试运行阶段

试运行阶段的主要任务是通过实际运行检验本部门量化考核实施方案

和标准工时手册的可行性，即工作分解、工时定标、成果标准等是否合适，各环节流程衔接是否紧密、顺畅等。在试运行过程中，要不断修订完善量化考核实施方案和标准工时手册，并使用量化考核信息化管理系统等信息化工具做好工时统计、分析、考核等相关工作，打通量化考核工作全流程，为本部门正式实施量化考核工作法做好充分准备。试运行阶段一般以一个季度为宜，其间考核结果可暂时不与员工的绩效奖金核定挂钩。

示例》

A公司量化考核实施方案试运行情况分析

在试运行阶段，A公司人力资源部通过对部门统计工时进行分析，持续优化标准工时手册，逐步将非标准业务消化吸收为标准业务，并补充了因创新型工作而产生的111项基础作业单元。经过调整，A公司人力资源部非标准业务工时的占比由31%逐步下降至21%，标准业务工时的占比由69%上升至79%（见图9-6），提高了量化考核标准工时手册的质量。

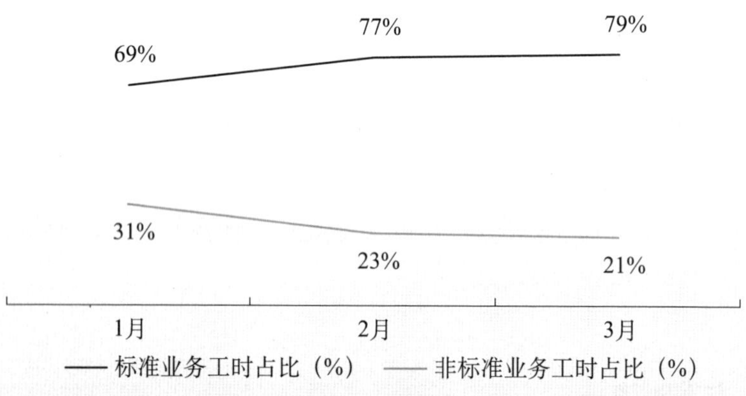

图9-6 A公司量化考核实施方案试运行期间工时构成比例图

在试运行过程中，A公司人力资源部负责人通过访谈及相关调研了解到员工对量化考核工作的接受度和参与度在逐渐提高，并且从量化考核数据更新的频率不断提高的表现来看，员工的积极性也在不断提高。经过综合判断，A公司人力资源部认为试运行期间员工的总体满意度较高，可以进入量化考核正式运行阶段。当然，还要持续开展沟通反馈和宣传培训，充分听取员工的意见和建议，避免出现影响量化考核工作顺利开展的问题。

9.5.2　正式运行阶段

在正式运行阶段，一是要定期发布员工的量化考核结果，公示范围一般为排名前30%的员工。二是要将量化考核结果与员工绩效奖金适度挂钩，初始挂钩比例一般为10%～30%；结合运行情况，逐步提高奖金挂钩比例，直至100%挂钩。三是积极探索量化考核成果在提升组织绩效、促进组织与员工成长等方面的应用。正式运行阶段的主要操作步骤如图9-7所示。

步骤1 核算统计工时

部门员工定期（如按月度或者季度）填报本人统计周期内完成的基础作业单元及数量，完成统计工时核算。

步骤2 开展综合评价

部门员工定期（如按月度或者季度）对参与量化考核的员工进行综合评价打分，按规则确定得出每名员工的综合评价系数 Q。

步骤3 核算考核工时

依据综合评价系数 Q 与统计工时计算考核工时。考核工时应经部门内设机构负责人、部门负责人两级审批。

步骤4 公布考核结果

在一定范围内公布一定比例的部门员工考核工时数量及排名。

步骤5 结果应用

依据员工考核工时与绩效奖金挂钩规则，核算得出每名员工在该考核周期内的绩效奖金，并根据量化考核结果，对员工绩效达成情况进行评估分析，从员工的知识、技能和态度，单位的管理机制、管理者和环境等因素进行多角度分析，确定下一步的绩效改进方向，以不断提升员工和组织的绩效水平。

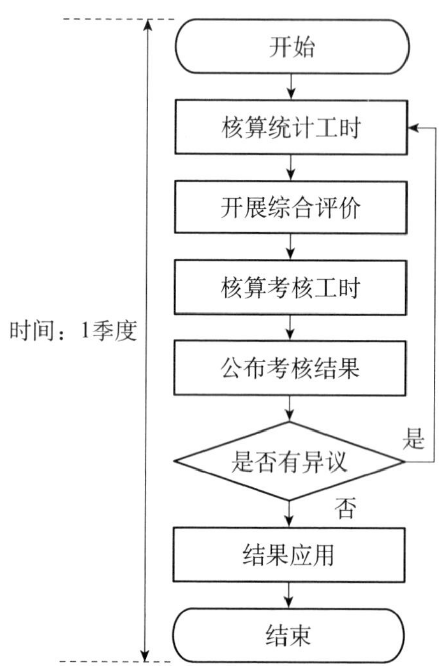

图 9-7　量化考核实施方案正式运行流程图

示例》

A 公司量化考核实施方案正式运行期间情况分析

一、员工统计工时分析（见表 9-11）

表 9-11　人力资源部 2022 年统计工时汇总表

月份	参与人数	工时合计	人均月工时	人均日工时
1 月	18	2 992	166	7.63
2 月	18	2 874	160	7.36
3 月	18	3 086	171	7.86
4 月	20	3 733	187	8.60
5 月	19	2 661	140	6.44
6 月	17	3 102	182	8.37
7 月	19	3 484	183	8.41
8 月	18	3 364	187	8.60

续表

月份	参与人数	工时合计	人均月工时	人均日工时
9月	19	3 548	187	8.60
10月	20	3 515	176	8.09
11月	20	3 405	170	7.82
12月	20	3 350	167	7.68
全年均值	19	3 260	172	7.91

根据统计工时数据，A公司人力资源部2022年人均月统计工时为172个标准工时，按照每月21.75个工作日核算，人均日统计工时为7.91个标准工时，与实际工作时间基本相符，月度工时数据的整体分布和总量呈现合理状态，证明工时标准制定较为合理。其中，统计工时最低月份为5月，主要因为疫情特殊时期，员工居家办公影响了部分工作的正常开展；统计工时较高的月份主要集中在4月及6—10月，与部门重点任务分布月份相吻合，工时数据较客观地反映了工作量。

二、标准业务工时与非标准业务工时对比分析（见表9-12和图9-8）

表9-12　人力资源部2022年标准业务工时与非标准业务工时统计表

月份	参与人数	工时合计	标准业务工时	非标准业务工时	标准业务工时占比	非标准业务工时占比
1月	18	2 992	2 664	328	89%	11%
2月	18	2 874	2 552	322	89%	11%
3月	18	3 086	2 732	354	89%	11%
4月	20	3 733	3 265	468	87%	13%
5月	19	2 661	2 404	257	90%	10%
6月	17	3 102	2 896	206	93%	7%
7月	19	3 484	3 155	329	91%	9%
8月	18	3 364	2 975	389	88%	12%
9月	19	3 548	3 207	341	90%	10%
10月	20	3 515	3 058	457	87%	13%
11月	20	3 405	3 144	261	92%	8%

续表

月份	参与人数	工时合计	标准业务工时	非标准业务工时	标准业务工时占比	非标准业务工时占比
12月	20	3 350	3 183	167	95%	5%
合计/平均		39 114	35 235	3 879	90%	10%

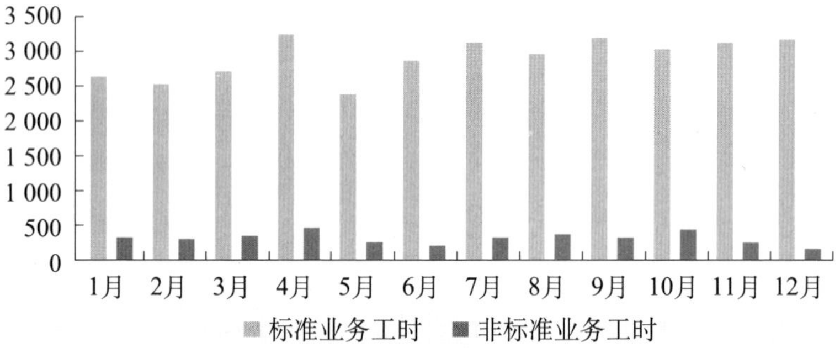

图 9-8　人力资源部 2022 年标准业务工时与非标准业务工时对比图

2022 年，A 公司人力资源部工时类型以标准业务工时为主，平均占比约为 90%，该类工时的来源主要是部门职责范围内的各项工作任务，日常职责范围内的临时任务、新增工作项均按标准业务管理。非标准业务工时的任务来源以重大临时任务为主，如迎接巡视、巡察、重大专项工作任务、创新型专项工作等，分配非标准业务工时。对于非标准业务工时的核定，A 公司人力资源部都会交由部门负责人单独审批。经过分析，非标准业务工时平均占比约为 10%，最高月份为 4 月份与 10 月份，占比均为 13%，主要原因是 4 月开展了集团专项巡视迎检工作，10 月开展了集团人力资源管理体系评价迎检相关工作。

三、工时数据与奖金分配挂钩情况分析（见表 9-13）

表 9-13　实行量化考核挂钩奖金分配增减幅度

月份	绩效奖金最大增幅	绩效奖金最小增幅
1月	24.41%	−6.92%
2月	14.29%	−15.83%
3月	17.76%	−15.83%

续表

月份	绩效奖金最大增幅	绩效奖金最小增幅
4 月	14.29%	−34.48%
5 月	42.20%	−11.91%
6 月	40.16%	−16.33%
7 月	46.57%	−13.18%
8 月	54.02%	−25.03%
9 月	58.37%	−19.33%
10 月	79.01%	−34.54%
11 月	96.73%	−22.08%
12 月	96.73%	−22.08%

A 公司人力资源部以实施量化考核前员工绩效奖金为基准，对 2022 年 1—12 月的绩效奖金增减幅度进行了统计分析。从数据分析结果可以看出，实行量化考核为奖金分配提供了客观依据，有效拉开了员工奖金分配差距，全年最高增幅达到 96.73%，最小增幅为−34.48%。比如，在 2022 年四季度，部门一内设机构负责人调离后，某员工因承担了大量职责外工作，个人工时数据显著增长，个人绩效奖金增幅最高，达到了 96.73%。

9.6 评估改进

9.6.1 质量评估

在实施量化考核一定周期后进行质量评估，针对发现的问题提出改进办法，并反馈到方案制定环节，以推动量化考核体系不断完善，持续优化量化考核方案及工作推进方式。

质量评估可以从两个方面开展：一是通过问卷调查形式，了解员工对实施成效的评价（见表 9-14）；二是通过量化考核实施基础、标准工时手册质量、量化考核方案质量、运行质量和应用成效等方面，对量化考核实施成效进行定量打分评估（见表 9-15）。

表 9-14 量化考核实施成效情况调查问卷

您好！为了解量化考核实施成效，进一步完善量化考核方案，特组织本次问卷调查。您的意见和建议非常重要，请如实填写问卷。本次调查以匿名的方式进行，调查结果只用于优化量化考核工作。感谢您的大力支持！

一、您的工作岗位类别是什么？

1. 部门负责人

2. 科室正职（含主持工作副职）

3. 科室副职

4. 职员

二、您从事本岗位工作有多久？

1. 1 年以内

2. 1～3 年（含）

3. 3～5 年（含）

4. 5 年以上

三、您是否同意量化考核能客观衡量您的工作成果？

1. 非常同意

2. 基本同意

3. 不同意

四、您是否同意量化考核能够实现多劳多得、优绩优酬？

1. 非常同意

2. 基本同意

3. 不同意

五、您认为将绩效奖金的多少比例与量化考核结果挂钩最合适？

1. 80%～100%

2. 60%～80%（含）

3. 30%～60%（含）

4. 10%～30%（含）

5. 0～10%（含）

续表

六、您是否同意量化考核有助于优化工作流程、提升工作效率？
1. 非常同意 2. 基本同意 3. 不同意
七、您是否同意定期公布量化考核结果有助于营造透明信任的组织文化氛围？
1. 非常同意 2. 基本同意 3. 不同意
八、您是否同意管理者根据量化考核结果进行专项反馈有助于您的绩效提升？
1. 非常同意 2. 基本同意 3. 不同意
九、您是否同意量化考核有助于降低部门的任务分配难度？
1. 非常同意 2. 基本同意 3. 不同意
十、相比之前的绩效管理方式，您是否同意量化考核能够更加激发您的工作积极性？
1. 非常同意 2. 基本同意 3. 不同意
十一、您认为本部门在量化考核运行中存在的主要问题有哪些？（多选）
1. 基础作业单元任务分解与实际工作不符（主要涉及工作模块________________） 2. 基础作业单元任务工时与实际完成任务所需工时差异较大（主要涉及工作模块________________） 3. 工时核定方式过于复杂 4. 工时与奖金挂钩的计算公式过于复杂 5. 缺少工时统计系统的支持，工作量较大 6. ________________
十二、为了更好推进量化考核工作，您有什么意见或建议？
____

表 9-15 量化考核实施质量评估表

序号	指标类别	指标名称	评价标准	满分值	得分
1	实施基础（20 分）	组织机构	成立了量化考核专项工作组，成员职责分工明确	3	
2		培训机制	开展了量化考核专题培训，提升了员工对量化考核工作法价值的认识，统一了员工的思想认识	6	
3		交流机制	通过面谈交流、问卷调查等形式，深入了解员工对实施量化考核的意见和建议，获得了大部分员工的支持	6	
4		信息化支持	接入并启用上级单位量化考核信息化管理系统	5	
5	标准工时手册质量（20 分）	工作分解	业务模块覆盖本部门所有业务，同级分解无重复、无遗漏；基础作业单元分解定义清晰、边界明确、相互独立、成果可衡量	10	
6		工时定标	工时定标合理，获得了大部分员工的认可	10	
7	量化考核方案质量（20 分）	内容完整性	结合部门实际，明确实施范围、工时获取、工时核定、工时兑现与绩效改进等内容	5	
8		可实施性	实施方案要点明确、流程清晰，可实施性强	5	
9		相关方审核	量化考核方案经过相关方审核，并报上级单位人力资源部备案	5	
10		员工满意度	员工对量化考核方案的满意度 >80%	5	
11	运行质量（20 分）	导入试行	通过导入试行，验证了本部门量化考核方案的可实施性，打通了量化考核全流程	5	
12		正式运行	定期按要求发布员工量化考核结果，并与员工奖金适度挂钩	5	

续表

序号	指标类别	指标名称	评价标准	满分值	得分
13	运行质量（20 分）	评估改进	根据运行期间发现的问题及时升版，完善本部门量化考核实施方案和标准工时手册	5	
14		数据分析	定期对量化考核工时数据进行分析，优化本部门标准工时手册和量化考核实施方案，并积极应用数据分析结果，促进部门管理能力提升	5	
15	应用成效（20 分）	奖金分配	薪酬分配结果实现多劳多得、优绩优酬	5	
16		绩效反馈	管理者以量化考核结果为主要依据与员工开展绩效沟通，并制订绩效改进计划	5	
17		组织成长	展示在工作体系化、业务流程化、操作标准化、知识组织化等方面运用量化考核结果的成效（具体示例）	5	
18		员工认可	员工对本部门量化考核工作成效认可度较高（>80%）	5	
19	加分项（10 分）	价值拓展	结合本单位量化考核经验，拓展量化考核工作法的应用价值	10	

示例 》

A 公司量化考核实施成效评估结果展示（见图 9－9）

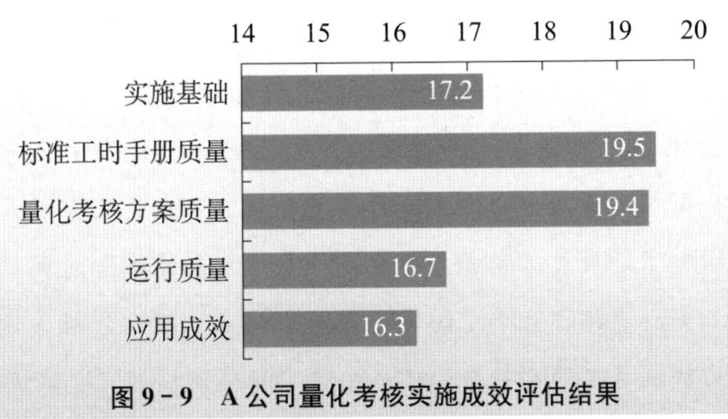

图 9－9　A 公司量化考核实施成效评估结果

根据量化考核实施成效评估结果，可以看出A公司人力资源部量化考核实施质量总体良好，特别是在标准工时手册质量和量化考核方案质量上，得分接近于满分。这两项得分较高的主要原因是A公司在编制手册和方案的过程中，严格按照本书列明的步骤开展有关工作，并多次征求员工意见，获得了员工的支持和认可。

运行质量和应用成效得分相对偏低，主要原因是量化考核属于新生事物，且实施时间不长，实施方法和流程还需要持续完善，尤其应用成效目前更多只体现在奖金分配和员工调配上，在实现管理标准化、知识组织化和提升员工能力等方面的作用还需要经过更长时间才能更好体现出来。

9.6.2 持续改进

持续改进是在深入分析检查评估结果的基础上，持续改进《部门业务标准工时手册》和《部门量化考核实施方案》，不断提高量化考核的适用性和有效性，拓展量化考核的应用价值。

在实施改进时，要设定明确的改进目标，制订具体的改进计划，包括改进目标、改进措施、实施时间、责任人、成果要求等，以确保计划具有可操作性和可执行性，并定期监测和评估改进效果。如果改进效果不明显，需要及时调整和改进措施。

示例》

A公司通过建立工时找差异机制提升考核精准度

根据量化考核实施成效评估结果，为了进一步提高量化考核的运行质量，A公司人力资源部建立了工时找差异机制。在量化考核信息化管理系统中，增加了记录员工完成每项基础作业单元所需实际时间的功能，通过对比员工完成基础作业单元的实际用时和标准工时，分析导致差异的主要原因，为找准员工能力短板弱项或工时定标问题提供客观依据。

例如，根据A公司人力资源业务标准工时手册，完成基础作业单元“编制月度工资明细表”可获得12个标准工时，但员工C实际却花费了24个小时完成该项基础作业单元。员工C的上级经过分析，发现主要原因是职责分工调整，员工C是第一次编制员工工资表，对员工信息、相关核定规则和表单不熟悉，导致实际花费了2倍于标准工时值的时间才完成这项基础作业单元。针对这个情况，员工C的上级就工资发放相关工作和员工C进行了沟通，了解到员工C希望能够参加相关培训，提升专业技能。员工C的上级及时安排员工C参加了相关培训，并在后续工资发放工作中及时了解员工C的进展，提供必要的指导，最终帮助员工C顺利度过了“新手期”。

本章小结

量化考核工作法是一个专业性强、实施门槛较高的方法，实施单位要认真研究学习量化考核工作法的内涵和主要内容，掌握方法要领，逐个步骤做好量化考核工作。在实施过程中要注重实效，坚持民主公开原则，在量化考核启动前、方案制定阶段、导入试行、奖金挂钩等关键节点要通过面谈、问卷调查等方式及时了解员工的真实想法，对合理的要求要认真研究采纳，以获取员工的认可与支持，推动量化考核工作法顺利实施。

第十章

赋能：量化考核信息化管理系统

在数字化时代，信息化管理系统已成为提升工作效率和管理水平的关键工具。由于实施量化考核工作法需要处理大量的工时数据，因此建立一个支撑“五工一改”各环节顺利运行的信息化管理系统，为量化考核的实施提供高效的支持十分必要。基于此，我们同步开发了量化考核信息化管理系统。该系统是一个集数据收集、处理、分析和反馈于一体的综合管理平台，它通过自动化的数据处理，畅通了量化考核实施流程，降低了工时数据统计分析工作量，提升了量化考核实施的效率和质量，确保了量化考核管理的准确性、规范性和公正性。

10.1 功能介绍

量化考核信息化管理系统的功能包括基础配置管理、工时管理、综合评价管理、考核结果管理、统计报表管理五大模块，并配套建设了移动端应用。其功能架构如图 10-1 所示。

10.2 基础配置管理

基础配置管理模块是基础功能设置模块，按照分级授权进行管理，各级管理员可在本模块创建相关的组织、人员、角色及标准工时库，按需配置工时填报、审核、评价等业务规则，确保量化考核的结构化和层级化管理。

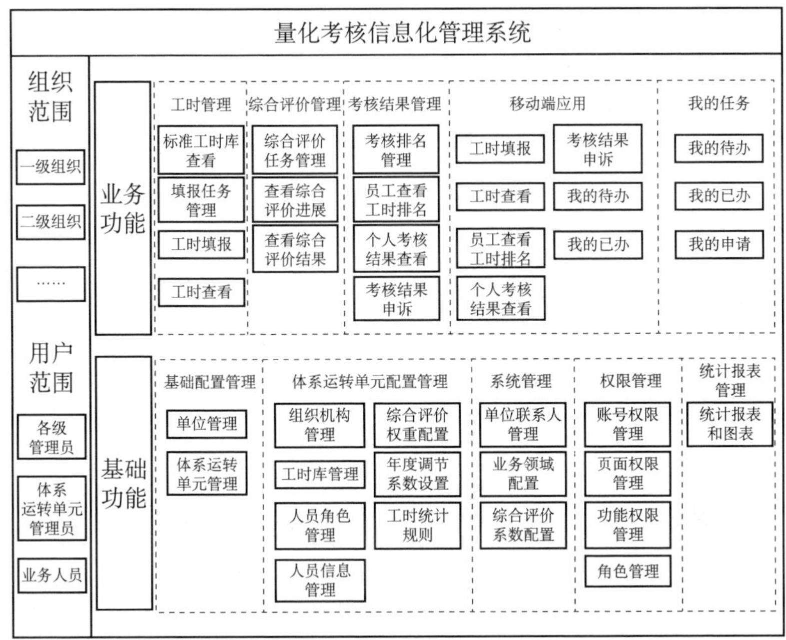

图 10－1　量化考核信息化管理系统功能架构图

10.2.1　组织机构管理

量化考核信息化管理系统支持多层级组织机构管理（见图 10－2），其中上级组织机构管理员负责创建和维护下级组织机构及其管理员。

各级组织机构可创建一个或多个量化考核工作法具体实施部门，即体系运转单元。各体系运转单元设置单独的管理员，相互间数据隔离。在体系运转单元内可进一步设置下级内设机构。

10.2.2　角色及权限管理

量化考核信息化管理系统中的人员按照角色分为管理角色和业务角色两大类。

管理角色根据组织层级授权分为超级管理员、单位管理员、体系运转单元管理员。其中，超级管理员负责创建一级单位及其管理员，一级单位管理员负责创建二级单位及其管理员，依此类推完成全部单位及单位管理

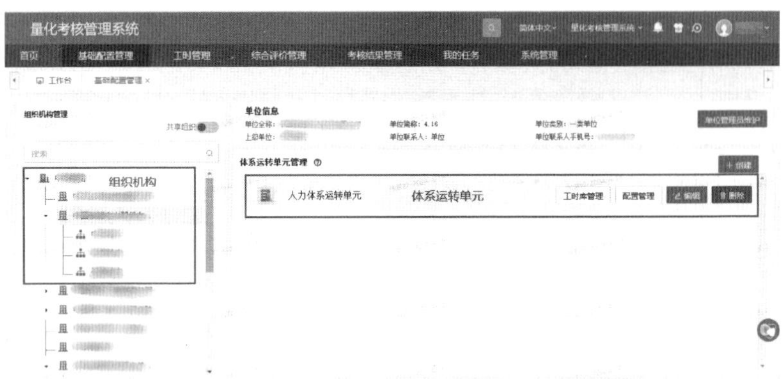

图 10-2 组织机构页面

员的创建；各单位管理员负责创建本单位的体系运转单元及对应的管理员；各体系运转单元管理员负责创建内设机构及其人员。

在一个体系运转单元内，每一个内设机构下的人员按照业务角色均可分为主要负责人、其他负责人和员工三类。

10.2.3 标准工时库管理

标准工时库按照《标准工时手册》实行“工作模块、一级任务、二级任务、基础作业单元（BU）”四级管理，通过树形结构进行展示。通过BU名称、BU关键词、BU类型等多维度查询功能，可以实现BU的快速检索（见图10-3）。

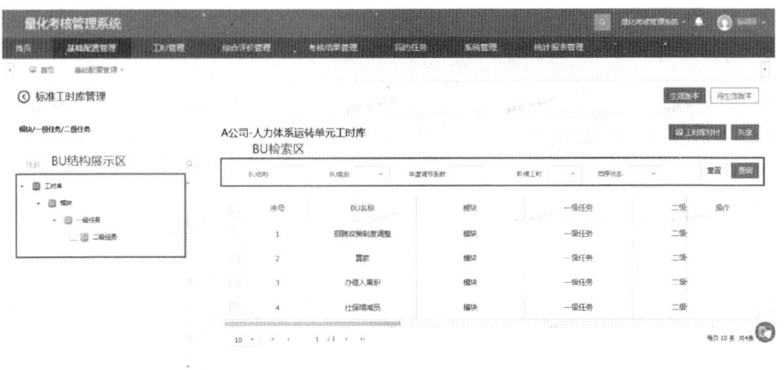

图 10-3 标准工时库页面

标准工时库由体系运转单元管理员创建和维护，支持在线编辑和批量导入。员工仅可查看和导出自己所在体系运转单元的且处于“生效”状态的标准工时库。

各体系运转单元的标准工时库可根据自身需要进行全集团范围共享或与指定单位共享，各体系运转单元可通过引用与其他组织共享的标准工时库，对其进行适应性调整后形成自身的标准工时库。

10.2.4　业务规则配置管理

（1）业务领域配置。所有体系运转单元均须选择并确认所处的具体业务领域，比如经营管理、人力资源管理、财务管理等，以便进行量化考核实施情况统计分析。

（2）业务流程配置。在创建人员时，需明确该人员“是否参与填报”“是否参与审批”“是否参与被评价”等业务流程。业务流程运转的逻辑是逐层审批，最高审批者为本体系运转单元的主要负责人，不支持跨体系运转单元进行审批（见图 10－4）。

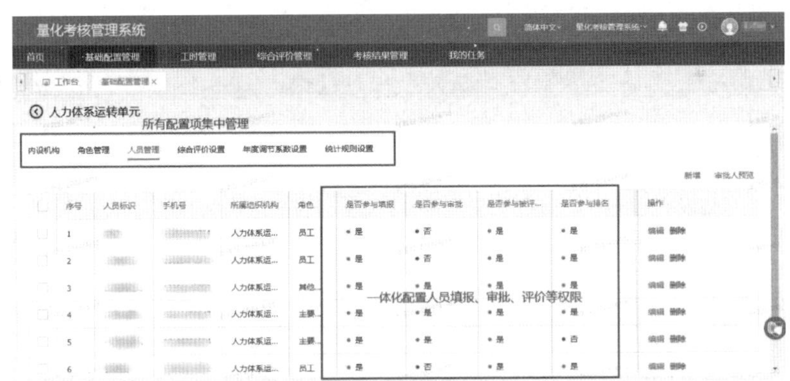

图 10－4　业务流程配置页面

（3）年度调节系数配置。年度调节系数可在创建标准工时库时进行维护，也可在工时审核时由审核人进行维护，但维护值均需在预先设置范围内。

（4）综合评价系数配置。综合评价系数由超级管理员维护，范围为 0.9～1.1。

（5）综合评价系数说明。各体系运转单元可根据管理需要编制综合评价打分说明，供评价人在综合评价打分时参考。

（6）综合评价权重配置。系统支持以组织机构、业务角色两个维度进行综合评价权重配置，并以矩阵表形式展示权重配置情况（见图 10-5）。

图 10-5　综合评价权重配置页面

（7）工时统计规则配置。系统支持为不同角色的业务人员配置不同的工时统计规则，同时提供工时计算公式实时预览功能（见图 10-6）。

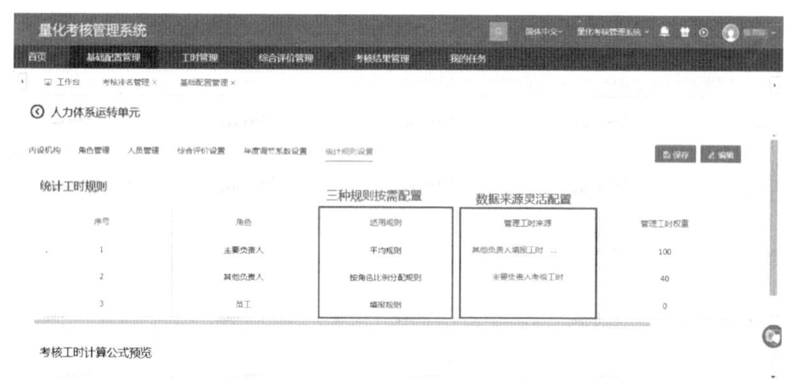

图 10-6　工时统计规则配置页面

10.3　工时管理

工时管理模块的主要功能包括工时填报、工时查看和工时审批等。管理员可在本模块进行工时填报任务管理，员工可进行个人工时填报、查看，主要负责人、其他负责人可根据授权查看、审批其管理权限范围内的员工的工时。

10.3.1　工时填报

（1）填报周期设定。管理员可根据管理要求灵活设定工时填报周期，如1次/周、1次/月等。首次启动工时填报时，管理员需进行填报周期设置，当前填报周期结束后，系统将自动提醒开启下一填报周期（见图10－7）。

图10－7　工时填报任务管理页面

（2）工时填报。员工可通过标准工时库选择标准工时或录入非标准业务完成工时。填报周期内，填报次数不受限制，员工可按照本人工作习惯自行填报。

（3）工时引用。为提高填报效率，系统支持员工单条或批量引用本人历史数据进行当前周期工时填报，引用后的任务会增加到员工当前填报周期的填报列表中，员工根据任务完成的实际情况进行修正即可（见图10－8）。

10.3.2　工时查看

主要负责人和其他负责人可根据管理权限查看授权范围内的全部员工的工时填报情况，包括待提交状态的工时任务，以便及时了解员工的工作

图 10－8　工时引用页面

进展情况。员工仅能查看自己填报的工时，以及本人参与的平行任务所获得的工时。

10.3.3　工时审批

员工提交工时填报数据后，相应的审批人会收到审批待办，审批人可通过“我的待办”进行工时任务审批（见图 10－9）。审批意见分为“同意”和“驳回”两种，并可以输入具体审批意见。审批完成后，当前审批人可根据需要选择下一步审批人。

图 10－9　工时审批页面

10.4　综合评价管理

综合评价管理模块的功能包括综合评价任务管理和综合评价打分。

10.4.1　综合评价任务管理

工时填报任务结束后，系统会自动创建综合评价任务，由管理员确认是否立即启动综合评价任务。综合评价起止时间可灵活设定，评价开始时间默认为工时填报任务结束后一天（见图 10－10）。在综合评价开展过程中，管理员可随时查看评价进展并结束评价。为确保评价任务按时完成，系统会在评价结束前三天向未完成评价的人员发送消息提醒。

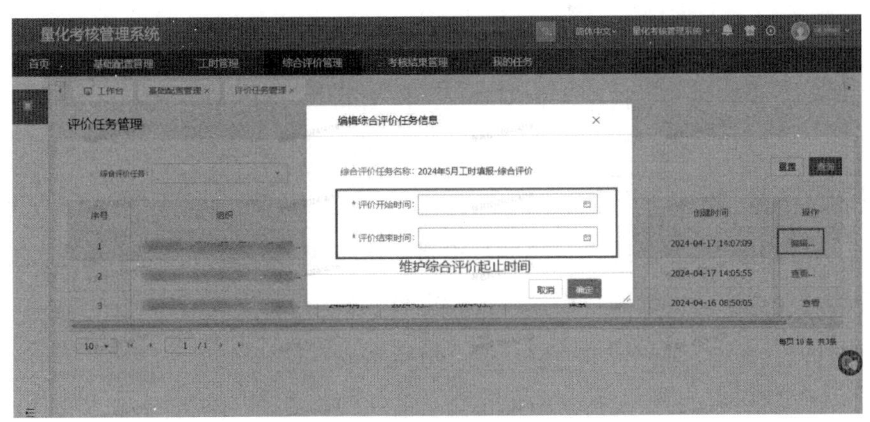

图 10－10　综合评价任务管理页面

10.4.2　综合评价打分

综合评价任务启动后，评价人可通过“我的待办”，参考综合评价打分说明进行综合评价打分。如果评价人希望进一步了解被评价人各项基础作业单元的具体完成情况，可点击相应基础作业单元查看工时填报数据（见图 10－11）。

图 10－11　综合评价打分页面

10.5　考核结果管理

考核结果管理模块是考核结果实施单元，考核结果按考核周期进行计算并汇总，管理员可根据需要发布一定比例范围内的考核结果。

10.5.1　考核结果发布

在考核结果发布前，管理员可按需多次生成考核结果。考核结果数据源为已完成工时审批的数据。当工时审批及综合评价数据发生变化时，管理员需再次运行考核结果生成功能，重新生成考核结果。

考核结果生成后，管理员发布排名前 30%的考核员工名单，发布比例也可按照需要进行适应性调整。员工可在个人工时查看页面查看已发布的考核结果（见图 10－12）。

10.5.2　考核结果申诉

员工查看个人考核结果后，如对考核结果存在异议，可以进行申诉。员工提交申诉后，相应的审批人会收到申诉待办。审批人在审批时，可重新认定申诉人的工时。审批结束后，申诉人若对申诉结果不满意可再次进行申诉（见图 10－13）。

图 10－12　考核结果发布页面

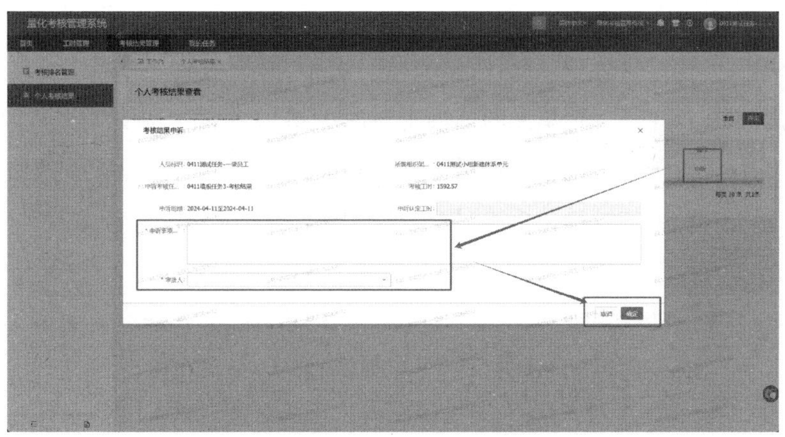

图 10－13　考核结果申诉页面

10.6　统计报表管理

量化考核信息化管理系统支持以图、表等形式，按系统授权进行相关数据的统计、分析、查询和下载（见图 10－14）。

本章小结

量化考核信息化管理系统是为量化考核工作法的全面推广实施配套建

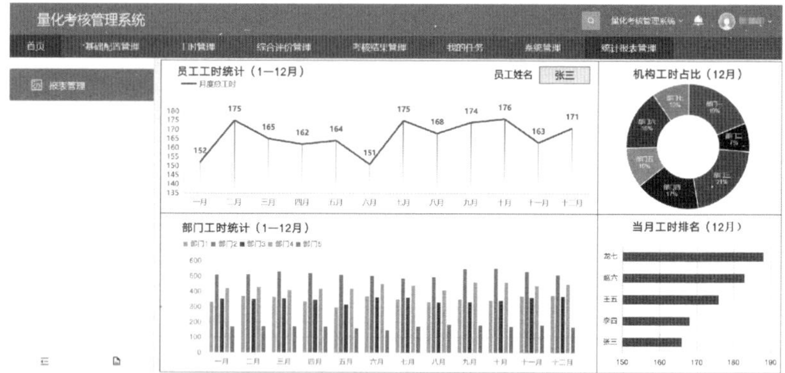

图 10-14　工时统计页面

设的一个专业工具系统。该系统具备了基础配置管理、工时管理、综合评价管理、考核结果管理、统计报表管理等五大模块功能，并提供了移动端应用服务。各体系运转单元间标准工时库可相互共享，工时填报、工时审批、综合评价等业务流程实现了灵活配置、智能联动，管理者和员工可实时查阅工时数据的统计分析情况，大幅提升了量化考核的实施效能。

附　录

人力资源业务标准工时手册

《人力资源业务标准工时手册》根据中核集团人力资源管理“三个中心”（制度理念和文化输出中心、资源配置与共享中心、业务协同与管控中心）的发展定位和业务现状，对标人力资源管理领域的行业标杆实践和学界研究成果，将全部人力资源业务划分为“1＋10＋1”个工作模块，具体如下：

- “1”指人力资源管理体系建设模块，该模块是对整个人力资源管理工作的系统谋划，主要包含人力资源管理的价值理念和目标、运行模式、业务范围、制度体系建设、运行质量、营销宣传管理等内容。
- “10”指10个业务模块，即人力资源规划管理、组织管理、员工发展管理、干部管理、招聘管理、培训管理、绩效管理、薪酬管理、员工关系管理、人力资源信息化管理十大工作模块。将组织管理、员工发展管理、干部管理、人力资源信息化管理业务从人力资源传统六大业务模块中分离出来，主要是为了引导员工加强对这些能力建设重要但目前又相对薄弱业务的资源投入。
- “1”指综合管理模块，包括综合管理总体设计、部门建设、党建工作、工会管理、团支部管理、部门综合事务、量化考核管理等内容。

在工作模块划分的基础上，按照工作分解和工时定标方法，将12个工作模块分解为89个一级任务、496个二级任务、2 101项基础作业单元，并逐一核定了各项基础作业单元的标准工时（见表1）。

表 1　人力资源业务分解汇总表

序号	工作模块	一级任务数量	二级任务数量	基础作业单元数量
1	人力资源管理体系建设	6	33	104
2	人力资源规划管理	3	17	56
3	组织管理	5	26	119
4	员工发展管理	11	55	302
5	干部管理	9	46	270
6	招聘管理	8	33	154
7	培训管理	6	37	168
8	绩效管理	4	31	113
9	薪酬管理	16	96	378
10	员工关系管理	11	56	241
11	人力资源信息化管理	4	16	52
12	综合管理	6	50	144
合计		89	496	2 101

一、人力资源管理体系建设模块标准工时

人力资源管理体系建设模块主要根据中核集团人力资源管理“三个中心”（制度理念和文化输出中心、资源配置与共享中心、业务协同与管控中心）的发展定位和业务现状，参考中核集团《人力资源管理体系标准》，开展业务分解（见表 2）。

- 一级任务：包括“人力资源管理价值理念与目标管理”“人力资源管理运行模式管理”“人力资源业务管理”“人力资源制度体系建设”“人力资源运行质量管理”“人力资源营销宣传管理”6 个一级任务。
- 二级任务：所有一级任务共分解为 33 个二级任务，其中，“人力资源管理价值理念与目标管理”分解为“明确人力资源管理价值理念与目标”“宣传人力资源管理价值理念与目标”“评估人力资源管理价值理念与

目标落实情况”“改进人力资源管理价值理念与目标落实情况”4个二级任务；“人力资源管理运行模式管理”分解为“确定人力资源管理功能定位”“确定人力资源管理职责范围”“确定人力资源管理组织架构”“资源保障支持”4个二级任务；“人力资源业务管理”分解为“确定人力资源业务”“人力资源规划”“组织管理”“员工发展管理”“干部管理”“招聘管理”“培训管理”“绩效管理”“薪酬管理”“员工关系管理”“人力资源信息化管理”“综合管理”12个二级任务；“人力资源制度体系建设”分解为“制定/修订《人力资源管理大纲》”“制度管理”“程序/操作卡管理”3个二级任务；“人力资源运行质量管理”分解为“开发人力资源运行质量评估模型”“制定人力资源运行质量年度目标”“监控人力资源运行状况并改进”“评估人力资源运行质量”4个二级任务；“人力资源营销宣传管理”分解为“制定人力资源年度营销宣传方案”“向上级单位开展人力资源营销宣传”“向单位领导开展人力资源营销宣传”“向员工开展人力资源营销宣传”“向合作单位开展人力资源营销宣传”“向下级单位开展人力资源营销宣传”6个二级任务。

表 2　人力资源管理体系建设模块标准工时表

序号	一级任务	二级任务	基础作业单元	成果标准	单位	标准工时	备注
1	人力资源管理价值理念与目标管理	明确人力资源管理价值理念与目标	开展现状分析	报告	—	24	
2			开展调研和领导访谈	调研报告/访谈记录	/人	2	平行
3			制定人力资源管理价值理念与目标方案	方案	—	24	
4		宣传人力资源管理价值理念与目标	制定人力资源管理价值理念与目标宣传方案	方案	—	24	
5			实施人力资源管理价值理念与目标宣传方案	宣贯记录	—	4	
6		评估人力资源管理价值理念与目标落实情况	制定人力资源管理价值理念与目标落实情况评估方案	方案	—	24	
7			开展访谈和情况调研	调研报告/访谈记录	/次	8	平行
8			编制人力资源管理价值理念与目标落实情况评估报告	报告	—	24	
9		改进人力资源管理价值理念与目标落实情况	制定人力资源管理价值理念与目标改进方案	方案	—	24	
10			督促落实人力资源管理价值理念与目标改进方案	检查记录	/年	16	

续表

序号	一级任务	二级任务	基础作业单元	成果标准	单位	标准工时	备注
11	人力资源管理运行模式管理	确定人力资源管理功能定位	开展现状分析	报告	—	24	
12			开展调研和领导访谈	调研报告/访谈记录	/人	2	平行
13			制定人力资源管理功能定位方案	方案	—	24	
14		确定人力资源管理职责范围	开展调研和领导访谈	调研报告/访谈记录	/人	2	平行
15			拟定人力资源管理职责范围	方案	—	24	
16		确定人力资源管理组织架构	开展调研和领导访谈	调研报告/访谈记录	/人	2	平行
17			制定人力资源管理组织架构方案	方案	—	24	
18			征求意见建议	建议表	—	8	
19			确定人力资源运行权责界面	报告	—	24	
20		资源保障支持	确定所需资源和获取渠道	资源渠道清单	—	4	
21			确定人员资格标准	资格标准	—	4	
22			确定必要的工具、方法和知识	工具方法和知识清单	—	4	
23	人力资源业务管理	确定人力资源业务	开展人力资源理论研究	报告	—	16	平行
24			分析单位人力资源业务特征和现状	报告	—	8	
25			划分人力资源业务模块	报告	—	8	
26		人力资源规划	制定人力资源规划管理目标	《人力资源业务管理制度》	—	8	
27			制定人力资源规划管理原则		—	8	
28			明确人力资源规划管理构成要素		—	8	

续表

序号	一级任务	二级任务	基础作业单元	成果标准	单位	标准工时	备注
29	人力资源业务管理	组织管理	制定组织管理目标	《人力资源业务管理制度》	—	8	
30			制定组织管理原则		—	8	
31			明确组织管理构成要素		—	8	
32		员工发展管理	制定员工发展管理目标		—	8	
33			制定员工发展管理原则		—	8	
34			明确员工发展管理构成要素		—	8	
35		干部管理	制定干部管理目标		—	8	
36			制定干部管理原则		—	8	
37			明确干部管理构成要素		—	8	
38		招聘管理	制定招聘管理目标		—	8	
39			制定招聘管理原则		—	8	
40			明确招聘管理构成要素		—	8	
41		培训管理	制定培训管理目标		—	8	
42			制定培训管理原则		—	8	
43			明确培训管理构成要素		—	8	
44		绩效管理	制定绩效管理目标		—	8	
45			制定绩效管理原则		—	8	
46			明确绩效管理构成要素		—	8	

续表

序号	一级任务	二级任务	基础作业单元	成果标准	单位	标准工时	备注
47	人力资源业务管理	薪酬管理	制定薪酬管理目标	《人力资源业务管理制度》	—	8	
48			制定薪酬管理原则		—	8	
49			明确薪酬管理构成要素		—	8	
50		员工关系管理	制定员工关系管理目标		—	8	
51			制定员工关系管理原则		—	8	
52			明确员工关系管理构成要素		—	8	
53		人力资源信息化管理	制定人力资源信息化管理目标		—	8	
54			制定人力资源信息化管理原则		—	8	
55			明确人力资源信息化管理构成要素		—	8	
56		综合管理	制定综合管理目标		—	8	
57			制定综合管理原则		—	8	
58			明确综合管理构成要素		—	8	
59	人力资源制度体系建设	制定/修订《人力资源管理大纲》	开展调研和领导访谈	报告	/人	2	平行
60			编制/修订《人力资源管理大纲》	大纲	—	24/16	
61			征求意见建议	建议表	—	40	

续表

序号	一级任务	二级任务	基础作业单元	成果标准	单位	标准工时	备注
62	人力资源制度体系建设	制定/修订《人力资源管理大纲》	开展修订完善	报告	—	16	
63			履行内部决策程序	会议纪要/审批记录	—	4	
64		制度管理	编制/修订人力资源制度清单	制度清单	—	8/2	
65			制订年度制度文件编修计划	修订计划	—	8	
66		程序/操作卡管理	编制/修订人力资源程序/操作卡清单	程序/操作卡清单	—	8/2	
67			制订年度程序/操作卡编修计划	计划表	—	8	
68			梳理程序/操作卡业务流程	流程表	/项	4	
69	人力资源运行质量管理	开发人力资源运行质量评估模型	拟定人力资源运行质量评估模型	报告	—	160	
70			征求意见建议	建议表	—	40	
71			开展修订完善	报告	—	24	
72			履行内部决策程序	会议纪要/审批记录	—	4	
73			开展人力资源运行质量评估模型培训	培训记录	—	24	
74		制定人力资源运行质量年度目标	开展现状分析	报告	—	24	
75			开展调研和领导访谈	报告	/人	2	平行
76			拟定人力资源运行质量年度目标	报告	—	16	
77			征求意见建议	建议表	—	40	
78			开展修订完善	报告	—	16	
79			履行内部决策程序	会议纪要/审批记录	—	4	

续表

序号	一级任务	二级任务	基础作业单元	成果标准	单位	标准工时	备注
80	人力资源运行质量管理	监控人力资源运行状况并改进	开展人力资源运行状况月度监控	报告	—	8	
81			开展人力资源运行状况季度分析	报告	—	16	
82			制定人力资源运行状况季度改进方案	方案	—	16	
83			检查人力资源运行状况季度改进情况	检查记录	/次	4	
84		评估人力资源运行质量	开展年度人力资源运行质量评估	报告	—	40	
85			制定人力资源运行状况运行质量改进方案	方案	—	24	
86	人力资源营销宣传管理	制定人力资源年度营销宣传方案	开展调研和领导访谈	调研报告/访谈记录	/人	2	平行
87			拟定人力资源年度营销宣传方案	方案	—	24	
88			履行内部决策程序	会议纪要/审批记录	—	4	
89		向上级单位开展人力资源营销宣传	定期向上级单位报送人力资源工作亮点	汇报材料	—	16	
90			向上级单位输送挂职/借调人员	通知	—	4	
91			邀请上级单位开展人力资源调研	邀请函	—	8	
92			邀请上级单位开展人力资源培训	邀请函	—	8	
93			与上级单位联合开展专题活动	党建、工会等活动	—	24	

续表

序号	一级任务	二级任务	基础作业单元	成果标准	单位	标准工时	备注
94	人力资源营销宣传管理	向单位领导开展人力资源营销宣传	定期向单位领导报送人力资源运行情况	汇报材料	—	16	
95			邀请单位领导开展人力资源调研	邀请函	—	8	
96			邀请单位领导开展人力资源工作培训指导	邀请函	—	8	
97		向员工开展人力资源营销宣传	开展重要人力资源政策宣讲	宣讲材料	—	8	
98			开展骨干人才年度人力资源面谈	面谈表	/人	2	平行
99		向合作单位开展人力资源营销宣传	实施人力资源相关宣传活动	宣传材料	—	24	
100			开展人力资源经验交流	汇报材料	—	8	
101		向下级单位开展人力资源营销宣传	开展重要人力资源政策宣讲	宣讲材料	—	8	
102			开展人力资源工作调研	报告	/单位	8	平行
103			开展人力资源工作培训	培训记录	—	8	
104			组织人力资源经验交流	经验交流材料	—	8	

二、人力资源规划管理模块标准工时

人力资源规划管理模块主要立足于规划的前瞻性和先导性功能，以确保实现人力资源和其他资源的最佳配置为目标，开展业务分解（见表 3）。

● 一级任务：包括“人力资源规划总体设计”“中长期人力资源规划管理”“年度人力资源计划管理”3 个一级任务。

● 二级任务：所有一级任务共分解为 17 个二级任务，其中，“人力资源规划总体设计”分解为“客户需求分析”“明确人力资源规划管理目标”“明确人力资源规划工作方法”“明确资源保障支持”“评估与改进”5 个二级任务；“中长期人力资源规划管理”分解为“制度建设”“调查研究”“规划编制”“规划执行”“规划调整”“规划评估与改进”“材料归档与信息维护”7 个二级任务；“年度人力资源计划管理”分解为“计划编制”“计划监督与执行”“计划调整”“计划评估与改进”“材料归档与信息维护”5 个二级任务。

表 3　人力资源规划管理模块标准工时表

序号	一级任务	二级任务	基础作业单元	成果标准	单位	标准工时	备注
1	人力资源规划总体设计	客户需求分析	确定客户对象	客户清单	—	16	
2			开展调研和访谈	调研报告/访谈记录	/人	2	平行
3			制定客户需求实现方案	方案	—	40	
4		明确人力资源规划管理目标	分析公司战略目标和远景规划	报告	—	8	
5			确定公司人力资源规划管理目标	方案	—	8	
6		明确人力资源规划工作方法	内外部调研	报告	—	40	
7			方法对比分析	报告	—	24	
8			确定人力资源规划工作方法	方案	—	16	
9		明确资源保障支持	确定所需资源和获取渠道	资源渠道清单	—	4	
10			制定人员资格标准	资格标准	—	4	
11			确定必要的工具	工具清单	—	4	
12		评估与改进	运行情况与客户满意度评估	报告	—	8	
13			制定业务运行与客户满意度改进方案	方案	—	24	
14			定期跟踪执行情况	任务进度总结表	—	4	
15	中长期人力资源规划管理	制度建设	编制/内容修订/形式修订制度	《人力资源规划管理制度》	—	60/40/4	
16			征求意见及沟通反馈	记录表/反馈表	—	4	

续表

序号	一级任务	二级任务	基础作业单元	成果标准	单位	标准工时	备注
17	中长期人力资源规划管理	制度建设	履行内部决策程序	会议纪要/审批记录	—	4	
18			开展制度宣贯	宣贯记录	—	2	
19			发布制度	《人力资源规划管理制度》	—	1	
20		调查研究	梳理上级政策、行业规范	报告	—	4	
21			剖析行业发展、上级战略、单位战略	报告	—	8	
22			盘点人力资源管理现状	报告	—	16	
23			开展外部实地调研	报告	—	8	平行
24			预测组织人力资源需求	报告	—	8	
25			拟定人力资源规划目标	报告	—	8	
26		规划编制	成立专项组	发文	—	2	
27			编制部门人力资源规划	人力资源规划	—	40	主次
28			与相关部门对接沟通	会议纪要	—	8	平行
29			组织内部研讨	专家意见汇总	—	8	平行
30			履行内部决策程序	会议纪要/审批记录	—	4	
31			发布人力资源规划	人力资源规划	—	1	
32			上报备案人力资源规划	文件	/次	0.5	
33			开展人力资源规划宣贯	宣贯记录	—	4	

续表

序号	一级任务	二级任务	基础作业单元	成果标准	单位	标准工时	备注
34	中长期人力资源规划管理	规划执行	定期跟踪执行情况	任务进度总结表	—	4	
35			组织成员单位制订规划	批复文件	/单位	4	
36		规划调整	制订中期评估发展规划	报告	—	16	
37			调研内外部变化情况	报告	/场	8	平行
38			调整人力资源规划	调整规划方案	—	16	
39			履行内部决策程序	规划	—	4	
40			报备人力资源规划	上报材料	—	1	
41			开展人力资源规划宣贯	宣贯记录	—	4	
42		规划评估与改进	总体评估人力资源规划	报告	—	20	
43			制订下一周期改进计划	计划方案	—	8	
44		材料归档与信息维护	整理归档相关材料	材料台账	/年	1	平行
45			维护相关电子化信息	维护记录	/人	0.2	
46	年度人力资源计划管理	计划编制	分析年度工作任务	报告	—	12	
47			编制年度 MKJ 计划	年度 MKJ 计划	—	16	
48			上报部门年度 MKJ 计划	年度 MKJ 计划	—	8	
49		计划监督与执行	监督内设机构月度/季度计划进展	内设机构月度/季度计划进展	—	1	

续表

序号	一级任务	二级任务	基础作业单元	成果标准	单位	标准工时	备注
50	年度人力资源计划管理	计划监督与执行	监督部门月度/季度计划进展	部门月度/季度计划进展	—	4	
51		计划调整	编制调整计划	调整计划方案	—	4	
52			履行内部决策程序	调整计划方案	—	4	
53		计划评估与改进	编制内设机构年中/年度工作总结及改进计划	内设机构年中/年度工作总结及改进计划	—	4	
54			编制部门年中/年度工作总结及改进计划	部门年中/年度工作总结及改进计划	—	16	
55		材料归档与信息维护	整理归档相关材料	材料台账	/年	1	平行
56			维护相关电子化信息	维护记录	/人	0.2	

三、组织管理模块标准工时

组织管理模块主要立足于明确组织结构和责权关系，以确保组织高效运转为目标，开展业务分解（见表 4）。

● 一级任务：包括“组织管理总体设计”“常设机构管理”“非常设机构管理”“岗位管理”“编制管理”5 个一级任务。

● 二级任务：所有一级任务共分解为 26 个二级任务，其中，“组织管理总体设计”分解为“客户需求分析”“明确组织管理目标”“明确组织管理工作方法”“明确资源保障支持”“评估与改进”5 个二级任务；“常设机构管理”分解为“制度建设”“方案制定”“直属机构设置与调整”“直属机构内设机构（二级及以下）设置与调整”“常设机构监督管理”“材料归档与信息维护”6 个二级任务；“非常设机构管理”分解为“制度建设”“非常设机构设置与调整”“非常设机构监督管理”“材料归档与信息维护”4 个二级任务；“岗位管理”分解为“制度建设”“方案制定”“岗位设置与调整”“岗位说明书管理”“岗位价值评估”“建立岗位能力素质模型”“材料归档与信息维护”7 个二级任务；“编制管理”分解为“制度建设”“编制设置与调整”“编制监督管理”“材料归档与信息维护”4 个二级任务。

表 4　组织管理模块标准工时表

序号	一级任务	二级任务	基础作业单元	成果标准	单位	标准工时	备注
1	组织管理总体设计	客户需求分析	确定客户对象	客户清单	—	16	
2			开展调研和访谈	调研报告/访谈记录	/人	2	平行
3			制定客户需求实现方案	方案	—	40	
4		明确组织管理目标	分析公司战略目标和远景规划	报告	—	8	
5			确定公司组织管理目标	方案	—	8	
6		明确组织管理工作方法	内外部调研	报告	—	40	
7			方法对比分析	报告	—	24	
8			确定组织管理工作方法	方案	—	16	
9		明确资源保障支持	确定所需资源和获取渠道	资源渠道清单	—	4	
10			制定人员资格标准	资格标准	—	4	
11			确定必要的工具	工具清单	—	4	
12		评估与改进	运行情况与客户满意度评估	报告	—	8	
13			制定业务运行与客户满意度改进方案	方案	—	24	
14			定期跟踪执行情况	任务进度总结表	—	4	
15	常设机构管理	制度建设	编制/内容修订/形式修订制度	《组织机构管理制度》	—	40/24/4	
16			征求意见及沟通反馈	记录表/反馈表	—	4	
17			履行内部决策程序	会议纪要/审批记录	—	4	

续表

序号	一级任务	二级任务	基础作业单元	成果标准	单位	标准工时	备注
18	常设机构管理	制度建设	开展制度宣贯	宣贯记录	—	2	
19			发布制度	《组织机构管理制度》《组织管理规程》	—	1	
20		方案制定	结合管理目标与原则分析确定组织架构类型	报告	—	12	
21			编制/修订机构运行方案	方案	—	40/8	
22			组织专项审议	纪要	—	8	
23			履行内部决策程序	会议纪要/审批记录	—	4	
24			发布组织机构管理方案	发布文件	—	1	
25		直属机构设置与调整	调研机构与职责设置/调整需求	报告	/部门	8/4	平行
26			分析战略定位与业务情况	报告	—	24	
27			编制机构与职责设置/调整方案	方案	—	24/8	
28			履行内部决策程序	会议纪要/审批记录	—	4	
29			发布机构设置/调整文件	文件	—	1	
30			上报备案机构设置/调整文件	文件	—	2	
31		直属机构内设机构（二级及以下）设置与调整	调研机构与职责设置/调整需求	调研材料	/部门	4/2	平行
32			分析业务情况	报告	—	8	

续表

序号	一级任务	二级任务	基础作业单元	成果标准	单位	标准工时	备注
33	常设机构管理	直属机构内设机构（二级及以下）设置与调整	编制机构与职责设置/调整方案	方案	—	16/4	
34			组织专项审议	纪要	—	4	平行
35			履行内部决策程序	会议纪要/审批记录	—	4	
36			上报内设机构设置/调整文件	文件	—	2	
37			审议/批复下级机构设置/调整方案	纪要/回函	—	2/4	
38			发布机构文件	文件	—	1	
39		常设机构监督管理	检查机构情况	调研材料	/单位	4	平行
40			监督检查整改情况	报告	—	8	
41			总结机构运行情况	报告	—	8	
42			职责争议处理	处理建议单	/次	16	
43		材料归档与信息维护	整理归档相关材料	材料台账	/年	1	平行
44			维护相关电子化信息	维护记录	/人	0.2	
45	非常设机构管理	制度建设	确定管理原则	方案	—	8	
46			编制/内容修订/形式修订制度	《非常设机构管理制度》	—	40/24/4	
47			征求意见及沟通反馈	记录表/反馈表	—	4	
48			履行内部决策程序	会议纪要/审批记录	—	4	

续表

序号	一级任务	二级任务	基础作业单元	成果标准	单位	标准工时	备注
49	非常设机构管理	制度建设	开展制度宣贯	宣贯记录	—	2	
50			发布制度	《非常设机构管理制度》	—	1	
51		非常设机构设置与调整	调研机构设置/调整需求	调研材料	—	4	
52			分析业务情况	报告	—	4	
53			编制机构设置/调整方案	方案	—	4	
54			组织专项审议	纪要	—	4	
55			履行内部决策程序	会议纪要/审批记录	—	4	
56			发布机构文件	文件	—	1	
57		非常设机构监督管理	盘点非常设机构运行情况	报告	/次	4	
58		材料归档与信息维护	整理归档相关材料	材料台账	/年	1	平行
59			维护相关电子化信息	维护记录	/人	0.2	
60	岗位管理	制度建设	编制/内容修订/形式修订制度	《岗位管理制度》	—	60/40/4	
61			征求意见及沟通反馈	记录表/反馈表	—	4	
62			履行内部决策程序	会议纪要/审批记录	—	4	
63			开展制度宣贯	宣贯记录	—	2	
64			发布制度	《岗位管理制度》	—	1	

续表

序号	一级任务	二级任务	基础作业单元	成果标准	单位	标准工时	备注
65	岗位管理	方案制定	调研岗位管理情况	报告	/部门	8	平行
66			分析内外部情况	报告	—	16	
67			组织访谈	访谈记录	/人	2	
68			编制岗位管理方案	方案	—	40	
69			组织专项审议	纪要	—	8	
70			履行内部决策程序	会议纪要/审批记录	—	4	
71			发布岗位管理方案	方案	—	1	
72			监管设置运行	监督检查文件	—	4	
73		岗位设置与调整	调研访谈	访谈记录	/人	2	
74			分析公司/部门业务情况	报告	—	8/2	
75			确定岗位任职资格	任职资格文件	—	16	
76			制定岗位设置/调整方案	方案	—	24/4	
77			履行内部决策程序	会议纪要/审批记录	—	4	
78			发布岗位设置/调整清单	清单	—	1	
79		岗位说明书管理	开展岗位说明书编制培训	培训记录	—	8	
80			发布编制岗位说明书通知	通知	—	1	
81			编制岗位说明书	岗位说明书	/个	2	

续表

序号	一级任务	二级任务	基础作业单元	成果标准	单位	标准工时	备注
82	岗位管理	岗位说明书管理	审核岗位说明书	审核记录	/岗位	0.2	
83			汇编岗位说明书	汇编	—	16	
84			发布岗位说明书	岗位说明书	—	1	
85			升版岗位说明书	岗位说明书	/个	1	
86		岗位价值评估	确定岗位清单	岗位清单	—	4	
87			成立岗位价值评估小组	文件	—	4	
88			制定典型岗位评估指标与权重	指标清单	—	24	
89			对岗位价值进行评估打分	得分汇总表	—	24	
90			组织岗位价值评估小组审议	纪要	—	8	
91			确定岗位价值序列	报告	—	24	
92			履行内部决策程序	会议纪要/审批记录	—	4	
93			发布岗位价值清单	清单	—	1	
94		建立岗位能力素质模型	确定优秀绩效人员清单	人员清单	—	2	
95			进行行为绩效访谈	访谈记录	/人	1	
96			进行行为跟踪观测	跟踪记录	/人	8	
97			专家访谈	访谈记录	/人	2	
98			提炼模型架构与要素	要素表	—	40	

续表

序号	一级任务	二级任务	基础作业单元	成果标准	单位	标准工时	备注
99	岗位管理	建立岗位能力素质模型	拟定能力素质模型	素质模型	/类别	4	
100			履行内部决策程序	会议纪要/审批记录	—	4	
101			发布岗位能力素质模型	能力素质模型	—	1	
102		材料归档与信息维护	整理归档相关材料	材料台账	/年	1	平行
103			维护相关电子化信息	维护记录	/人	0.2	
104	编制管理	制度建设	编制/内容修订/形式修订制度	《编制管理制度》	—	40/24/4	
105			征求意见及沟通反馈	记录表/反馈表	—	4	
106			履行内部决策程序	会议纪要/审批记录	—	4	
107			开展制度宣贯	宣贯记录	—	2	
108			发布制度	《编制管理制度》	—	1	
109		编制设置与调整	调研分析编制设置/调整需求	报告	—	4	平行
110			调研外部标杆企业/部门编制情况	报告	—	8/2	平行
111			分析公司/部门业务及人员情况	报告	—	12/4	
112			拟定编制设置/调整方案	方案	—	16/4	
113			履行内部决策程序	会议纪要/审批记录	—	4	
114			调整升版岗位编制方案	方案	—	8	
115		编制监督管理	检查编制运行情况	调研材料	/单位	4	平行

续表

序号	一级任务	二级任务	基础作业单元	成果标准	单位	标准工时	备注
116	编制管理	编制监督管理	检查整改情况	报告	—	8	
117			总结编制运行情况	报告	—	8	
118		材料归档与信息维护	整理归档相关材料	材料台账	/年	1	
119			维护相关电子化信息	维护记录	/人	0.2	

四、员工发展管理模块标准工时

员工发展管理模块主要立足于培养满足组织发展需要的各层次人才，以促进员工成长与发展为目标，开展业务分解（见表 5）。

● 一级任务：包括“员工发展管理总体设计”“人才库管理”“员工职业发展通道管理”“职业技能管理”“专业技术职务管理”“高层次人才培养”“人才申报”“联合培养管理”“研究生教育管理”“博士后工作站管理”“资质资格管理”11 个一级任务。

● 二级任务：所有一级任务共分解为 55 个二级任务，其中，“员工发展管理总体设计”分解为“客户需求分析”“明确员工发展管理目标”“明确员工发展管理工作方法”“明确资源保障支持”“评估与改进”5 个二级任务；“人才库管理”分解为“制度建设”“方案制定”“内部人才库管理”“外部人才库管理”“材料归档与信息维护”5 个二级任务；“员工职业发展通道管理”分解为“制度建设”“方案制定”“个人职业发展规划辅导”“晋升管理/跨通道管理”“降级管理”“材料归档与信息维护”6 个二级任务；“职业技能管理”分解为“制度建设”“国家职业技能标准制定”“职业技能等级评价资质申请”“职业技能等级评价机构与人员管理”“职业技能等级评价”“职业技能竞赛”“材料归档与信息维护”7 个二级任务；“专业技术职务管理”分解为“制度建设”“专业技术职务评审委员会管理”“专业技术职务评聘”“材料归档与信息维护”4 个二级任务；“高层次人才培养”分解为“制度建设”“中长期人才培养方案”“候选人定制化培养”“材料归档与信息维护”4 个二级任务；“人才申报”分解为“人才推荐”“地方人才补贴申报”“人才信息报送”“材料归档与信息维护”4 个二级任务；“联合培养管理”分解为“制度建设”“院校选择”“招生管理”“结业管理”“材料归档与信息维护”5 个二级任务；“研究生教育管理”分解为“制度建设”“学科学位评估”“招生管理”“结业管理”“材料归档与信息维护”5个二级任务；“博士后工作站管理”分解为“制度建设”“设站申请”“进站管理”“在站管理”“出站管理”“材料归档与信息维护”6个二级任务；“资质资格管理”分解为“制度建设”“上岗资格取证/复审”“个人资质管理”“材料归档与信息维护”4个二级任务。

表 5　员工发展管理模块标准工时表

序号	一级任务	二级任务	基础作业单元	成果标准	单位	标准工时	备注
1	员工发展管理总体设计	客户需求分析	确定客户对象	客户清单	—	16	
2			开展调研和访谈	调研报告/访谈记录	/人	2	平行
3			制定客户需求实现方案	方案	—	40	
4		明确员工发展管理目标	分析公司战略目标和远景规划	报告	—	8	
5			确定公司员工发展管理目标	方案	—	8	
6		明确员工发展管理工作方法	内外部调研	报告	—	40	
7			方法对比分析	报告	—	24	
8			确定员工发展管理工作方法	方案	—	16	
9		明确资源保障支持	确定所需资源和获取渠道	资源渠道清单	—	4	
10			制定人员资格标准	资格标准	—	4	
11			确定必要的工具	工具清单	—	4	
12		评估与改进	运行情况与客户满意度评估	报告	—	8	
13			制定业务运行与客户满意度改进方案	方案	—	24	
14			定期跟踪执行情况	任务进度总结表	—	4	
15	人才库管理	制度建设	编制/内容修订/形式修订制度	《人才库管理制度》	—	40/24/4	
16			征求意见及沟通反馈	记录表/反馈表	—	4	
17			履行内部决策程序	会议纪要/审批记录	—	8	

续表

序号	一级任务	二级任务	基础作业单元	成果标准	单位	标准工时	备注
18	人才库管理	制度建设	开展制度宣贯	宣贯记录	—	2	
19			发布制度	《人才库管理制度》	—	1	
20		方案制定	调研分析人才库建设需求	报告	—	8	平行
21			分析现有人才情况和培养方向	报告	—	4	
22			按专业、领域等维度确定人才分类	报告	—	4	
23			编制人才库建设及入库人才培养方案	方案（草案）	—	16	
24			组织专项审议	会议纪要	/场	8	平行
25			履行内部决策程序	会议纪要/审批记录	—	8	
26			开发/维护人才库信息系统	信息系统	—	40/4	
27		内部人才库管理	发布人才入库推荐/调整通知	通知公告	—	2	
28			汇总审核推荐/调整人才信息	人才清单	/人	0.1	
29			更新内部人才履历信息	完成维护	/季	2	
30			组织确定内部人才培养举措	通知	—	4	
31			汇总审核内部人才培养举措	汇总表	/人	0.5	
32			人才培养举措跟踪评价	报告	/人	0.5	
33		外部人才库管理	与外部人才对接商讨	会议纪要	/人	4	
34			收集维护外部人才信息	完成维护	/人	0.2	
35		材料归档与信息维护	整理归档相关材料	材料台账	/年	1	
36			维护相关电子化信息	维护记录	/人	0.2	

续表

序号	一级任务	二级任务	基础作业单元	成果标准	单位	标准工时	备注
37	员工职业发展通道管理	制度建设	编制/内容修订/形式修订制度	《职业发展管理制度》	—	60/40/4	
38			征求意见及沟通反馈	记录表/反馈表	—	4	
39			履行内部决策程序	会议纪要/审批记录	—	8	
40			开展制度宣贯	宣贯记录	/场	2	
41			发布制度	《职业发展管理制度》	—	1	
42		方案制定	开展内部实地调研	报告	/部门	4	平行
43			开展外部实地调研	报告	/单位	8	平行
44			盘点人才队伍基本情况	报告	—	40	
45			设计发展通道	发展通道	—	40	
46			设计晋升规则	晋升规则	—	40	
47			设计指标测算模型	指标测算模型	—	40	
48			编制职业发展通道方案	方案（草案）	—	40	
49			组织专项审议	会议纪要	/场	8	平行
50			履行内部决策程序	会议纪要/审批记录	—	8	
51		个人职业发展规划辅导	组织测评个人素质和职业意向	测评结果	/人	1	
52			分析测评结果	报告	/人	1	
53			辅导员工设定职业发展目标与行动计划	目标清单	/人	2	

续表

序号	一级任务	二级任务	基础作业单元	成果标准	单位	标准工时	备注
54	员工职业发展通道管理	个人职业发展规划辅导	按期检查个人发展计划进展情况	进展情况表	/人	1	
55			修正个人发展计划	计划清单	/人	1	
56		晋升管理/跨通道管理	编制工作方案	方案（草案）	—	40	
57			组织专项审议	会议纪要	/场	8	平行
58			履行内部决策程序	会议纪要/审批记录	—	8	
59			发布考核通知	通知公告	—	2	
60			汇总审核报名人员资格	审查通过人员名单	/人	0.2	
61			准备考核会议材料	会议材料	/组	4	平行
62			组织笔试	笔试成绩	/场	4	平行
63			组织面试/答辩	面试/答辩成绩	/人	0.5	平行
64			拟定人员晋升建议	人员名单	—	8	
65			履行内部决策程序	会议纪要/审批记录	—	8	
66			公示	公示文件	—	2	
67			发布文件	文件公告	—	1	
68		降级管理	审核降级人员情况	清单	/人	0.2	
69			履行内部决策程序	会议纪要/审批记录	—	8	
70			告知降级情况	告知函	—	4	
71		材料归档与信息维护	整理归档相关材料	材料台账	/年	1	
72			维护相关电子化信息	维护记录	/人	0.2	

续表

序号	一级任务	二级任务	基础作业单元	成果标准	单位	标准工时	备注
73	职业技能管理	制度建设	编制/内容修订/形式修订制度	《职业技能等级评价管理制度》	—	60/40/4	
74			征求意见及沟通反馈	记录表/反馈表	—	4	
75			履行内部决策程序	会议纪要/审批记录	—	8	
76			开展制度宣贯	宣贯记录	—	2	
77			发布制度	《职业技能等级评价管理制度》	—	1	
78		国家职业技能标准制定	组建编委组	编委组名单	—	8	
79			协调组织编制国家职业技能标准（大纲、教材、题库）	标准（草案）	—	160	
80			组织内部研讨	会议纪要	/场	40	平行
81			组织内部专家审议	会议纪要	/场	40	平行
82			组织外部专家审议	会议纪要	/场	40	平行
83			上报有关部门	上报材料	—	8	
84		职业技能等级评价资质申请	向上级有关部门提出申请	申请函	—	16	
85			准备申报材料	申报材料	—	16	
86			编制申报报告	报告	—	24	

续表

序号	一级任务	二级任务	基础作业单元	成果标准	单位	标准工时	备注
87	职业技能管理	职业技能等级评价资质申请	履行内部决策程序	会议纪要/审批记录	—	8	
88			上报上级有关部门	上报材料	—	4	
89			资质评审会准备（场地、设施、设备）	会议通知	—	40	
90			邀请专家进行评审	评估记录	/场	8	
91			完成评审资料报送	评价结果	—	4	
92		职业技能等级评价机构与人员管理	确定职业技能等级评价机构人员	评价机构人员名单	—	16	
93			发布考评员选拔通知	通知公告	—	4	
94			审核考评员报名人员资格	通过审核人员名单	/人	0.2	
95			开展考评员、督导员选拔培训	培训记录	/场	8	
96			确定并聘任考评员	证书/聘任文件	—	4	
97			确定督导员名单	督导员名单	—	4	
98			向上级有关部门报批	上报材料	—	4	
99			发布文件	文件公告	—	1	
100		职业技能等级评价	编制年度鉴定计划	计划	—	16	
101			履行内部决策程序	会议纪要/审批记录	—	8	
102			发布工作通知	通知公告	—	4	
103			制定技能鉴定方案	方案	—	24	

续表

序号	一级任务	二级任务	基础作业单元	成果标准	单位	标准工时	备注
104	职业技能管理	职业技能等级评价	审查申报人员资格	审查通过人员名单	/人	0.2	
105			收集参评人员材料	参评人员材料	/人	0.3	
106			编制参评人员培训材料	培训材料	—	8	
107			组织参评人员培训	培训会	/场	4	平行
108			编制职业技能等级评价试卷	试卷	/专业	8	
109			组织理论考试	考试结果	/组	8	平行
110			组织实操考试	考试结果	/组	8	平行
111			组织专业组答辩	答辩结果	/组	8	平行
112			召开评审会	评审会	—	8	平行
113			公示	公示文件	—	2	
114			履行内部决策程序	会议纪要/审批记录	—	2	
115			发布聘任文件	聘任文件	—	1	
116			整理、上报材料	上报材料	/人	2	
117			印制发放证书	证书	—	8	
118		职业技能竞赛	编制技能竞赛申报材料	申报材料	—	80	
119			向上级有关部门报批	完成报批程序	—	8	
120			组建裁判组、工作组	组建名单	—	40	

续表

序号	一级任务	二级任务	基础作业单元	成果标准	单位	标准工时	备注
121	职业技能管理	职业技能竞赛	编制技能竞赛工作方案	工作方案（草案）	—	40	
122			组织编制技能竞赛技术方案	技术方案（草案）	—	120	
123			组织内部研讨	会议纪要	/场	24	平行
124			履行内部决策程序	会议纪要/审批记录	—	8	
125			发布竞赛通知、技术方案	发布公告	—	8	
126			组织专家编制技能竞赛试题	题目库	—	32	
127			审查报名人员资格	审查通过人员名单	/人	1	
128			开展比赛现场筹备工作	决赛材料、现场布置	—	40	平行
129			组织开展比赛	决赛	—	40	平行
130			报批竞赛结果/上报内部人员排序材料	上报材料	—	8	
131			开展表彰奖励	表彰材料	—	8	平行
132		材料归档与信息维护	整理归档相关材料	材料台账	/年	1	
133			维护相关电子化信息	维护记录	/人	0.2	
134	专业技术职务管理	制度建设	编制/内容修订/形式修订制度	《专业技术职务评聘管理制度》	—	60/40/4	
135			征求意见及沟通反馈	记录表/反馈表	—	4	

续表

序号	一级任务	二级任务	基础作业单元	成果标准	单位	标准工时	备注
136	专业技术职务管理	制度建设	履行内部决策程序	会议纪要/审批记录	—	8	
137			开展制度宣贯	宣贯记录	—	2	
138			发布制度	《专业技术职务评聘管理制度》	—	1	
139		专业技术职务评审委员会管理	评委会成员确定	评委名单	—	6	
140			履行内部决策程序	会议纪要/审批记录	—	4	
141			向上级有关部门报批	上报材料	—	2	
142			维护评委库	完成维护	—	4	
143		专业技术职务评聘	制定职称评审方案	方案	—	8	
144			发布通知	通知公告	—	4	
145			编制宣讲材料	宣讲材料	—	6	
146			组织政策宣讲	宣讲会	/场	4	平行
147			审核报名人员资格	审查通过人员名单	/人	0.5	
148			收集审核参评人员答辩材料	参评人员材料	/人	1	
149			分组参评人员	分组名单	/组	1	
150			评委邀约	评委名单	/组	1	
151			发布答辩计划	通知公告	—	4	

续表

序号	一级任务	二级任务	基础作业单元	成果标准	单位	标准工时	备注
152	专业技术职务管理	专业技术职务评聘	准备答辩会议材料	会议材料	/场	4	
153			开展专业组答辩	答辩结果	/人	0.5	平行
154			准备评审会材料	会议材料	/场	4	
155			召开评审会	评审会	/场	4	平行
156			公示	公示文件	—	4	
157			上报结果及有关材料/上报内部人员排序材料	上报材料	/人	1	
158			发布聘任文件	聘任文件	—	2	
159			印制发放证书	证书	—	8	
160			核算外部评委评审津贴	津贴核算表	—	2	
161		材料归档与信息维护	整理归档相关材料	材料台账	/年	1	
162			维护相关电子化信息	维护记录	/人	0.2	
163	高层次人才培养	制度建设	编制/内容修订/形式修订制度	《高层次人才管理制度》	—	60/40/4	
164			征求意见及沟通反馈	记录表/反馈表	—	4	
165			履行内部决策程序	会议纪要/审批记录	—	8	
166			开展制度宣贯	宣贯记录	—	2	

续表

序号	一级任务	二级任务	基础作业单元	成果标准	单位	标准工时	备注
167	高层次人才培养	制度建设	发布制度	《高层次人才管理制度》	—	1	
168		中长期人才培养方案	收集分析公司内外部高层次人才情况	报告	—	8	
169			进行高层次人才发展对标、分析	报告	—	16	
170			编制高层次人才发展方案	方案	—	40	
171			组织内部研讨	会议纪要	/场	8	平行
172			履行内部决策程序	会议纪要/审批记录	—	8	
173			发布高层次人才发展方案	方案	—	4	
174			定期梳理总结高层次人才培养情况	报告	—	8	
175			优化调整高层次人才培养方案	方案	—	8	
176		候选人定制化培养	进行内部高层次人才盘点	盘点表	/人	8	
177			组织确定高层次人才候选人	人员名单	/岗位	8	
178			针对性分析候选人能力短板	能力差距表	/人	8	
179			组织制定候选人“一人一策”培养方案	方案	/人	8	
180			组织内部研讨	会议纪要	/场	8	平行
181			履行内部决策程序	会议纪要/审批记录	—	8	

续表

序号	一级任务	二级任务	基础作业单元	成果标准	单位	标准工时	备注
182	高层次人才培养	候选人定制化培养	发布候选人培养方案	方案	—	4	
183			组建候选人培养团队	团队清单	/人	40	
184			下达培养任务	任务清单	—	8	
185			定期监控培养过程	阶段培养总结	—	8	
186			优化候选人培养方案	方案	/人	4	
187		材料归档与信息维护	整理归档相关材料	材料台账	/年	1	
188			维护相关电子化信息	维护记录	/人	0.2	
189	人才申报	人才推荐	编制人才推荐工作方案	方案	—	24	
190			发布通知	通知公告	—	4	
191			收集推荐或个人报名意见	人员名单	—	2	
192			组织酝酿推荐人员名单	人员名单	—	2	
193			审查推荐人员资格条件	人员名单	/人	2	
194			收集审核申报材料	申报人员材料	/人	2	
195			开展内部评审	评审会	/场	8	平行
196			履行内部决策程序	会议纪要/审批记录	—	8	
197			征求推荐人选廉洁从业意见	廉洁从业意见材料	/人	2	
198			公示	公示文件	—	2	

续表

序号	一级任务	二级任务	基础作业单元	成果标准	单位	标准工时	备注
199	人才申报	人才推荐	编制推荐意见及报告	报告	/人	4	
200			报送材料	完成报送程序	—	2	
201		地方人才补贴申报	接收通知、梳理符合条件人员名单	人员清单	—	2	
202			发布通知	通知公告	—	1	
203			收集审核申报材料	申报人员材料	/人	0.4	
204			报送材料	完成报送程序	—	3	
205			补贴资金拨付手续办理	完成材料报送	—	3	
206			补贴资金发放手续办理	办理发放手续	—	3	
207			补贴资金退回手续办理	办理退回手续	/人	0.2	
208		人才信息报送	发布通知	通知公告	—	2	
209			收集审核相关信息	报告	—	2	
210			编制人才信息报送材料	报告	—	4	
211			履行内部决策程序	会议纪要/审批记录	—	2	
212			报送材料	完成报送程序	—	1	
213		材料归档与信息维护	整理归档相关材料	材料台账	/年	1	
214			维护相关电子化信息	维护记录	/人	0.2	

续表

序号	一级任务	二级任务	基础作业单元	成果标准	单位	标准工时	备注
215	联合培养管理	制度建设	编制/内容修订/形式修订制度	《联合培养管理制度》	—	40/24/4	
216			征求意见及沟通反馈	记录表/反馈表	/次	4	
217			履行内部决策程序	会议纪要/审批记录	—	8	
218			开展制度宣贯	宣贯记录	—	2	
219			发布制度	《联合培养管理制度》	—	1	
220		院校选择	开展外部实地调研	报告	/单位	8	平行
221			筛选目标院校	目标院校名单	—	16	
222			组织意向沟通	沟通记录	/次	16	平行
223			编制培养方案	方案	—	40	
224			组织内部研讨	会议纪要	/场	8	平行
225			履行内部决策程序	会议纪要/审批记录	—	8	
226			起草审批合作协议	合作协议	—	16	
227			签订合作协议	合作协议	—	8	
228		招生管理	征集确定招生专业需求与计划	专业清单	—	8	
229			筛选确定讲师人选	人员名单	/人	8	
230			发布招生通知	通知公告	—	4	
231			组织笔试	笔试成绩	/场	4	平行

续表

序号	一级任务	二级任务	基础作业单元	成果标准	单位	标准工时	备注
232	联合培养管理	招生管理	确定联合培养人员名单	人员名单	—	4	
233			起草审批合作协议	合作协议	—	16	
234			签订联合培养协议	协议	/人	0.2	
235		结业管理	组织结业考核	考核结果	/场	8	平行
236			组织结业典礼	结业典礼	/场	16	平行
237			组织签订就业协议	就业协议	/人	0.1	
238		材料归档与信息维护	整理归档相关材料	材料台账	/年	1	
239			维护相关电子化信息	维护记录	/人	0.2	
240	研究生教育管理	制度建设	编制/内容修订/形式修订制度	《研究生教育管理制度》	—	40/24/4	
241			征求意见及沟通反馈	记录表/反馈表	—	4	
242			履行内部决策程序	会议纪要/审批记录	—	8	
243			开展制度宣贯	宣贯记录	—	2	
244			发布制度	《研究生教育管理制度》	—	1	
245		学科学位评估	发布学科评估通知	通知公告	—	4	
246			组织评估动员会	会议纪要	—	8	

续表

序号	一级任务	二级任务	基础作业单元	成果标准	单位	标准工时	备注
247	研究生教育管理	学科学位评估	收集评估材料	评估材料	—	4	
248			组织内部专家审议	会议纪要	/场	8	平行
249			正式组织学科学位评估申请	报告	—	8	
250			邀请评委进行评估	沟通记录	/人	2	
251			组织评估会	会议纪要	/场	8	平行
252			确定评估结果	评估结果	—	4	
253		招生管理	征集确定招生专业需求与计划	专业清单	—	8	
254			筛选确定导师候选人员	人员名单	/人	8	
255			发布招生通知	通知公告	—	4	
256			组织笔试	笔试成绩	/场	4	平行
257			确定人员名单	人员名单	—	4	
258			上报教育主管部门	上报材料	/人	1	
259			组织签订就业协议	就业协议	/人	1	
260		结业管理	整理教务资料	个人教务材料	/人	8	
261			组织研究生毕业答辩	答辩结果	/场	4	平行
262			组织申请学历学位	申报材料	/人	1	
263			授予学历学位	授予仪式	/场	8	平行
264		材料归档与信息维护	整理归档相关材料	材料台账	/年	1	
265			维护相关电子化信息	维护记录	/人	0.2	

续表

序号	一级任务	二级任务	基础作业单元	成果标准	单位	标准工时	备注
266	博士后工作站管理	制度建设	编制/内容修订/形式修订制度	《博士后工作站管理制度》	—	40/24/4	
267			征求意见及沟通反馈	记录表/反馈表	—	4	
268			履行内部决策程序	会议纪要/审批记录	—	8	
269			开展制度宣贯	宣贯记录	—	2	
270			发布制度	《博士后工作站管理制度》	—	1	
271		设站申请	准备申报材料	申报材料	—	40	
272			履行报批流程	会议纪要/审批记录	—	8	
273		进站管理	审查进站人员资格	审查通过人员名单	—	2	
274			收集审核候选人相关资料	候选人材料	—	8	
275			上报国家博管会进站材料	上报材料	—	4	
276		在站管理	办理入站手续	完成入站手续	—	4	
277			待遇日常管理	人员待遇清单	/月	2	
278			生活福利日常管理	人员福利清单	/月	2	
279			组织定期考核	考核结果	/场	4	平行
280			组织确定研究课题	研究课题名录	—	8	

续表

序号	一级任务	二级任务	基础作业单元	成果标准	单位	标准工时	备注
281	博士后工作站管理	在站管理	选派科研指导专家	指导专家名录	—	8	
282		出站管理	出站评审	评审会	/场	16	平行
283			上报国家博管会审核	审核结果批复	—	4	
284			办理出站手续	出站手续	—	4	
285		材料归档与信息维护	整理归档相关材料	材料台账	/年	1	
286			维护相关电子化信息	维护记录	/人	0.2	
287	资质资格管理	制度建设	编制/内容修订/形式修订制度	《资质资格管理制度》	—	40/24/4	
288			征求意见及沟通反馈	记录表/反馈表	—	4	
289			履行内部决策程序	会议纪要/审批记录	—	8	
290			开展制度宣贯	宣贯记录	—	2	
291			发布制度	《资质资格管理制度》	—	1	
292		上岗资格取证/复审	发布通知	通知公告	—	4	
293			组织理论考试	考试结果	/场	8	平行
294			组织实操考试	考试结果	/场	8	平行
295			发放证书	证书印制发放	—	8	
296		个人资质管理	注册资质	完成注册	—	0.5	
297			组织继续教育/培训	教育培训记录	—	1	

续表

序号	一级任务	二级任务	基础作业单元	成果标准	单位	标准工时	备注
298	资质资格管理	个人资质管理	维护资质管理台账	资质管理台账	/月	4	
299			核定资质津贴信息表	津贴信息表	/月	4	
300			证书管理	借用与归还记录	/月	2	
301		材料归档与信息维护	整理归档相关材料	材料台账	/年	1	
302			维护相关电子化信息	维护记录	/人	0.2	

五、干部管理模块标准工时

干部管理模块严格落实党中央关于加强干部管理的有关要求，以加强干部队伍建设为目标，开展业务分解（见表6）。

● 一级任务：包括“干部管理总体设计”“干部选拔任用”“干部培养”“干部考核”“任期制和契约化管理”“干部监督”“干部调动”“开展下属单位选人用人工作‘一报告两评议’工作”“对下级单位干部管理监督”9个一级任务。

● 二级任务：所有一级任务共分解为46个二级任务，其中，“干部管理总体设计”分解为“客户需求分析”“明确干部管理目标”“明确干部管理工作方法”“明确资源保障支持”“评估与改进”5个二级任务；“干部选拔任用”分解为“制度建设”“民主推荐”“组织选拔”“竞争性选拔”“董监事人选推荐”“职业经理人引进”“材料归档与信息维护”7个二级任务；“干部培养”分解为“制度建设”“干部挂职/交流”“干部轮岗”“教育培训”“关键核心岗位历练”“材料归档与信息维护”6个二级任务；“干部考核”分解为“制度建设”“年度综合测评”“任期综合评价”“材料归档与信息维护”4个二级任务；“任期制和契约化管理”分解为“制度建设”“组织签订聘任协议及责任书”“考核及结果应用”“材料归档与信息维护”4个二级任务；“干部监督”分解为“制度建设”“提醒、函询、诫勉”“个人有关事项管理”“领导干部兼职管理”“信访举报核查”“专项巡视督办”“因私出国（境）管理”“干部惩处管理”“材料归档与信息维护”9个二级任务；“干部调动”分解为“干部调入”“干部调出”“材料归档与信息维护”3个二级任务；“开展下属单位选人用人工作‘一报告两评议’工作”分解为“评议工作准备”“评议组织实施”“评议结果反馈”“整改落实监督”“材料归档与信息维护”5个二级任务；“对下级单位干部管理监督”分解为“开展日常监督”“开展选人用人专项检查”“材料归档与信息维护”3个二级任务。

表 6　干部管理模块标准工时表

序号	一级任务	二级任务	基础作业单元	成果标准	单位	标准工时	备注
1	干部管理总体设计	客户需求分析	确定客户对象	客户清单	—	16	
2			开展调研和访谈	调研报告/访谈记录	/人	2	平行
3			制定客户需求实现方案	方案	—	40	
4		明确干部管理目标	分析公司战略目标和远景规划	报告	—	8	
5			确定公司干部管理目标	方案	—	8	
6		明确干部管理工作方法	内外部调研	报告	—	40	
7			方法对比分析	报告	—	24	
8			确定干部管理工作方法	方案	—	16	
9		明确资源保障支持	确定所需资源和获取渠道	资源渠道清单	—	4	
10			制定人员资格标准	资格标准	—	4	
11			确定必要的工具	工具清单	—	4	
12		评估与改进	运行情况与客户满意度评估	报告	—	8	
13			制定业务运行与客户满意度改进方案	方案	—	24	
14			定期跟踪执行情况	任务进度总结表	—	4	
15	干部选拔任用	制度建设	编制/内容修订/形式修订制度	《干部选拔任用管理制度》	—	60/40/4	
16			征求意见及沟通反馈	征求意见记录	—	4	

续表

序号	一级任务	二级任务	基础作业单元	成果标准	单位	标准工时	备注
17	干部选拔任用	制度建设	履行内部决策程序	会议纪要/审批记录	—	8	
18			开展制度宣贯	宣贯记录	—	3	
19			发布制度	《干部选拔任用管理制度》	—	1	
20		民主推荐	提出启动干部选任工作建议	选任建议	—	8	
21			征求有关方面意见	征求意见记录	—	8	
22			在一定范围内沟通酝酿，形成干部配备方案	工作方案	—	8	
23			形成党委会审议干部配备方案	配备方案	—	16	
24			成立考察组	考察组名单	/组	1	
25			编制选拔工作计划	工作计划	—	4	
26			材料准备	相关材料	—	1	
27			发布考察预告	考察预告	—	0.5	
28			会议推荐	签到表	—	1	
29			个别谈话	谈话记录	/人	0.2	
30			票数统计	统计表	/人	0.25	
31			查阅干部人事档案	信息核实记录	/人	0.3	

续表

序号	一级任务	二级任务	基础作业单元	成果标准	单位	标准工时	备注
32	干部选拔任用	民主推荐	征求分管领导意见	意见记录	/人	2	
33			核查个人有关事项	核查记录	/人	4	
34			征求纪检监察部门/有关部门意见	征求意见表	/人	0.1	
35			编制考察报告	报告	/人	1	
36			编制材料提交党委会讨论决定	会议决议	—	8	
37			编制党委会议定事项跟踪单	跟踪单	—	1	
38			根据有关要求上报审批	报告	—	2	
39			公示	公示通知	—	1	
40			收集公示回复意见	意见记录	—	0.2	
41			根据有关要求上报备案	报告	—	1	
42			征求地方协管方意见	征求意见函	—	1	
43			组织任前谈话	谈话记录	—	4	
44			起草发布任命文件	任命文件	—	1	
45			收集任职谈话记录	谈话记录	—	0.15	
46			准备宣布任职材料，宣布任职	宣布任职	/次	4	
47			填写干部选拔任用工作纪实表	《干部选拔任用工作纪实表》	—	0.25	

续表

序号	一级任务	二级任务	基础作业单元	成果标准	单位	标准工时	备注
48	干部选拔任用	组织选拔	提出启动干部选任工作建议	选任建议	/次	2	
49			征求有关方面意见	征求意见记录	/人	2	
50			在一定范围内沟通酝酿，形成工作方案	工作方案	—	8	
51			谈话调研推荐	谈话记录	—	4	
52			会议推荐	会议记录	—	1	
53			形成推荐报告，上报党委会确定考察人选	考察人选确定	—	4	
54			成立考察组	考察组名单	—	1	
55			发布考察预告	考察预告	—	1	
56			民主测评	民主测评票	—	1	
57			个别谈话	谈话记录	/人	0.5	
58			查阅干部人事档案	信息认定表	/人	2	
59			核查个人有关事项	核查记录表	/人	4	
60			征求纪检监察部门意见	意见反馈	—	1	
61			编制考察报告	考察报告	/人	4	
62			根据有关要求上报审批	上报材料	—	2	

续表

序号	一级任务	二级任务	基础作业单元	成果标准	单位	标准工时	备注
63	干部选拔任用	组织选拔	提交党委会讨论决定	会议纪要/审批记录	—	2	
64			公示	公示文件	—	1	
65			根据有关要求上报备案	备案函件	—	1	
66			征求地方协管方意见	征求意见函	—	1	
67			组织任前谈话	谈话记录	/人	1	
68			起草发布任命文件	任命文件	—	1	
69			准备宣布任职材料，宣布任职	宣布任职	—	8	
70			填写干部选拔任用工作纪实表	《干部选拔任用工作纪实表》	/人	4	
71		竞争性选拔	制定竞争性选拔方案	选拔方案	—	40	
72			编制、发布竞争性招聘公告	招聘公告	—	4	
73			收集、审核报名人员资料	通过审核的人员名单	/人	1	
74			组织笔试	笔试成绩	—	8	
75			组织面试	面试成绩	/人	0.5	
76			确定候选人名单	候选人名单	—	4	
77			成立考察组	考察组名单	—	2	
78			发布考察预告	考察预告	—	1	

续表

序号	一级任务	二级任务	基础作业单元	成果标准	单位	标准工时	备注
79	干部选拔任用	竞争性选拔	背景调查	调查记录	/人	4	
80			个别谈话	谈话记录	/人	0.5	
81			查阅干部人事档案	信息认定表	/人	2	
82			核查个人有关事项	核查记录表	/人	4	
83			征求纪检监察部门意见	意见反馈	—	1	
84			编制考察报告	考察报告	/人	4	
85			根据有关要求上报审批	上报材料	—	2	
86			提交党委会讨论决定	会议纪要/审批记录	—	2	
87			公示	公示文件	—	1	
88			根据有关要求上报备案	备案函件	—	2	
89			征求地方协管方意见	征求意见函	—	1	
90			组织任前谈话	谈话记录	/人	1	
91			起草发布任命文件	任命文件	—	1	
92			准备宣布任职材料，宣布任职	宣布任职	—	5	
93			填写干部选拔任用工作纪实表	《干部选拔任用工作纪实表》	/人	2	
94		董监事人选推荐	提出拟推荐人选建议	建议材料	—	4	

续表

序号	一级任务	二级任务	基础作业单元	成果标准	单位	标准工时	备注
95	干部选拔任用	董监事人选推荐	与董事会办公室/法律审计部沟通	沟通记录	—	2	
96			与党委有关领导沟通	沟通记录	—	4	
97			上报党委会研究决定	会议纪要/审批记录	—	2	
98			根据管理权限报上级相关部门同意	上报材料	—	2	
99			发布董监事推荐函	推荐函件	—	1	
100		职业经理人引进	确定市场化选聘职位	确定选聘职位	—	6	
101			编制、报批工作方案	工作方案	—	16	
102			履行内部决策程序	审批表或汇报材料	—	8	
103			编制、发布招聘广告	招聘广告	—	4	
104			资格审查	审查表	/人	2	
105			组织笔试	成绩单	—	12	
106			组织面试	成绩单	/人	1	
107			能力测评及分析	分析报告	/人	1	
108			组织考察	完成考察	/人	16	
109			按要求呈报上级审批	汇报材料	—	4	
110			公示	公示材料	—	2	
111			履行聘任手续	聘任文件	—	2	
112		材料归档与信息维护	整理归档相关材料	材料台账	/月	1	
113			维护相关电子化信息	维护记录	/人	0.2	

续表

序号	一级任务	二级任务	基础作业单元	成果标准	单位	标准工时	备注
114	干部培养	制度建设	编制/内容修订/形式修订制度	《干部培养管理制度》	—	60/40/4	
115			征求意见及沟通反馈	征求意见记录	—	4	
116			履行内部决策程序	会议纪要/审批记录	—	8	
117			开展制度宣贯	宣贯记录	—	3	
118			发布制度	《干部培养管理制度》	—	1	
119		干部挂职/交流	调查摸底、制定方案	工作方案	—	16	
120			编制、发布公告	公告	—	2	
121			收集、审核报名人员资料	通过审核的人员名单	/人	1	
122			提出挂职/交流人选建议	建议材料	—	4	
123			征求调入调出单位意见	征求意见记录	—	4	
124			开展动员部署	动员会	—	4	
125			上报党委研究决定	会议纪要/审批记录	—	2	
126			上报上级有关单位审批	上报材料	—	4	
127			组织挂职/交流会议	挂职/交流会议	—	5	
128			办理挂职/交流手续	挂职/交流手续	/人	2	
129		干部轮岗	调查摸底、制定方案	工作方案	—	24	
130			提出轮岗人选建议	建议材料	—	4	

续表

序号	一级任务	二级任务	基础作业单元	成果标准	单位	标准工时	备注
131	干部培养	干部轮岗	征求人选所在部门、拟轮岗部门意见	征求意见记录	—	4	
132			开展动员部署	动员会	—	4	
133			履行报批手续	报批材料	—	4	
134			办理轮岗手续	轮岗手续	/人	2	
135		教育培训	制定干部教育培训方案	培训方案	—	8	
136			自主/组织实施培训	培训记录	/次	16/4	
137		关键核心岗位历练	制定方案	方案	/次	8	
138			组织实施方案	实施总结	/次	16	
139		材料归档与信息维护	整理归档相关材料	材料台账	/月	1	
140			维护相关电子化信息	维护记录	/人	0.2	
141	干部考核	制度建设	编制/内容修订/形式修订制度	《干部考核管理制度》	—	60/40/4	
142			征求意见及沟通反馈	征求意见记录	—	4	
143			履行内部决策程序	会议纪要/审批记录	—	8	
144			开展制度宣贯	宣贯记录	—	2	
145			发布制度	《干部考核管理制度》	—	1	
146		年度综合测评	编制干部年度综合测评方案	考核方案	—	40	
147			组织综合测评并分析结果	测评结果分析	—	40	

续表

序号	一级任务	二级任务	基础作业单元	成果标准	单位	标准工时	备注
148	干部考核	年度综合测评	组织个别谈话	谈话记录	/人	0.8	
149			征求纪检监察部门和审计部门意见	意见反馈记录	—	1	
150			形成综合考核评价报告	综合考核评价报告	—	16	
151			确定测评结果	测评结果	—	8	
152			上报测评结果	上报材料	—	4	
153			反馈测评结果	反馈记录	—	4	
154		任期综合评价	编制干部评价方案	考核方案	—	32	
155			审核干部述职报告	审核记录	—	1	
156			组织干部述职会议	述职会议	—	8	
157			开展民主测评/综合测评	民主测评/综合测评	—	6	
158			组织个别谈话	谈话记录	/人	1	
159			征求纪检监察部门和审计部门意见	意见反馈记录	—	1	
160			综合分析研判，形成综合考核评价报告	综合考核评价报告	—	32	
161			确定评价结果	评价结果	—	8	
162			上报评价结果	上报材料	—	4	
163			反馈评价结果	反馈记录	—	4	
164		材料归档与信息维护	整理归档相关材料	材料台账	/年	1	
165			维护相关电子化信息	维护记录	/人	0.2	

续表

序号	一级任务	二级任务	基础作业单元	成果标准	单位	标准工时	备注
166	任期制和契约化管理	制度建设	编制/内容修订/形式修订制度	《任期制和契约化管理制度》	—	60/40/4	
167			征求意见及沟通反馈	记录表/反馈表	—	4	
168			履行内部决策程序	会议纪要/审批记录	—	8	
169			开展制度宣贯	宣贯记录	—	2	
170			发布制度	《任期制和契约化管理制度》	—	1	
171		组织签订聘任协议及责任书	拟定聘任协议	干部聘任协议	/人	0.5	
172			组织制定年度/任期业绩责任书	业绩责任书	/人	2	
173			组织签订聘任协议/绩效责任书	聘任协议/绩效责任书	/人	0.5	
174		考核及结果应用	配合开展经营业绩考核	经营业绩考核表	/次	8	
175			根据管理制度制定结果应用方案建议	应用方案	/次	16	
176			结果应用建议履行决策	决议	/次	8	
177			根据审批意见落实应用结果	应用成效分析	/次	8	
178		材料归档与信息维护	整理归档相关材料	材料台账	/年	1	
179			维护相关电子化信息	维护记录	/人	0.2	

续表

序号	一级任务	二级任务	基础作业单元	成果标准	单位	标准工时	备注
180	干部监督	制度建设	编制/内容修订/形式修订制度	《干部监督管理制度》	—	60/40/4	
181			征求意见及沟通反馈	征求意见记录	—	4	
182			履行内部决策程序	会议纪要/审批记录	—	8	
183			开展制度宣贯	宣贯记录	—	2	
184			发布制度	《干部监督管理制度》	—	1	
185		提醒、函询、诫勉	确定提醒、函询、诫勉事由	事项报告	—	6	
186			拟定方案	方案	—	12	
187			报相关领导审批	审批单	—	2	
188			组织实施	调查、谈话记录	—	16	
189		个人有关事项管理	部署领导干部个人有关事项填报工作	填报通知	—	16	
190			收集、审核、录入填报数据	完成收集、审核、录入	/人	1	
191			汇总综合个人有关事项报告	完成汇总	—	8	
192			重点查核、随机抽查、查核验证	完成查核	/人	1	
193			确定核查结果	确定结果	—	1	
194			对核查结果不一致情况进行处理	处理记录	—	12	
195			根据工作需要，开展领导个人有关事项专项整治等工作	整治台账	—	32	

续表

序号	一级任务	二级任务	基础作业单元	成果标准	单位	标准工时	备注
196	干部监督	个人有关事项管理	领导干部个人有关事项专项情况收集	《领导干部个人有关事项专项情况收集表》	/次	8	
197		领导干部兼职管理	确定领导干部兼职事项	兼职说明	—	1	
198			上报党委会讨论决定	会议纪要/审批记录	—	2	
199			书面请示上级单位干部监督部门	请示文件	—	4	
200			答复成员单位	答复记录	—	2	
201			兼职手续办理	完成办理	—	1	
202			兼职上报并跟踪进展	完成报送	—	1	
203			维护干部兼职台账	完成维护	/人	0.2	
204			确定兼职变更人选	完成变更	/人	2	
205		信访举报核查	编制查核方案	查核方案	—	12	
206			报相关领导审批	审计记录	—	1	
207			开展现场核查	核查记录	—	24	
208			撰写核查报告，提出处理意见	核查报告	—	16	
209			根据情况进行处理	完成处理	—	6	
210			报告整改落实情况	整改报告	—	16	

续表

序号	一级任务	二级任务	基础作业单元	成果标准	单位	标准工时	备注
211	干部监督	专项巡视督办	制定核查工作方案	核查工作方案	—	24	
212			开展现场核查	现场核查	—	40	
213			撰写核查报告，提出处理意见	核查报告	—	24	
214			制定整改方案	整改方案	—	24	
215			报告落实情况	整改报告	—	24	
216			检查整改落实情况	完成检查	—	16	
217			定期报告公司相关情况	报告记录	—	2	
218			配合巡视工作	巡视记录	—	6	
219		因私出国（境）管理	因私出国（境）报备	完成报备	—	2	
220			因私出国（境）手续审批及办理	完成审批办理	/次	4	
221			因私出国（境）证件信息维护	完成维护	/人	0.1	
222			因私出国（境）登记备案信息比对及证件盘点	盘点表	/次	8	
223		干部惩处管理	惩处事项调查核实	调查核实记录	—	40	
224			编制党委会材料并提交审议	会议纪要/审批记录	—	4	
225			发布干部惩处文件	惩处文件	—	2	
226		材料归档与信息维护	整理归档相关材料	材料台账	/年	1	
227			维护相关电子化信息	维护记录	/人	0.2	

续表

序号	一级任务	二级任务	基础作业单元	成果标准	单位	标准工时	备注
228	干部调动	干部调入	提出初步人选建议，报党委书记审核	建议材料	—	4	
229			在一定范围内沟通酝酿，形成工作方案	工作方案	—	12	
230			上报党委会研究	会议纪要/审批记录	—	2	
231			制定考察方案	考察方案	—	8	
232			组织考察或背景调查	考察记录	—	16	
233			上报党委会研究	会议纪要/审批记录	—	2	
234			发商调函	商调函	—	1	
235			任前谈话	谈话记录	/人	2	
236			起草发布任命文件	任命文件	—	1	
237			准备宣布任职材料，宣布任职	宣布任职	—	4	
238		干部调出	与拟调入单位沟通	沟通记录	—	1	
239			配合开展干部考察	完成考察	—	16	
240			上报党委会研究	会议纪要/审批记录	—	2	
241			发布免职文件	免职文件	—	1	
242		材料归档与信息维护	整理归档相关材料	材料台账	/月	1	
243			维护相关电子化信息	维护记录	/人	0.2	

续表

序号	一级任务	二级任务	基础作业单元	成果标准	单位	标准工时	备注
244	开展下属单位选人用人工作“一报告两评议”工作	评议工作准备	制定“一报告两评议”工作方案	工作方案	—	24	
245			年度选人用人和监督工作情况统计	统计表	—	16	
246			组建考评工作组	完成组建	—	4	
247			收集、审核选人用人工作报告	完成收集、审核	—	24	
248			准备考核谈话提纲、测评二维码等会议材料	完成材料准备	—	24	
249			发布考评工作通知	考评通知	—	2	
250		评议组织实施	组织综合测评会议	完成组织	—	4	
251			开展个别谈话	谈话记录	/人	0.8	
252			编写综合考核评价工作报告	工作报告	—	16	
253			评定考核等级	完成评定	—	8	
254		评议结果反馈	向公司领导报告考核结果	结果反馈	—	8	
255			向集团公司报告考核结果	结果报告	—	8	
256			核查重要问题线索	完成核查	—	24	
257			考核结果反馈被考核单位	结果反馈	—	4	
258		整改落实监督	制定改进选人用人工作措施	工作举措	—	8	
259			通报评议结果和改进措施	完成通报	—	4	

续表

序号	一级任务	二级任务	基础作业单元	成果标准	单位	标准工时	备注
260	开展下属单位选人用人工作“一报告两评议”工作	整改落实监督	对“不满意”率偏高的相应处理	完成处理	—	16	
261			编制、报送整改情况报告	工作报告	—	24	
262			检查整改落实情况	检查记录	—	8	
263		材料归档与信息维护	整理归档相关材料	材料台账	/年	1	
264			维护相关电子化信息	维护记录	/人	0.2	
265	对下级单位干部管理监督	开展日常监督	审批下级单位提交的相关报告	批复文件	—	2	
266			对成员单位日常管理提供指导咨询	指导记录	—	4	
267		开展选人用人专项检查	制定检查方案或计划	方案或计划	—	16	
268			组织实施专项检查	检查报告	—	16	
269		材料归档与信息维护	整理归档相关材料	材料台账	/年	1	
270			维护相关电子化信息	维护记录	/人	0.2	

六、招聘管理模块标准工时

招聘管理模块立足于为组织生产经营提供人才保障，以提高招聘效率和质量为目标，开展业务分解（见表7）。

- 一级任务：包括“招聘管理总体设计”“招聘管理方案和制度建设”“雇主品牌建设”“校园招聘管理”“社会招聘管理”“内部招聘管理”“高层次人才引进”“其他用工形式招聘管理”8个一级任务。
- 二级任务：所有一级任务共分解为33个二级任务，其中，“招聘管理总体设计”分解为“客户需求分析”“明确招聘管理目标”“明确招聘管理工作方法”“明确资源保障支持”“评估与改进”5个二级任务；“招聘管理方案和制度建设”分解为“招聘制度建设”“确定招聘管理方案”2个二级任务；“雇主品牌建设”分解为“雇主品牌诊断”“雇主品牌维护”“雇主品牌提升”“招聘渠道维护”“材料归档与信息维护”5个二级任务；“校园招聘管理”分解为“制订招聘计划”“开展招聘筹备”“组织校园宣讲会/双选会”“组织开展招聘”“材料归档与信息维护”5个二级任务；“社会招聘管理”分解为“制订招聘计划”“开展招聘筹备”“组织开展招聘”“材料归档与信息维护”4个二级任务；“内部招聘管理”分解为“内部招聘筹备”“组织内部招聘”“材料归档与信息维护”3个二级任务；“高层次人才引进”分解为“引进筹备”“组织开展引进”“材料归档与信息维护”3个二级任务；“其他用工形式招聘管理”分解为“劳务派遣人员招聘”“军转干部/随军家属接收”“退休人员返聘”“实习生招聘”“员工借入（挂职）管理”“材料归档与信息维护”6个二级任务。

表 7　招聘管理模块标准工时表

序号	一级任务	二级任务	基础作业单元	成果标准	单位	标准工时	备注
1	招聘管理总体设计	客户需求分析	确定客户对象	客户清单	—	16	
2			开展调研和访谈	调研报告/访谈记录	/人	2	平行
3			制定客户需求实现方案	方案	—	40	
4		明确招聘管理目标	分析公司战略目标和远景规划	报告	—	8	
5			确定公司招聘管理目标	方案	—	8	
6		明确招聘管理工作方法	内外部调研	报告	—	40	
7			方法对比分析	报告	—	24	
8			确定招聘管理工作方法	方案	—	16	
9		明确资源保障支持	确定所需资源和获取渠道	资源渠道清单	—	4	
10			制定人员资格标准	资格标准	—	4	
11			确定必要的工具	工具清单	—	4	
12		评估与改进	运行情况与客户满意度评估	报告	—	8	
13			制定业务运行与客户满意度改进方案	方案	—	24	
14			定期跟踪执行情况	任务进度总结表	—	4	
15	招聘管理方案和制度建设	招聘制度建设	编制/内容修订/形式修订制度	《招聘管理制度》	—	60/40/4	
16			征求意见及沟通反馈	征求意见记录	—	4	
17			履行内部决策程序	会议纪要/审批记录	—	8	

续表

序号	一级任务	二级任务	基础作业单元	成果标准	单位	标准工时	备注
18	招聘管理方案和制度建设	招聘制度建设	开展制度宣贯	宣贯记录	—	2	
19			发布制度	《招聘管理制度》	—	1	
20		确定招聘管理方案	结合管理目标与原则分析确定招聘方法、渠道、策略等	报告	—	12	
21			编制/修订招聘管理方案	方案	—	40/8	
22			组织专项审议	纪要	—	8	
23			根据审议意见修改招聘管理方案	方案	—	8	
24			履行内部决策程序	会议纪要/审批记录	—	8	
25			发布方案	方案	—	1	
26	雇主品牌建设	雇主品牌诊断	组织公司高层、其他员工对公司雇主品牌进行访谈	访谈记录	/人	1	
27			自主/组织编制公司雇主品牌诊断、提升报告	报告	—	16/4	
28		雇主品牌维护	确定人才招聘宣传文案	宣传文案	—	2	
29			自主/组织制作公司雇主品牌宣传材料	宣传材料	—	40/12	
30		雇主品牌提升	前往院校开展公司宣传	完成组织	—	8	平行
31			组织开展目标院校大学生夏令营活动	活动开展记录	—	60	

续表

序号	一级任务	二级任务	基础作业单元	成果标准	单位	标准工时	备注
32	雇主品牌建设	招聘渠道维护	设立公司开放日，邀请目标院校师生到访	访问记录	—	8	
33			与招聘服务商建立联系，定期沟通交流	相关记录	—	2	
34			与目标院校建立联系，定期沟通交流	相关记录	—	8	
35			定期对招聘渠道进行评估	报告	—	4	
36			制定招聘渠道优化调整方案	方案	—	4	
37		材料归档与信息维护	整理归档相关材料	材料台账	/月	1	
38			维护相关电子化信息	维护记录	/人	0.2	
39	校园招聘管理	制订招聘计划	收集招聘需求	需求表	—	8	
40			编制招聘计划	招聘计划	—	24	
41			调整招聘计划	招聘计划	—	4	
42			履行内部决策程序	会议纪要/审批记录	—	8	
43			报送招聘计划	招聘计划	—	2	
44			批复招聘计划	招聘计划	—	2	
45		开展招聘筹备	制定工作方案	方案	—	24	
46			确定外部合作方	合作协议	—	32	
47			发布招聘信息	招聘公告	—	4	

续表

序号	一级任务	二级任务	基础作业单元	成果标准	单位	标准工时	备注
48	校园招聘管理	组织校园宣讲会/双选会	沟通确定宣讲目标院校	目标院校清单	/次	1	
49			组建宣讲队伍	完成组建	—	4	
50			组织宣讲官培训	开展培训	—	8	
51			与院校沟通确定具体会议安排	会议安排	/个	4	
52			准备宣讲会/双选会会议材料	会议材料	—	24	
53			自主/组织制作现场宣传材料	宣传材料	—	32/8	
54			布置会场	完成布置	—	2	
55			参加校园招聘宣讲会/双选会	招聘成效评价表	—	4	
56			协调组织集团公司专场招聘会	会议记录	/场	16	
57		组织开展招聘	自主/组织编制笔试题目	笔试题目	—	16/2	
58			自主/组织编制面试题目	面试题目	/岗位	8/2	
59			组织校园招聘面试官培训	组织培训	—	8	
60			线上/线下筛选简历	简历份数	/100份	1/4	
61			候选人邀约	邀约人数	/人	0.1	
62			自主素质测评及分析	报告	—	4	
63			组织笔试	笔试成绩	—	4	
64			组织面试	面试成绩	/人	0.5	

续表

序号	一级任务	二级任务	基础作业单元	成果标准	单位	标准工时	备注
65	校园招聘管理	组织开展招聘	确定拟录用名单	拟录用名单	—	1	
66			沟通录用意向	意向沟通人数	/人	0.1	
67			履行内部决策程序	录取名单	—	4	
68			毕业生体检	报告	—	4	
69			签订三方协议	三方协议书	/人	0.5	
70		材料归档与信息维护	整理归档相关材料	材料台账	/月	1	
71			维护相关电子化信息	维护记录	/人	0.2	
72	社会招聘管理	制订招聘计划	收集招聘需求	需求表	—	8	
73			编制招聘计划	招聘计划	—	24	
74			调整招聘计划	招聘计划	—	4	
75			履行内部决策程序	会议纪要/审批记录	—	8	
76			报送招聘计划	招聘计划	—	2	
77			批复招聘计划	招聘计划	—	2	
78		开展招聘筹备	制定工作方案	方案	—	24	
79			确定外部合作方	合作协议	—	32	
80			发布招聘信息	招聘公告	—	4	
81		组织开展招聘	线上/线下筛选简历	简历份数	/100份	1/4	

续表

序号	一级任务	二级任务	基础作业单元	成果标准	单位	标准工时	备注
82	社会招聘管理	组织开展招聘	候选人邀约	邀约人数	/人	0.1	
83			自主素质测评及分析	报告	—	4	
84			组织笔试	笔试成绩	—	4	
85			组织面试	面试成绩	/人	0.5	
86			组织背景调查	完成背景调查	/人	0.5	
87			沟通录用意向	沟通人数	/人	0.1	
88			确定拟录取人选	拟录取名单	—	1	
89			履行内部决策程序	录取名单	—	4	
90		材料归档与信息维护	整理归档相关材料	材料台账	/月	1	
91			维护相关电子化信息	维护记录	/人	0.2	
92	内部招聘管理	内部招聘筹备	收集用人部门需求	调研记录	—	4	
93			审核报批用人需求	审批表	—	1	
94			发布内部招聘公告	招聘公告	—	1	
95			审核报名人员资格	审核记录	—	4	
96			组织/协调内部招聘会	会议记录表	—	4/2	
97		组织内部招聘	组织笔试	笔试成绩	—	4	
98			组织面试	面试成绩	/人	0.5	
99			履行内部决策程序	录取名单	—	8	

续表

序号	一级任务	二级任务	基础作业单元	成果标准	单位	标准工时	备注
100	内部招聘管理	材料归档与信息维护	整理归档相关材料	材料台账	/月	1	
101			维护相关电子化信息	维护记录	/人	0.2	
102	高层次人才引进	引进筹备	调研用人需求	报告	—	4	
103			编制、报批引进计划	引进计划	—	6	
104			确定合作商	合作商确定	—	2	
105			制定引进方案	方案	—	12	
106		组织开展引进	组织候选人面谈	沟通记录	/人	2	
107			形成引进建议方案	汇报材料	—	2	
108			履行内部决策程序	会议纪要/审批记录	—	4	
109			人才引进上报审批	报批材料	—	1	
110			签订聘用协议	聘用协议	/人	0.5	
111			发布聘任文件	聘任文件	—	1	
112		材料归档与信息维护	整理归档相关材料	材料台账	/月	1	
113			维护相关电子化信息	维护记录	/人	0.2	
114	其他用工形式招聘管理	劳务派遣人员招聘	调研用工需求	报告	—	8	
115			编制、报批用工方案	方案	—	16	
116			组织合作机构招标	确定合作机构	—	8	

续表

序号	一级任务	二级任务	基础作业单元	成果标准	单位	标准工时	备注
117	其他用工形式招聘管理	劳务派遣人员招聘	编制、发布招聘广告	招聘广告	—	4	
118			组织笔试	笔试成绩	—	4	
119			组织面试	面试成绩	/人	0.2	
120			录用意向沟通	沟通人数	/人	0.1	
121			三方签订协议	三方协议书	/人	0.1	
122			组织劳务派遣人员考核	考核记录	—	2	
123			组织安排体检	报告	—	4	
124			确定录用人选	人员名单	—	1	
125		军转干部/随军家属接收	与退役军人事务部或双拥办协调沟通	相关记录	—	1	
126			组织背景调查	报告	/人	1	
127			履行内部决策程序	会议纪要/审批记录	—	4	
128			组织安排体检	报告	—	4	
129		退休人员返聘	收集返聘需求	人员需求表	—	1	
130			返聘双向沟通	沟通记录	/人	1	
131			履行内部决策程序	会议纪要/审批记录	—	2	
132			返聘人员公示	公示材料	—	1	
133			签订退休人员返聘协议	返聘协议书	/人	0.5	

续表

序号	一级任务	二级任务	基础作业单元	成果标准	单位	标准工时	备注
134	其他用工形式招聘管理	实习生招聘	制定实习生管理规定	管理规定	—	12	
135			收集汇总招聘需求	招聘需求表	—	4	
136			确定来源目标院校及专业	目标院校清单	—	1	
137			制订招聘计划	招聘计划	—	4	
138			发布招聘通知	招聘通知	—	1	
139			组织笔试	笔试成绩	—	4	
140			组织面试	面试成绩	/人	0.2	
141			确定人选	人员名单	—	1	
142			签订培养协议	培养协议	/人	0.1	
143			组织考核	考核记录	—	4	
144			出具实习期满评价报告	报告	/人	0.2	
145		员工借入（挂职）管理	审核需求部门借入（挂职）人员需求	人员需求表	—	1	
146			组织推荐人选	推荐人员名单	—	1	
147			确定借入（挂职）人选	借入（挂职）人员名单	—	1	
148			发布借入（挂职）函件	借入（挂职）函件	—	1	
149			办理借入（挂职）人员手续	办理记录	/人	1	
150			组织借入（挂职）人员考核	考核记录	—	4	

续表

序号	一级任务	二级任务	基础作业单元	成果标准	单位	标准工时	备注
151	其他用工形式招聘管理	员工借入（挂职）管理	定期召开借入（挂职）人员座谈会	会议记录	—	4	
152			组织用人部门出具综合评价报告	报告	/人	0.5	
153		材料归档与信息维护	整理归档相关材料	材料台账	/月	1	
154			维护相关电子化信息	维护记录	/人	0.2	

七、培训管理模块标准工时

培训管理模块立足于服务组织改革发展需要，以培养高素质员工队伍为目标，开展业务分解（见表 8）。

● 一级任务：包括“培训管理总体设计”“年度培训计划与预算管理”“内训师管理”“培训课程管理”“培训支持管理”“培训项目实施管理”6 个一级任务。

● 二级任务：所有一级任务共分解为 37 个二级任务，其中，“培训管理总体设计”分解为“客户需求分析”“明确培训管理目标”“明确培训管理工作方法”“明确资源保障支持”“评估与改进”5 个二级任务；“年度培训计划与预算管理”分解为“制度建设”“制定计划与预算”“培训计划执行跟踪”“培训计划与预算调整”“培训阶段总结”“材料归档与信息维护”6 个二级任务；“内训师管理”分解为“制度建设”“内训师能力素质模型建设”“内训师资格标准制定”“内训师选拔”“内训师等级管理”“内训师能力建设”“课时津贴管理”“材料归档与信息维护”8 个二级任务；“培训课程管理”分解为“制度建设”“基于素质模型的课程大纲管理”“培训课程开发”“培训教材开发管理”“培训课程/教材采购”“课程与课件资源维护”“材料归档与信息维护”7 个二级任务；“培训支持管理”分解为“制度建设”“培训服务期管理”“费用核算”“培训监督与指导”“材料归档与信息维护”5 个二级任务；“培训项目实施管理”分解为“制度建设”“前期策划”“中期筹备”“现场执行”“后期收尾”“材料归档与信息维护”6 个二级任务。

表 8　培训管理模块标准工时表

序号	一级任务	二级任务	基础作业单元	成果标准	单位	标准工时	备注
1	培训管理总体设计	客户需求分析	确定客户对象	客户清单	—	16	
2			开展调研和访谈	调研报告/访谈记录	/人	2	平行
3			制定客户需求实现方案	方案	—	40	
4		明确培训管理目标	分析公司战略目标和远景规划	报告	—	8	
5			确定公司培训管理目标	方案	—	8	
6		明确培训管理工作方法	内外部调研	报告	—	40	
7			方法对比分析	报告	—	24	
8			确定培训管理工作方法	方案	—	16	
9		明确资源保障支持	确定所需资源和获取渠道	资源渠道清单	—	4	
10			制定人员资格标准	资格标准	—	4	
11			确定必要的工具	工具清单	—	4	
12		评估与改进	运行情况与客户满意度评估	报告	—	8	
13			制定业务运行与客户满意度改进方案	方案	—	24	
14			定期跟踪执行情况	任务进度总结表	—	4	
15	年度培训计划与预算管理	制度建设	编制/内容修订/形式修订制度	《培训计划与预算管理制度》	—	40/24/4	
16			征求意见及沟通反馈	记录表/反馈表	—	4	

续表

序号	一级任务	二级任务	基础作业单元	成果标准	单位	标准工时	备注
17	年度培训计划与预算管理	制度建设	履行内部决策程序	会议纪要/审批记录	—	8	
18			开展制度宣贯	宣贯记录	—	2	
19			发布制度	《培训计划与预算管理制度》	—	1	
20		制定计划与预算	征集沟通各部门培训需求	培训需求汇总	—	8	
21			分析公司业务、人员情况及上年度改进计划	分析报告	—	4	
22			编制年度培训计划与预算方案	方案	—	40	
23			专项审议方案	纪要	/次	4	平行
24			履行内部决策程序	会议纪要/审批记录	—	8	
25			发布年度培训计划与预算	计划与预算文件	—	1	
26		培训计划执行跟踪	跟踪计划与预算执行进度及开展情况	统计表单	/季	8	
27			开展执行情况评估	评估报告	—	8	
28		培训计划与预算调整	接收调整申请	计划表单	—	2	
29			编制调整方案	计划表单	—	4	
30			审批调整方案	审批记录	—	2	
31		培训阶段总结	开展执行情况评估	评估报告	—	8	
32			进行培训总结	总结	—	8	

续表

序号	一级任务	二级任务	基础作业单元	成果标准	单位	标准工时	备注
33	年度培训计划与预算管理	材料归档与信息维护	整理归档相关材料	材料台账	/年	1	
34			维护相关电子化信息	维护记录	/人	0.2	
35	内训师管理	制度建设	编制/内容修订/形式修订制度	《内训师管理制度》	—	40/24/4	
36			征求意见及沟通反馈	记录表/反馈表	—	4	
37			履行内部决策程序	会议纪要/审批记录	—	8	
38			开展制度宣贯	宣贯记录	—	2	
39			发布制度	《内训师管理制度》	—	1	
40		内训师能力素质模型建设	收集汇总内训师设置需求	需求报告	—	8	
41			编制内训师专业/序列架构	架构清单	—	16	
42			明确内训师目标	目标清单	—	8	
43			选取内外部样本	样本清单	/人	2	
44			进行行为绩效访谈	访谈记录	/人	1	
45			进行行为跟踪	跟踪记录	/人	4	
46			专家访谈	访谈记录	/人	2	
47			信息收集与归类	信息归类表	/人	1	
48			分析提炼模型架构与要素	要素	—	24	
49			拟定能力素质模型	素质模型	—	8	

续表

序号	一级任务	二级任务	基础作业单元	成果标准	单位	标准工时	备注
50	内训师管理	内训师能力素质模型建设	确定素质模型评估方法	评估方法	—	4	
51			进行素质模型评估	评估结果	/专业/序列	1	
52			专家审议	纪要	/次	4	
53			修正/发布能力素质模型	素质模型	—	4	
54		内训师资格标准制定	分析能力素质模型要求	分析报告	—	4	
55			制定各级内训师资格标准	标准清单	—	16	
56			专项审议标准	纪要	/次	8	平行
57			履行内部决策程序	会议纪要/审批记录	—	8	
58			发布内训师资格标准	标准	—	1	
59		内训师选拔	收集确定内训师人员需求	需求报告	—	8	
60			编制内训师选拔与培训方案	方案	—	24	
61			履行内部决策程序	会议纪要/审批记录	—	8	
62			发布选拔通知	通知	—	1	
63			审核报名人员资格	审核记录	/人	0.2	
64			组织内训师选拔培训	培训记录	—	24	
65			确定选拔评委	评委名单	—	4	

续表

序号	一级任务	二级任务	基础作业单元	成果标准	单位	标准工时	备注
66	内训师管理	内训师选拔	开展内训师选拔	选拔记录	/人	2	
67			提出内训师人选	选拔名单	—	2	
68			公示	公示材料	—	2	
69			发布内训师名单	内训师名单	—	1	
70		内训师等级管理	组织上岗初评	定级表	/人	0.5	
71			组织年度考核评价	评价表	/人	1	
72			调整资格等级	调级表	/人	0.5	
73		内训师能力建设	组织内训师能力分析	盘点报告	—	2	
74			确定内训师提升目标	目标清单	—	2	
75			制定能力提升方案	方案	—	4	
76			履行内部决策程序	会议纪要/审批记录	—	8	
77			组织实施方案	实施总结	—	8	
78			总结方案	培训总结	—	8	
79		课时津贴管理	计算课时津贴	核算表	/月	2	
80			申请发放课时津贴	申请单	/月	0.5	
81		材料归档与信息维护	整理归档相关材料	材料台账	/年	1	
82			维护相关电子化信息	维护记录	/人	0.2	

续表

序号	一级任务	二级任务	基础作业单元	成果标准	单位	标准工时	备注
83	培训课程管理	制度建设	编制/内容修订/形式修订制度	《培训课程管理制度》	—	40/24/4	
84			征求意见及沟通反馈	记录表/反馈表	—	4	
85			履行内部决策程序	会议纪要/审批记录	—	8	
86			开展制度宣贯	宣贯记录	—	2	
87			发布制度	《培训课程管理制度》	—	1	
88		基于素质模型的课程大纲管理	编制课程大纲开发方案	方案	—	16	
89			专项审议方案	纪要	/次	4	平行
90			履行内部决策程序	会议纪要/审批记录	—	8	
91			发布课程大纲开发方案	方案	—	1	
92			组织开展岗位人员素质测评	测评报告	—	2	
93			分析测评记录	分析报告	—	8	
94			归纳岗位人员能力短板	岗位能力短板清单	—	8	
95			组织分析短板提升课程需求	报告	—	8	
96			收集汇总培训课程	课程架构清单	—	4	
97			制定/修改课程大纲	培训课程大纲	—	24	
98			履行内部决策程序	会议纪要/审批记录	—	8	
99			发布课程大纲	发布公告	—	1	

续表

序号	一级任务	二级任务	基础作业单元	成果标准	单位	标准工时	备注
100	培训课程管理	培训课程开发	调研课程开发需求	调研报告	/次	8	平行
101			确定课程总体目标	目标清单	/课程	4	
102			成立开发组成员	成员清单	/课程	8	
103			组织设计各课程标准	标准清单	/课程	4	
104			组织设计课程内容	课程	/课程	16	
105			组织课程试讲	试讲记录	/课程	4	
106			组织课程评估	评估记录	/课程	4	
107			课程优化	课程	/课程	8	
108		培训教材开发管理	收集汇总教材开发需求	汇总表	—	8	
109			确定教材开发目标	目标清单	/册	4	
110			成立教材编委会	编委会清单	—	8	
111			确定教材标准	教材标准清单	/册	4	
112			组织编制	教材	/册	16	
113			组织内部审核	审核纪要	/册	8	
114			组织外部审核	审核纪要	/册	8	
115			印制教材	教材	/册	8	
116		培训课程/教材采购	确定采购需求	需求报告	—	8	

续表

序号	一级任务	二级任务	基础作业单元	成果标准	单位	标准工时	备注
117	培训课程管理	培训课程/教材采购	筛选服务商/供应商	服务商/供应商清单	—	4	
118			组织课程试听/教材审阅	试听/审阅记录	—	2	
119			履行内部决策程序	会议纪要/审批记录	—	8	
120			签订协议	协议	—	2	
121		课程与课件资源维护	外部课程与课件收集汇总	课程资源库	/季	2	
122			内部课程与课件收集汇总	课程资源库	/季	2	
123			课程与课件共享发布	共享资源库	/季	2	
124		材料归档与信息维护	整理归档相关材料	材料台账	/年	1	
125			维护相关电子化信息	维护记录	/人	0.2	
126	培训支持管理	制度建设	编制/内容修订/形式修订制度	《培训服务期管理制度》	—	40/24/4	
127			征求意见及沟通反馈	记录表/反馈表	—	4	
128			履行内部决策程序	会议纪要/审批记录	—	8	
129			开展制度宣贯	宣贯记录	—	2	
130			发布制度	《培训服务期管理制度》	—	1	
131		培训服务期管理	签订培训协议	协议	/批	2	
132			计算培训违约金	违约金缴纳通知	/人	0.5	

续表

序号	一级任务	二级任务	基础作业单元	成果标准	单位	标准工时	备注
133	培训支持管理	费用核算	核算上缴集中教育经费	核算表	—	1	
134			收集项目培训开支发票	发票包	/季	2	
135			启动预算支付	支付文件	—	1	
136			匹配项目培训预算	审核记录	/单位	0.5	
137			审核批准预算报销申请	审核文件	—	0.5	
138		培训监督与指导	开展培训核查	核查结果报告	—	8	
139			组织培训核查改进	纪要	—	4	
140		材料归档与信息维护	整理归档相关材料	材料台账	/年	1	
141			维护相关电子化信息	维护记录	/人	0.2	
142	培训项目实施管理	制度建设	编制/内容修订/形式修订制度	《培训项目实施管理制度》	—	40/24/4	
143			征求意见及沟通反馈	记录表/反馈表	—	4	
144			履行内部决策程序	会议纪要/审批记录	—	8	
145			开展制度宣贯	宣贯记录	—	2	
146			发布制度	《培训项目实施管理制度》	—	1	
147		前期策划	制定培训方案	方案	—	16	

续表

序号	一级任务	二级任务	基础作业单元	成果标准	单位	标准工时	备注
148	培训项目实施管理	前期策划	确定承办单位	协议	—	4	
149			确定培训课程安排	课程表	—	12	
150		中期筹备	确定培训教材	教材	—	4	
151			编制培训手册	手册	—	8	
152			确定培训试卷	试卷	—	1	
153			确定培训场地	场地	—	4	
154			确定培训讲师	讲师名单	—	4	
155			采购培训物品	物资	—	8	
156			组织培训报名	人员名单	—	2	
157			组织培训动员会	分组名单	—	4	
158			安排学员出行交通	交通安排表	—	4	
159			安排学员住宿	住宿安排表	—	4	
160			准备会议材料	会议材料	—	8	
161		现场执行	组织开班典礼	典礼	—	4	
162			跟班监督指导	每日总结	/日	8	
163			组织培训效果评估	评估报告	—	2	
164		后期收尾	培训新闻宣传	新闻稿件	—	4	

续表

序号	一级任务	二级任务	基础作业单元	成果标准	单位	标准工时	备注
165	培训项目实施管理	后期收尾	培训成果展	展板	—	16	
166			培训记录整理	培训档案	—	2	
167		材料归档与信息维护	整理归档相关材料	材料台账	/年	1	
168			维护相关电子化信息	维护记录	/人	0.2	

八、绩效管理模块标准工时

绩效管理模块立足于打造高绩效文化，以持续提高组织和员工绩效水平为目标，开展业务分解（见表9）。

- 一级任务：包括“绩效管理总体设计”“组织绩效管理”“员工绩效管理”“量化考核管理”4个一级任务。
- 二级任务：所有一级任务共分解为31个二级任务，其中，“绩效管理总体设计”分解为“客户需求分析”“明确绩效管理目标”“明确绩效管理工作方法”“明确资源保障支持”“评估与改进”5个二级任务；“组织绩效管理”分解为“制度建设”“绩效考核组织机构建设”“公司年度绩效计划制订”“各部门/单位年度绩效计划制订”“绩效计划执行监督”“绩效计划调整”“绩效完成情况考核”“绩效结果应用”“绩效结果反馈”“申诉与处理”“材料归档与信息维护”11个二级任务；“员工绩效管理”分解为“制度建设”“绩效考核组织机构建设”“签订绩效责任书”“维护绩效考核系统”“月度/季度/年度绩效考核”“绩效反馈”“申诉处理”“绩效结果应用”“材料归档与信息维护”9个二级任务；“量化考核管理”分解为“前期准备”“方案制定”“方案发布”“方案实施”“评估与改进”“材料归档与信息维护”6个二级任务。

表 9　绩效管理模块标准工时表

序号	一级任务	二级任务	基础作业单元	成果标准	单位	标准工时	备注
1	绩效管理总体设计	客户需求分析	确定客户对象	客户清单	—	16	
2			开展调研和访谈	调研报告/访谈记录	/人	2	平行
3			制定客户需求实现方案	方案	—	40	
4		明确绩效管理目标	分析公司战略目标和远景规划	报告	—	8	
5			确定公司绩效管理目标	方案	—	8	
6		明确绩效管理工作方法	内外部调研	报告	—	40	
7			方法对比分析	报告	—	24	
8			确定绩效管理工作方法	方案	—	16	
9		明确资源保障支持	确定所需资源和获取渠道	资源渠道清单	—	4	
10			制定人员资格标准	资格标准	—	4	
11			确定必要的工具	工具清单	—	4	
12		评估与改进	运行情况与客户满意度评估	报告	—	8	
13			制定业务运行与客户满意度改进方案	方案	—	24	
14			定期跟踪执行情况	任务进度总结表	—	4	
15	组织绩效管理	制度建设	编制/内容修订/形式修订制度	《组织绩效管理制度》	—	60/40/4	
16			征求意见及沟通反馈	记录表/反馈表	—	4	
17			履行内部决策程序	会议纪要/审批记录	—	8	

续表

序号	一级任务	二级任务	基础作业单元	成果标准	单位	标准工时	备注
18	组织绩效管理	制度建设	开展制度宣贯	宣贯记录	—	2	
19			发布制度	《组织绩效管理制度》	—	1	
20		绩效考核组织机构建设	组建/调整公司考核执行组织机构	机构成立/调整通知	/次	4	
21		公司年度绩效计划制订	分析外部（宏观经济、行业趋势、同行对标）环境	分析报告	—	16	
22			内部资源盘点与能力分析	分析报告	—	24	
23			分解上级下达任务	任务清单	—	8	
24			制订公司年度目标计划	目标计划	—	8	
25			分析预测政策趋向、风险	趋向/风险清单	—	8	
26			提出风险应对策略和防范措施	策略/措施清单	—	8	
27			编制年度绩效计划方案	方案	—	16	
28			组织内部研讨评估	会议纪要/审批记录	—	8	
29			向上级单位报送年度绩效计划方案（一上）	报送文件	—	4	
30			开展年度任务对接	任务对接记录	—	4	
31			向上级单位报送年度绩效计划方案（二上）	报送文件	—	4	

续表

序号	一级任务	二级任务	基础作业单元	成果标准	单位	标准工时	备注
32	组织绩效管理	各部门/单位年度绩效计划制订	分解公司年度任务	任务清单	—	8	
33			下达各部门/单位年度任务（一下）	通知	—	1	
34			开展年度任务对接	任务对接记录	—	32	
35			汇总各单位上报的年度任务方案（一上）	方案	—	16	
36			履行内部决策程序	会议纪要/审批记录	—	8	
37			下达各部门/单位年度任务（二下）	通知	—	8	
38			印制并签订绩效考核责任书	绩效考核责任书	—	16	
39		绩效计划执行监督	按月/季度收集各单位/部门绩效计划执行情况	汇总表	—	16	
40			按月/季度统计和向上级单位报送绩效计划执行情况	汇总表	—	8	
41			对照目标和重点任务综合分析研判	分析报告	—	8	
42			提出改进意见	改进意见	—	4	
43			反馈和督促改进落实	反馈及跟进记录	—	4	
44		绩效计划调整	受理调整申请/意见	调整申请/意见	—	8	
45			履行内部决策程序	会议纪要/审批记录	—	8	
46			调整绩效责任书	绩效责任书	—	4	

续表

序号	一级任务	二级任务	基础作业单元	成果标准	单位	标准工时	备注
47	组织绩效管理	绩效完成情况考核	组织开展考核指标完成情况自评	自评表	—	4	
48			组织归口部门开展考核指标评分	评分表	—	8	
49			汇总考核指标评分	汇总表	—	16	
50			履行内部决策程序	会议纪要/审批记录	—	8	
51			确定考核结果	统计表	—	4	
52		绩效结果应用	编制绩效考核结果应用建议	应用建议	—	8	
53			履行内部决策程序	会议纪要/审批记录	—	8	
54			组织开展绩效结果应用	绩效分配等	—	1	
55		绩效结果反馈	反馈绩效考核结果	通知文件	—	0.5	同批次上限8个工时
56			组织制订绩效改进计划	改进计划	/部门	4	
57		申诉与处理	受理申诉申请	申诉申请表	—	2	
58			提出处理建议	处理建议	—	8	
59			履行内部决策程序	会议纪要/审批记录	—	8	
60			处理结果反馈	反馈记录	—	4	
61		材料归档与信息维护	整理归档相关材料	材料台账	/年	1	
62			维护相关电子化信息	维护记录	/人	0.2	

续表

序号	一级任务	二级任务	基础作业单元	成果标准	单位	标准工时	备注
63	员工绩效管理	制度建设	编制/内容修订/形式修订制度	《全员绩效管理制度》	—	60/40/4	
64			征求意见及沟通反馈	记录表/反馈表	—	4	
65			履行内部决策程序	会议纪要/审批记录	—	8	
66			开展制度宣贯	宣贯记录	—	2	
67			发布制度	《全员绩效管理制度》	—	1	
68		绩效考核组织机构建设	组建/调整全员绩效执行组织机构	机构成立/调整通知	/次	4	
69		签订绩效责任书	组织各部门根据年度任务确定员工考核任务项	任务清单	—	8	
70			组织各部门签订员工绩效责任书	绩效责任书	—	8	
71		维护绩效考核系统	定期更新考核系统（人员、岗位等）信息	—	—	8	
72			调整系统部署（指标更新、权重配置等）	—	—	40	
73			系统日常维护管理	—	/月	1	
74		月度/季度/年度绩效考核	制定年度绩效考核方案	方案	—	24	
75			组织各部门填写年度考核登记表	部门考核登记表	—	8	
76			组织各部门开展员工绩效考核	员工绩效考核登记表	—	8	

续表

序号	一级任务	二级任务	基础作业单元	成果标准	单位	标准工时	备注
77	员工绩效管理	月度/季度/年度绩效考核	汇总考核评价结果	汇总表	—	8	
78			履行内部决策程序	会议纪要/审批记录	—	8	
79			绩效结果发布	通知	—	4	
80		绩效反馈	组织各部门制定员工绩效改进措施	措施清单	—	8	
81			组织各部门开展绩效面谈反馈	绩效面谈表	—	8	
82			与员工进行绩效面谈	绩效面谈表	/人	4	平行
83		申诉处理	受理申诉申请	申请表	—	2	
84			对考核结果申诉进行调查核实	调查结论	/件	8	平行
85			履行内部决策程序	会议纪要/审批记录	—	8	
86			处理结果反馈	反馈记录	—	4	
87		绩效结果应用	编制绩效分析报告	报告	—	24	
88			提出绩效结果应用建议	应用建议	—	4	
89			履行内部决策程序	会议纪要/审批记录	—	8	
90			组织开展绩效结果应用	薪酬调整通知、岗位调整通知	—	4	
91		材料归档与信息维护	整理归档相关材料	材料台账	/年	1	
92			维护相关电子化信息	维护记录	/人	0.2	

续表

序号	一级任务	二级任务	基础作业单元	成果标准	单位	标准工时	备注
93	量化考核管理	前期准备	成立量化考核工作组	工作组名单	/次	0.5	
94			宣贯培训	培训记录	/次	4	
95			开展实施基础问卷调查	调查问卷	/次	1	
96		方案制定	编制/内容修订/形式修订实施方案	《部门量化考核实施方案》	—	40/24/4	
97			编制/修订标准工时手册	《部门业务标准工时手册》	—	360	
98		方案发布	征求意见及沟通反馈	记录表/反馈表	—	4	
99			履行内部民主决策	会议记录	—	4	
100			发布量化考核方案	发布文件	—	1	
101			宣贯量化考核方案	宣贯记录	—	4	
102		方案实施	定期开展内设机构/部门员工工时统计	工时统计表	/次	4	
103			定期开展部门员工工时核定	工时核定表	/次	4	
104			定期开展结果应用	结果应用表	/次	2	
105			维护考核信息系统	维护记录	/季	4	
106			定期总结分析量化考核运行情况	报告	/次	1	
107			定期开展量化考核管理评估与改进	记录/报告	/次	8	

续表

序号	一级任务	二级任务	基础作业单元	成果标准	单位	标准工时	备注
108	量化考核管理	评估与改进	编制量化考核工作月报	量化考核月报	/月	1	
109			开展量化考核实施质量评估	《量化考核实施质量评估表》	/次	8	
110			制定改进方案	方案	/次	4	
111			监督检查改进情况	检查记录	/次	4	
112		材料归档与信息维护	整理归档相关材料	材料台账	/季度	2	
113			维护相关电子化信息	维护记录	/季度	1	

九、薪酬管理模块标准工时

薪酬管理模块立足于激发组织和员工的活力和动力，以建立既富有激励又合法合规的薪酬管理体系为目标，开展业务分解（见表10）。

● 一级任务：包括“薪酬管理总体设计”“人工成本管理”“核准制工资总额管理”“备案制工资总额管理”“负责人年薪管理”“员工工资管理”“境外派遣人员薪酬管理”“薪酬数据应用”“员工福利管理”“社会保险和公积金管理”“企业年金管理”“补充医疗保险管理”“股权激励”“科技成果转化分红激励”“履职待遇、业务支出管理”“荣誉管理”16个一级任务。

● 二级任务：所有一级任务共分解为96个二级任务，其中，“薪酬管理总体设计”分解为“客户需求分析”“明确薪酬管理目标”“明确薪酬管理工作方法”“明确资源保障支持”“评估与改进”5个二级任务；“人工成本管理”分解为“制度建设”“人工成本预算”“人工成本过程管控”“人工成本清算”“费用结算”“分析改进”“材料归档与信息维护”7个二级任务；“核准制工资总额管理”分解为“制度建设”“预算编制与审核”“预算执行与调整”“工资总额结算”“监督改进”“材料归档与信息维护”6个二级任务；“备案制工资总额管理”分解为“提出申请”“制度建设”“预算编制与审核”“预算执行与调整”“工资总额结算”“监督改进”“材料归档与信息维护”7个二级任务；“负责人年薪管理”分解为“制度建设”“负责人年薪标准核定”“负责人年薪兑现”“监督改进”“材料归档与信息维护”5个二级任务；“员工工资管理”分解为“制度建设”“方案制定”“月度工资发放”“月奖/季度奖发放”“专项奖发放”“年终奖发放”“监督改进”“材料归档与信息维护”8个二级任务；“境外派遣人员薪酬管理”分解为“制度建设”“确定境外人员薪酬管理方案”“境外派遣人员薪酬发放”“材料归档与信息维护”4个二级任务；“薪酬数据应用”分解为“个人数据应用”“报表报送”“材料归档与信息维护”3个二级任务；“员工福利管理”分解为“制度建设”“福利费使用”“监督改进”“材料归档与信息维护”4个二级任务；“社会保险和公积金管理”分解为“制度建设”“账户管理”“缴费管理”“养老保险管理”“医疗/生育保险管理”“失业保险管理”“工伤保险管理”“住房公积金管理”“监督改进”“材料归档与信息维护”10个二级任务；“企业年金管理”分解为“制度建设”“建立企业年金计划”“账户管理”“缴费管理”“待遇支付”“监督改进”“材料归档与信息维护”7个二级任务；“补充医疗保险管理”分解为“制度建设”“方案制定”“账户管理”“缴费管理”“保险理赔”“监督改进”“材料归档与信息维护”7个二级任务；“股权激励”分解为“制度建设”“方案制定”“账户管理”“行权管理”“信息披露”“监督改进”“材料归档与信息维护”7个二级任务；“科技成果转化分红激励”分解为“制度建设”“方案制定”“分红兑现”“监督改进”“材料归档与信息维护”5个二级任务；“履职待遇、业务支出管理”分解为“制度建设”“公务用车管理”“监督改进”“材料归档与信息维护”4个二级任务；“荣誉管理”分解为“制度建设”“荣誉管理组织机构建设”“荣誉项目管理”“荣誉项目评选”“表彰激励”“兑现奖励”“材料归档与信息维护”7个二级任务。

表 10　薪酬管理模块标准工时表

序号	一级任务	二级任务	基础作业单元	成果标准	单位	标准工时	备注
1	薪酬管理总体设计	客户需求分析	确定客户对象	客户清单	—	16	
2			开展调研和访谈	调研报告/访谈记录	/人	2	平行
3			制定客户需求实现方案	方案	—	40	
4		明确薪酬管理目标	分析公司战略目标和远景规划	报告	—	8	
5			确定公司薪酬管理目标	方案	—	8	
6		明确薪酬管理工作方法	内外部调研	报告	—	40	
7			方法对比分析	报告	—	24	
8			确定薪酬管理工作方法	方案	—	16	
9		明确资源保障支持	确定所需资源和获取渠道	资源渠道清单	—	4	
10			制定人员资格标准	资格标准	—	4	
11			确定必要的工具	工具清单	—	4	
12		评估与改进	运行情况与客户满意度评估	报告	—	8	
13			制定业务运行与客户满意度改进方案	方案	—	24	
14			定期跟踪执行情况	任务进度总结表	—	4	
15	人工成本管理	制度建设	编制/内容修订/形式修订制度	《人工成本管理办法》	—	40/24/4	
16			征求意见及沟通反馈	记录表/反馈表	—	4	
17			履行内部决策程序	会议纪要/审批记录	—	8	

续表

序号	一级任务	二级任务	基础作业单元	成果标准	单位	标准工时	备注
18	人工成本管理	制度建设	开展制度宣贯	宣贯记录	—	2	
19			发布制度	《人工成本管理办法》	—	1	
20		人工成本预算	结合公司经营情况，编制人工成本预算方案	预算方案	—	16	
21			制订人工成本预算执行计划	计划表	—	4	
22		人工成本过程管控	按月监控支出情况	统计表	—	4	
23			定期分析，实施动态调整	调整方案	—	4	
24		人工成本清算	组织开展年度人工成本清算	通知	—	4	
25			编制并报送年度人工成本清算表和报告	清算表和报告	—	16	
26		费用结算	薪酬代发人员成本结算	结算表	/人·次	4	
27			离职人员费用结算	结算表	/人·次	1	
28		分析改进	确定项目及指标体系	指标清单	—	4	
29			统计人工成本数据	人工成本表	—	8	
30			收集同类企业相关数据	数据统计表	—	8	
31			对标分析并提出改进建议	改进建议	—	4	
32			编制人工成本专项分析报告	统计分析报告	—	24	
33		材料归档与信息维护	整理归档相关材料	材料台账	/月	1	
34			维护相关电子化信息	维护记录	/月	1	

续表

序号	一级任务	二级任务	基础作业单元	成果标准	单位	标准工时	备注
35	核准制工资总额管理	制度建设	编制/内容修订/形式修订制度	《工资总额预算管理制度》	—	60/40/4	
36			征求意见及沟通反馈	记录表/反馈表	—	4	
37			履行内部决策程序	会议纪要/审批记录	—	8	
38			开展制度宣贯	宣贯记录	—	2	
39			发布制度	《工资总额预算管理制度》	—	1	
40		预算编制与审核	结合 MKJ 目标进行年度工资总额测算及编制测算说明	测算表	—	12	
41			编制年度工资总额预算表	预算表	—	4	
42			编制年度工资总额预算批复方案	方案	—	16	
43			履行内部决策程序	会议纪要/审批记录	—	8	
44			报送上级单位人力资源部审核	报告	—	2	
45			核定并下达工资总额预算	通知	/单位	1	
46			制订工资总额分月使用计划	分月计划表	—	8	
47		预算执行与调整	盘点年内工资总额使用情况	使用情况统计表	—	8	
48			编制工资总额执行情况监控报告	报告	—	16	

续表

序号	一级任务	二级任务	基础作业单元	成果标准	单位	标准工时	备注
49	核准制工资总额管理	预算执行与调整	按照 MKJ 管理体系提出调整建议	调整建议	—	8	
50			履行内部决策程序	会议纪要/审批记录	—	8	
51			报送上级单位人力资源部审批	报告	—	2	
52		工资总额结算	组织成员单位开展工资总额结算	通知	—	2	
53			编制年度工资总额对接报告	报告	—	24	
54			年度工资总额对接	对接记录	/单位	2	
55			编制工资总额结算方案	方案	—	32	
56			履行内部决策程序	会议纪要/审批记录	—	8	
57			下达年度工资总额	通知	/单位	1	
58		监督改进	开展工资总额清查	报告	—	24	
59			提出改进要求和建议	改进建议	—	8	
60		材料归档与信息维护	整理归档相关材料	材料台账	/年	1	
61			维护相关电子化信息	维护记录	/年	1	
62	备案制工资总额管理	提出申请	确定公司是否符合实施备案制的条件	报告	—	4	
63			编制工资总额备案制方案	方案	—	40	
64			履行内部决策程序	会议纪要/审批记录	—	8	
65			报送上级单位审核	报告	—	6	

续表

序号	一级任务	二级任务	基础作业单元	成果标准	单位	标准工时	备注
66	备案制工资总额管理	制度建设	编制/内容修订/形式修订制度	《备案制工资总额管理制度》	—	60/40/4	
67			征求意见及沟通反馈	记录表/反馈表	—	4	
68			提交党委会前置审议	会议纪要/审批记录	—	8	
69			提交董事会审议	会议纪要/审批记录	—	8	
70			报送上级单位备案	报告	—	2	
71		预算编制与审核	结合 MKJ 目标进行年度工资总额测算及编制测算说明	测算表	—	16	
72			编制年度工资总额预算表	预算表	—	4	
73			履行内部决策程序	会议纪要/审批记录	—	8	
74			报送上级单位备案	报告	—	2	
75			上级单位提出审查意见	文件	—	4	
76		预算执行与调整	盘点年内工资总额使用情况	使用情况统计表	—	8	
77			编制工资总额执行情况监控报告	报告	—	16	
78			按照 MKJ 管理体系提出调整建议	调整建议	—	8	
79			履行内部决策程序	会议纪要/审批记录	—	8	
80			报送上级单位备案	报告	—	2	

续表

序号	一级任务	二级任务	基础作业单元	成果标准	单位	标准工时	备注
81	备案制工资总额管理	工资总额结算	根据全年业绩完成情况，自主核算工资总额结算值	测算表	—	36	
82			履行内部决策程序	会议纪要/审批记录	—	8	
83			报送上级单位备案	报告	—	2	
84			上级单位出具结算意见	文件	—	4	
85		监督改进	开展工资总额年度清查	报告	—	16	
86			提出改进要求和建议	改进建议	—	8	
87		材料归档与信息维护	整理归档相关材料	材料台账	/年	1	
88			维护相关电子化信息	维护记录	/年	1	
89	负责人年薪管理	制度建设	编制/内容修订/形式修订制度	《负责人年薪管理制度》	—	60/40/4	
90			征求意见及沟通反馈	记录表/反馈表	—	4	
91			履行内部决策程序	会议纪要/审批记录	—	8	
92			开展制度宣贯	宣贯记录	—	2	
93			发布制度	《负责人年薪管理制度》	—	1	
94		负责人年薪标准核定	核算主要负责人基薪标准	基薪标准	—	8	

续表

序号	一级任务	二级任务	基础作业单元	成果标准	单位	标准工时	备注
95	负责人年薪管理	负责人年薪标准核定	核算主要负责人绩效年薪标准	绩效年薪标准	—	16	
96			核算年度特殊奖励标准	奖励清单	—	8	
97			履行内部决策程序	会议纪要/审批记录	—	8	
98			下达年薪兑现通知	通知	/单位	1	
99			编制年薪结算方案	方案	—	16	
100			编制延期绩效年薪结算方案	方案	—	16	
101			填报年薪手册	年薪手册	—	8	
102			报送上级单位审批	方案/年薪手册	—	8	
103			审核批复结算方案（含年薪手册）	方案/年薪手册	/单位	4	
104			报送上级单位备案	备案表	—	1	
105		负责人年薪兑现	制定年薪发放方案	发放方案	—	16	
106			向负责人反馈年薪兑现情况	通知单	—	8	
107			年薪公开披露	报告	—	8	
108		监督改进	指导成员单位年薪管理	—	/年	40	
109			监督成员单位年薪执行情况	工资发放表	/单位	4	
110			监督年薪兑现情况	年薪手册	/单位	4	
111			提出改进要求和建议	改进建议	/单位	4	
112		材料归档与信息维护	整理归档相关材料	材料台账	/年	1	
113			维护相关电子化信息	维护记录	/年	1	

续表

序号	一级任务	二级任务	基础作业单元	成果标准	单位	标准工时	备注
114	员工工资管理	制度建设	编制/内容修订/形式修订制度	《员工薪酬管理制度》《工资发放管理制度》《奖金发放管理制度》《专项奖发放管理制度》	—	60/40/4	
115			征求意见及沟通反馈	记录表/反馈表	—	4	
116			履行内部决策程序	会议纪要/审批记录	—	8	
117			开展制度宣贯	宣贯记录	—	2	
118			发布制度	《员工薪酬管理制度》等	—	1	
119		方案制定	结合管理目标与原则分析确定工资管理策略方式等	报告	—	12	
120			编制/修订工资管理方案	方案	—	40/8	
121			组织专项审议	纪要	—	8	
122			根据审议意见修改管理方案	方案	—	8	
123			履行内部决策程序	会议纪要/审批记录	—	8	
124			发布管理方案	发布文件	—	1	
125		月度工资发放	根据员工信息变更调整月度工资及津补贴标准	工资调整表	/人	0.1	

续表

序号	一级任务	二级任务	基础作业单元	成果标准	单位	标准工时	备注
126	员工工资管理	月度工资发放	编制工资明细表	工资明细表	/月	12	
127			审批成员单位工资表	审批记录	/月	4	
128		月奖/季度奖发放	制定奖金发放方案	奖金发放方案	—	8	
129			核算全员奖金标准和各部门总额	奖金标准表	—	8	
130			组织开展奖金二次分配并审核、汇总分配结果	奖金分配表	/单位	0.5	
131			编制奖金发放明细表并完成审批	奖金明细表	—	8	
132		专项奖发放	确定年度专项奖预算总额	预算表	—	4	
133			确定各专项奖项目奖励额度和考核标准	奖励额度和考核标准	—	16	
134			收集专项项目考核结果	考核结果汇总表	—	4	
135			编制专项奖兑现方案	专项奖方案	—	8	
136			履行内部决策程序	会议纪要/审批记录	—	8	
137			组织开展专项奖金二次分配并审核、汇总分配结果	奖金分配表	/单位	0.5	
138			编制奖金发放明细表并完成审批	奖金明细表	—	8	
139		年终奖发放	盘点员工全年收入情况和工资总额使用情况	员工收入统计表	—	16	

续表

序号	一级任务	二级任务	基础作业单元	成果标准	单位	标准工时	备注
140	员工工资管理	年终奖发放	编制年终奖发放方案	年终奖方案	—	40	
141			核算全员奖金标准和各部门总额	奖金标准表	—	8	
142			组织开展年终奖金二次分配并审核、汇总分配结果	奖金分配表	/单位	0.5	
143			编制年终奖发放明细表并完成审批	奖金明细表	—	12	
144		监督改进	监督工资发放执行情况	工资奖金表	/年	8	
145			提出改进要求和建议	改进建议	/年	8	
146		材料归档与信息维护	整理归档相关材料	材料台账	/月	1	
147			维护相关电子化信息	维护记录	/月	1	
148	境外派遣人员薪酬管理	制度建设	编制/内容修订/形式修订制度	《境外派遣人员薪酬管理制度》	—	60/40/4	
149			征求意见及沟通反馈	征求意见记录	—	4	
150			履行内部决策程序	会议纪要/审批记录	—	8	
151			开展制度宣贯	宣贯记录	—	2	
152			发布制度	《境外派遣人员薪酬管理制度》	—	1	

续表

序号	一级任务	二级任务	基础作业单元	成果标准	单位	标准工时	备注
153	境外派遣人员薪酬管理	确定境外人员薪酬管理方案	结合管理目标与原则分析确定境外人员薪酬管理等	报告	—	12	
154			编制/修订境外人员薪酬管理方案	方案	—	40/8	
155			组织专项审议	纪要	—	8	
156			根据审议意见修改境外人员薪酬管理方案	方案	—	8	
157			履行内部决策程序	会议纪要/审批记录	—	8	
158			发布管理方案	发布文件	—	1	
159		境外派遣人员薪酬发放	组织开展考核奖分配并审核、汇总分配结果	分配表	—	4	
160			组织开展专项奖分配并审核、汇总分配结果	分配表	—	4	
161			发放薪酬待遇	发放表	—	8	
162			编制并报送境外人员相关报表	报表	—	24	
163		材料归档与信息维护	整理归档相关材料	材料台账	/月	1	
164			维护相关电子化信息	维护记录	/月	1	

续表

序号	一级任务	二级任务	基础作业单元	成果标准	单位	标准工时	备注
165	薪酬数据应用	个人数据应用	员工收入明细整理与汇总	薪酬档案	—	16	
166			提供薪酬、考勤数据	薪酬、考勤数据表	/次	0.3	
167			计算党费/工会会费基数	基数表	—	4	
168		报表报送	编制并报送统计局企业薪酬调查表	报表	—	8	
169			编制并报送国资委薪酬调查年度报表	报表	—	32	
170			编制并报送劳务派遣信息季报	报表	—	1	
171			编制并报送农民工信息季报	报表	/单位	1	
172		材料归档与信息维护	整理归档相关材料	材料台账	/月	1	
173			维护相关电子化信息	维护记录	/月	1	
174	员工福利管理	制度建设	编制/内容修订/形式修订制度	《职工福利费管理制度》	—	40/24/4	
175			征求意见及沟通反馈	记录表/反馈表	—	4	
176			履行内部决策程序	会议纪要/审批记录	—	8	
177			开展制度宣贯	宣贯记录	—	2	
178			发布制度	《职工福利费管理制度》	—	1	
179		福利费使用	制定公司年度员工福利费建议方案	年度福利费方案	—	16	

续表

序号	一级任务	二级任务	基础作业单元	成果标准	单位	标准工时	备注
180	员工福利管理	福利费使用	履行内部决策程序	会议纪要/审批记录	—	8	
181			核算福利项目费用并发放	发放表	/项·次	4	
182			上报公司年度员工福利费执行情况	报告	—	24	
183		监督改进	监督各项福利费执行情况	执行情况表	/年	8	
184			提出改进要求和建议	改进建议	/年	8	
185		材料归档与信息维护	整理归档相关材料	材料台账	/月	1	
186			维护相关电子化信息	维护记录	/月	1	
187	社会保险和公积金管理	制度建设	编制/内容修订/形式修订制度	《员工社会保险管理制度》《住房公积金缴存管理制度》	—	40/24/4	
188			征求意见及沟通反馈	记录表/反馈表	—	4	
189			履行内部决策程序	会议纪要/审批记录	—	8	
190			开展制度宣贯	宣贯记录	—	2	
191			发布制度	《员工社会保险管理制度》《住房公积金缴存管理制度》	—	1	

续表

序号	一级任务	二级任务	基础作业单元	成果标准	单位	标准工时	备注
192	社会保险和公积金管理	账户管理	建立/维护公司社保账户	公司账户	—	8/4	
193			建立/维护个人社保账户	个人账户	—	0.1	同批次上限2个工时
194			社保关系转移接续	转移接续单	—	4	
195		缴费管理	核定社保缴费基数	缴费基数表	—	8	
196			社保费用缴纳情况对账	对账单	—	8	
197		养老保险管理	申报办理退休金核算	退休待遇审批表	/人	16	
198			申领抚恤金、丧葬费等	核定单	/人	8	
199			办理养老保险账户注销	注销记录	/人	1	
200			办理社保参保证明	参保证明	—	0.2	
201		医疗/生育保险管理	组织办理员工社保卡	社保卡	/人・次	1	
202			办理员工手工医疗保险报销	报销记录	/人・次	4	
203			申报办理退休医疗待遇核算	核算记录	/人・次	1	
204			办理医疗保险账户注销	注销记录	/人・次	4	
205			申领生育津贴	生育津贴	/人・次	2	
206			对比核定生育津贴发放标准	生育津贴发放表	/人・次	4	

续表

序号	一级任务	二级任务	基础作业单元	成果标准	单位	标准工时	备注
207	社会保险和公积金管理	失业保险管理	申领稳岗补贴（失业保险返还）	稳岗补贴申请表	—	8	
208			编制稳岗补贴使用方案	使用方案	—	8	
209			履行内部决策程序	会议纪要/审批记录	—	8	
210			办理员工失业保险待遇	待遇核定表	/人·次	4	
211		工伤保险管理	与家属沟通对接	沟通记录	/次	4	
212			办理工伤申请申报	申报材料	/人	16	
213			准备工伤劳动能力鉴定申报材料	申报材料	/人	24	
214			申报工伤职工劳动能力鉴定	申报材料	/人	12	
215			申报工伤职工一次性补偿金	申报材料	/人	12	
216			发放一次性补偿金	审核发放表	/人	1	
217		住房公积金管理	缴纳住房公积金费用	支付申请表	—	4	
218			公积金缴纳情况对账	缴费单	—	4	
219		监督改进	监督业务办理时效性、合规性、数据准确性	缴费表、核定单等	—	8	
220			提出改进要求和建议	改进建议	—	4	
221		材料归档与信息维护	整理归档相关材料	材料台账	/月	1	
222			维护相关电子化信息	维护记录	/月	1	

续表

序号	一级任务	二级任务	基础作业单元	成果标准	单位	标准工时	备注
223	企业年金管理	制度建设	编制/内容修订/形式修订制度	《企业年金实施细则》等	—	40/24/4	
224			征求意见及沟通反馈	记录表/反馈表	—	4	
225			履行内部决策程序	会议纪要/审批记录	—	8	
226			开展制度宣贯	宣贯记录	—	2	
227			发布制度	制度	—	1	
228		建立企业年金计划	开展外部实地调研	调研报告	/单位	8	
229			收集和分析公司人力财务相关信息	报告	—	16	
230			编制企业年金方案草案	方案草案	—	80	
231			提交公司党委会前置审议	会议纪要/审批记录	—	8	
232			面向全体员工宣贯并征求意见	意见汇总表	—	6	
233			履行民主决策程序	决议	—	8	
234			向上级单位报批后发布方案	方案	—	8	
235			向地方人社部门报备	方案	—	8	
236			成立企业年金管理委员会	通知	—	16	
237			选聘受托人	合同	—	24	
238			选聘账管人、托管人、投管人	合同	—	24	

续表

序号	一级任务	二级任务	基础作业单元	成果标准	单位	标准工时	备注
239	企业年金管理	建立企业年金计划	编制/升版企业年金管理人和投资管理相关制度	相关制度	—	40	
240			定期开展投资监督	投管报告	—	8	
241			编制企业年金月度专报	月度专报	/月	8	
242			审批成员单位企业年金制度	批复文件	/单位	8	
243			企业年金管理培训	培训记录	—	8	
244		账户管理	开立账户	员工信息表	/人·次	0.5	
245			计划内企业年金转移	完成转移	/人	0.5	
246			计划外企业年金转移	企业年金转移表	/人	1	
247			办理员工退出企业年金计划	退出计划申请表	/人	1	
248		缴费管理	核定企业年金缴费基数	缴费基数表	—	16	
249			增减变更人员信息	变更调整表	/人·次	0.1	
250			缴纳企业年金费用	支付申请表	—	8	
251			缴纳企业年金账户管理费	支付申请表	—	4	
252		待遇支付	开展企业年金待遇按期领取测算	待遇测算表	/人	2	
253			组织退休员工签订企业年金待遇申请表	待遇申请表	/人	1	
254			办理企业年金待遇支付	退休审批表	/人	1	

续表

序号	一级任务	二级任务	基础作业单元	成果标准	单位	标准工时	备注
255	企业年金管理	监督改进	审核账管报告、投管报告等相应数据	账管报告等	—	4	
256			监督企业年金方案执行情况和支付进度	各类表格	/月	0.5	
257			提出改进要求和建议	改进建议	—	4	
258		材料归档与信息维护	整理归档相关材料	材料台账	/月	1	
259			维护相关电子化信息	维护记录	/月	1	
260	补充医疗保险管理	制度建设	编制/内容修订/形式修订制度	《补充医疗保险管理制度》等	—	40/24/4	
261			征求意见及沟通反馈	记录表/反馈表	—	4	
262			履行内部决策程序	会议纪要/审批记录	—	8	
263			开展制度宣贯	宣贯记录	—	2	
264			发布制度	《补充医疗保险管理制度》等	—	1	
265		方案制定	开展外部实地调研	调研报告	/单位	8	
266			开展人员结构分析和前期测算	测算表	—	24	
267			编制补充医疗保险实施方案草案	方案草案	—	40	
268			提交公司党委会前置审议	会议纪要/审批记录	—	8	
269			征求员工意见	意见汇总表	—	6	

续表

序号	一级任务	二级任务	基础作业单元	成果标准	单位	标准工时	备注
270	补充医疗保险管理	方案制定	履行民主决策程序	决议	—	8	
271			发布制度	《补充医疗保险管理制度》	—	1	
272			根据合同签订要求开展相关支持工作	技术规格书等	—	32	
273			选聘保险管理服务机构	合同	—	8	
274			开展补充医疗保险使用培训	培训记录	/场	4	
275		账户管理	建立/维护公司社保账户	公司账户	—	8/4	
276			建立/维护个人社保账户	个人账户	—	0.1	
277		缴费管理	缴纳补充医疗费用	支付申请表	—	4	
278			补充医疗资金分配	资金分配表	—	16	
279		保险理赔	审核月度报销明细	审核清单	—	4	
280			协助理赔	理赔确认单	—	4	
281		监督改进	监督服务机构基金使用情况	账管报告	—	8	
282			监督员工保险使用情况	账管报告	—	8	
283			提出改进要求和建议	改进建议	—	8	
284		材料归档与信息维护	整理归档相关材料	材料台账	/月	1	
285			维护相关电子化信息	维护记录	/月	1	

续表

序号	一级任务	二级任务	基础作业单元	成果标准	单位	标准工时	备注
286	股权激励	制度建设	编制/内容修订/形式修订制度	《股权激励管理制度》	—	60/40/4	
287			征求意见及沟通反馈	记录表/反馈表	—	4	
288			履行内部决策程序	会议纪要/审批记录	—	8	
289			开展制度宣贯	宣贯记录	—	2	
290			发布制度	《股权激励管理制度》	—	1	
291		方案制定	针对拟激励对象和公司财务状况开展分析	分析报告	—	8	
292			根据合同签订要求开展相关支持工作	技术规格书等	—	32	
293			选聘咨询机构	合同	—	8	
294			确定激励工具	激励工具清单	—	4	
295			确定激励对象	激励对象清单	—	32	
296			确定激励授予额度	额度清单	—	8	
297			确定考核指标和业绩考核办法	—	—	24	
298			确定授予价格	授予价格明细	—	4	
299			编制数据测算方案、核算激励额度	—	—	24	
300			设计股权激励方案草案	方案草案	—	40	
301			提交公司党委会前置审议	会议纪要/审批记录	—	8	
302			提交主管单位审议	批复文件	—	8	

续表

序号	一级任务	二级任务	基础作业单元	成果标准	单位	标准工时	备注
303	股权激励	方案制定	提交董事会审议	会议纪要/审批记录	—	8	
304			提交股东大会决议	决议	—	8	
305			履行信息披露程序并出具法律意见书	法律意见书	—	8	
306			组织宣贯股权激励方案	—	—	8	
307			授予激励对象股权	协议	—	16	
308		账户管理	对接外部管理机构完成股权账户开户、管理等工作	账户开户、管理等	—	8	
309			实时维护人员台账，掌握人员变动及股权变动等情况	人员台账	—	4	
310		行权管理	确定是否符合行权条件	测算表	—	8	
311			完成行权价格调整等工作	调整公告	—	16	
312			组织行权	—	—	2	
313		信息披露	公司高管持股/行权情况披露	年报	—	8	
314		监督改进	审核股权激励相关报表、报告等	报表、报告	/年	8	
315			监督激励方案执行情况	—	/年	8	
316			提出改进要求和建议	—	/年	4	
317		材料归档与信息维护	整理归档相关材料	材料台账	/月	1	
318			维护相关电子化信息	维护记录	/月	1	

续表

序号	一级任务	二级任务	基础作业单元	成果标准	单位	标准工时	备注
319	科技成果转化分红激励	制度建设	编制/内容修订/形式修订制度	《科技成果转化分红管理制度》	—	60/40/4	
320			征求意见及沟通反馈	记录表/反馈表	—	4	
321			履行内部决策程序	会议纪要/审批记录	—	8	
322			开展制度宣贯	宣贯记录	—	2	
323			发布制度	《科技成果转化分红管理制度》	—	1	
324		方案制定	审核企业基本条件	—	—	8	
325			确定激励方式，包括岗位分红、项目收益分红	激励方式	—	4	
326			确定分红激励对象	激励对象	—	32	
327			设置分红激励额度	激励额度	—	8	
328			确定考核指标和业绩考核办法	考核指标和办法	—	24	
329			制定分红激励方案	分红激励方案	—	40	
330			提交党委会前置审议	会议纪要/审批记录	—	8	
331			提交总经理会或董事会审议	会议纪要/审批记录	—	8	
332			征求职工意见	意见汇总表	—	6	

续表

序号	一级任务	二级任务	基础作业单元	成果标准	单位	标准工时	备注
333	科技成果转化分红激励	方案制定	报集团公司批准和备案	报告	—	8	
334			提交股东大会审议	报告	—	8	
335			向集团公司提交撤销报告（需要撤销或股东大会未通过的）	报告	—	8	
336		分红兑现	按照方案确定是否符合分红兑现的条件	报告	—	16	
337			按照方案兑现分红	兑现方案	—	32	
338		监督改进	定期报告分红激励等情况	报告	/年	8	
339			开展分配监督检查和评估	报告	/年	8	
340			提出改进要求和建议	—	/年	4	
341		材料归档与信息维护	整理归档相关材料	材料台账	/月	1	
342			维护相关电子化信息	维护记录	/月	1	
343	履职待遇、业务支出管理	制度建设	编制/内容修订/形式修订制度	《履职待遇、业务支出管理制度》	—	40/24/4	
344			征求意见及沟通反馈	记录表/反馈表	—	4	
345			履行内部决策程序	会议纪要/审批记录	—	8	
346			开展制度宣贯	宣贯记录	—	2	

续表

序号	一级任务	二级任务	基础作业单元	成果标准	单位	标准工时	备注
347	履职待遇、业务支出管理	制度建设	发布制度	《履职待遇、业务支出管理制度》	—	1	
348		公务用车管理	编制并上报公务用车改革方案	改革方案	—	40	
349			审批公务用车改革方案	批复文件	—	8	
350		监督改进	监督负责人履职待遇业务支出执行情况	执行情况表	/年	8	
351			监督员工履职待遇业务支出执行情况	执行情况表	/年	8	
352			提出改进要求和建议	—	/年	4	
353		材料归档与信息维护	整理归档相关材料	材料台账	/月	1	
354			维护相关电子化信息	维护记录	/人	0.2	
355	荣誉管理	制度建设	编制/内容修订/形式修订制度	《荣誉管理制度》	—	60/40/4	
356			征求意见及沟通反馈	记录表/反馈表	—	4	
357			履行内部决策程序	会议纪要/审批记录	—	8	
358			开展制度宣贯	宣贯记录	—	2	
359			发布制度	《荣誉管理制度》	—	1	
360		荣誉管理组织机构建设	组建或确定公司荣誉管理组织机构	—	—	4	
361			制定荣誉管理组织机构和各部门工作职责	文件	—	4	

续表

序号	一级任务	二级任务	基础作业单元	成果标准	单位	标准工时	备注
362	荣誉管理	荣誉项目管理	新增/调整荣誉项目	项目清单	—	8	
363			履行内部决策程序	会议纪要/审批记录	—	8	
364		荣誉项目评选	发布评选通知	通知	—	8	
365			组织开展申报，收集评选申请	评选申请表	—	16	
366			开展初评初选，提出建议	结果建议表	—	16	
367			提交荣誉管理机构审核	会议纪要/审批记录	—	8	
368			履行内部决策程序	会议纪要/审批记录	—	8	
369			公示	公式通知	—	4	
370			授予荣誉	文件	—	8	
371		表彰激励	组织进行表彰和开展宣传	—	—	24	
372			组织相关受表彰人员参加有关重大典会	—	—	24	
373			建立功勋簿，记录获奖人员信息	功勋簿	—	8	
374			建立荣誉积分档案	积分台账	—	8	
375		兑现奖励	兑现薪酬激励奖励	发放表	—	4	
376			兑现其他形式奖励	—	—	2	
377		材料归档与信息维护	整理归档相关材料	材料台账	/月	1	
378			维护相关电子化信息	维护记录	/月	0.2	

十、员工关系管理模块标准工时

员工关系管理模块立足于增强组织凝聚力、提高员工满意度，以建立积极和谐的员工关系为目标，开展业务分解（见表 11）。

- 一级任务：包括“员工关系管理总体设计”“员工流动管理”“劳动合同管理”“涉密人员管理”“人事档案管理”“落户管理”“劳动纪律管理”“惩处管理”“劳动争议管理”“员工满意度管理”“EAP 管理”11 个一级任务。
- 二级任务：所有一级任务共分解为 56 个二级任务，其中，“员工关系管理总体设计”分解为“客户需求分析”“明确员工关系管理目标”“明确员工关系管理工作方法”“明确资源保障支持”“评估与改进”5 个二级任务；“员工流动管理”分解为“制度建设”“入职管理”“试用期管理”“见习期管理”“组织调动管理”“个人申请调动管理”“辞职管理”“辞退管理”“退休管理”“材料归档与信息维护”10 个二级任务；“劳动合同管理”分解为“制度建设”“劳动合同订立”“劳动合同变更”“劳动合同续订”“劳动合同终止/解除”“材料归档与信息维护”6 个二级任务；“涉密人员管理”分解为“制度建设”“人员上岗管理”“在岗人员管理”“离岗管理”“因私出国（境）管理”“因公出国（境）管理”“材料归档与信息维护”7 个二级任务；“人事档案管理”分解为“制度建设”“档案保管”“档案专项审核”“档案信息化管理”4 个二级任务；“落户管理”分解为“制度建设”“应届生落户管理”“京外调干与解决夫妻两地分居管理/工作居住证管理”“积分落户管理”“材料归档与信息维护”5 个二级任务；“劳动纪律管理”分解为“制度建设”“考勤与休假管理”“监督检查”“材料归档与信息维护”4 个二级任务；“惩处管理”分解为“制度建设”“惩处事项管理”“材料归档与信息维护”3 个二级任务；“劳动争议管理”分解为“制度建设”“争议事项处理”“材料归档与信息维护”3 个二级任务；“员工满意度管理”分解为“合作商选择”“员工满意度调查”“员工满意度改进实施”“材料归档与信息维护”4 个二级任务；“EAP 管理”分解为“合作商选择”“心理健康调查”“组建 EAP 专员队伍”“EAP 服务宣介”“组织 EAP 活动”5 个二级任务。

表 11 员工关系管理模块标准工时表

序号	一级任务	二级任务	基础作业单元	成果标准	单位	标准工时	备注
1	员工关系管理总体设计	客户需求分析	确定客户对象	客户清单	—	16	
2			开展调研和访谈	调研报告/访谈记录	/人	2	平行
3			制定客户需求实现方案	方案	—	40	
4		明确员工关系管理目标	分析公司战略目标和远景规划	报告	—	8	
5			确定公司员工关系管理目标	方案	—	8	
6		明确员工关系管理工作方法	内外部调研	报告	—	40	
7			方法对比分析	报告	—	24	
8			确定员工关系管理工作方法	方案	—	16	
9		明确资源保障支持	确定所需资源和获取渠道	资源渠道清单	—	4	
10			制定人员资格标准	资格标准	—	4	
11			确定必要的工具	工具清单	—	4	
12		评估与改进	运行情况与客户满意度评估	报告	—	8	
13			制定业务运行与客户满意度改进方案	方案	—	24	
14			定期跟踪执行情况	任务进度总结表	—	4	
15	员工流动管理	制度建设	编制/内容修订/形式修订制度	《员工流动管理制度》	—	40/24/4	
16			征求意见及沟通反馈	记录表/反馈表	—	4	
17			履行内部决策程序	会议纪要/审批记录	—	8	

续表

序号	一级任务	二级任务	基础作业单元	成果标准	单位	标准工时	备注
18	员工流动管理	制度建设	开展制度宣贯	宣贯记录	/场	2	平行
19			发布制度	《员工流动管理制度》	—	1	
20		入职管理	通知入职事项	入职通知单	—	2	
21			安排入职体检	体检报告	—	4	
22			集中/零散收集入职信息	入职材料	—	8/0.2	
23			集中/零散签订入职文件	履历表等	—	2/0.1	
24		试用期管理	组织制定试用期考核标准	试用期考核标准	—	8	
25			组织试用期考核	试用期考核表	/场	4	平行
26			集中/零散办理转正手续（考核合格）	审批单	—	1/0.2	
27			办理解除/延期手续（考核不合格）	审批单	—	4	
28		见习期管理	组织制定见习期考核标准	见习期考核标准	—	8	
29			组织见习期考核	见习期考核表	—	4	
30			集中/零散办理定岗定级手续（考核合格）	定级表	—	2	
31			办理延期手续（考核不合格）	审批单	—	2	
32		组织调动管理	受理组织调动申请	调动申请	—	0.5	
33			提出人员调动建议	调动建议	—	2	
34			征求申请人和拟调出、调入部门意见	人事变动表	—	2	

续表

序号	一级任务	二级任务	基础作业单元	成果标准	单位	标准工时	备注
35	员工流动管理	组织调动管理	履行调动审批	调动审批表	—	1	
36			组织办理工作交接	工作交接单	—	0.5	
37		个人申请调动管理	受理个人调动申请	调动申请	—	0.5	
38			调查申请调动背景情况	调查记录	—	2	
39			评估申请人工作表现、任职资格，提出调动意见	评估记录	—	2	
40			征求申请人和拟调出、调入部门意见	人事变动表	—	4	
41			履行调动审批并反馈意见	调动审批表	—	2	
42			组织办理工作交接	工作交接单	—	0.5	
43		辞职管理	受理辞职申请	辞职申请	—	0.5	
44			调查辞职背景情况	调查记录	—	2	
45			与职工开展辞职面谈	面谈记录	—	1	
46			核算审批辞职违约金	辞职违约金审批单	—	1	
47			发起辞职审批	离职审批单	—	1	
48		辞退管理	调查辞退背景情况	调查记录	—	4	
49			编制辞退工作建议方案	建议方案	—	4	
50			告知工会并征求意见	通知书	—	1	

续表

序号	一级任务	二级任务	基础作业单元	成果标准	单位	标准工时	备注
51	员工流动管理	辞退管理	履行内部决策程序	会议纪要/审批记录	—	8	
52			核算审批辞退补偿金	辞退补偿金审批单	—	1	
53			与职工开展辞退面谈	面谈记录	—	4	
54			给职工发送辞退通知单	辞退通知单	—	1	
55		退休管理	核查每月到龄退休人员	人员名单	/月	0.5	
56			履行退休/延期退休审批	退休/延期退休审批表	/人	1	
57			准备档案审批材料	审查记录	/人	1	
58			提请社保局审核	审核记录	/人	2	
59			发布退休通知单	退休通知单	/人	1	
60			办理退休/延期退休手续	退休/延期退休手续	/人	0.5	
61		材料归档与信息维护	整理归档相关材料	材料台账	/月	1	
62			维护相关电子化信息	维护记录	/人	0.2	
63	劳动合同管理	制度建设	编制/内容修订/形式修订制度	《劳动合同管理制度》	—	40/24/4	
64			征求意见及沟通反馈	记录表/反馈表	—	4	
65			履行内部决策程序	会议纪要/审批记录	—	8	
66			开展制度宣贯	宣贯记录	—	2	
67			发布制度	《劳动合同管理制度》	—	1	

续表

序号	一级任务	二级任务	基础作业单元	成果标准	单位	标准工时	备注
68	劳动合同管理	劳动合同订立	制定/修订合同模板	合同模板	—	24/8	
69			集中/零散签订合同（含试用期考核标准、职业危害告知书）	劳动合同/试用期考核标准	/次	1/0.2	
70		劳动合同变更	协商合同变更内容	协商记录	—	1	
71			执行合同变更手续	合同变更手续	—	1	
72		劳动合同续订	核查合同到期人员名单	人员名单	—	0.2	
73			确认合同续订意向	意向书	/人	0.2	
74			续订合同	合同续订手续	/人	0.2	
75		劳动合同终止/解除	办理合同终止/解除手续	合同终止/解除手续	/人	0.2	
76			核算审批经济补偿金	经济补偿金审批单	/人	1	
77			出具离职证明	离职证明	/人	0.2	
78		材料归档与信息维护	整理归档相关材料	材料台账	/年	1	
79			维护相关电子化信息	维护记录	/人	0.2	
80	涉密人员管理	制度建设	编制/内容修订/形式修订制度	《涉密人员保密管理制度》	—	40/24/4	
81			征求意见及沟通反馈	记录表/反馈表	—	4	
82			履行内部决策程序	会议纪要/审批记录	—	8	

续表

序号	一级任务	二级任务	基础作业单元	成果标准	单位	标准工时	备注
83	涉密人员管理	制度建设	开展制度宣贯	宣贯记录	—	2	
84			发布制度	《涉密人员保密管理制度》	—	1	
85		人员上岗管理	涉密人员上岗保密审查	政审表	/人	1	
86			组织岗前保密教育	保密教育记录	—	0.5	
87			组织上岗考试	考试结果	—	0.5	
88			组织签订保密承诺书	保密承诺书	/人	0.1	
89			涉密人员备案工作	备案表	—	1	
90			涉密人员档案建立	涉密人员档案	/月	1	
91		在岗人员管理	涉密人员岗位、密级变更审查	变更表	/人	0.2	
92			涉密人员季度考核	季度考核表	/季	4	平行
93			涉密人员年度考核	年度考核表	/年	4	平行
94			涉密人员年度复审	年度复审表	/年	24	平行
95		离岗管理	开展涉密人员离岗保密提醒	保密提醒	/人	0.1	
96			组织签订离岗保密承诺书	保密承诺书	/人	0.1	
97			办理涉密人员离岗手续	离岗证明	/人	0.1	
98			编制并发送脱密期委托管理书	委托书	/人	1	

续表

序号	一级任务	二级任务	基础作业单元	成果标准	单位	标准工时	备注
99	涉密人员管理	离岗管理	回访脱密期涉密人员	回访记录	/月	1	
100			开展脱密期涉密人员重大事项报告	报告	/人	1	
101			撤销涉密人员备案	脱密处理记录	—	1	
102		因私出国（境）管理	审批涉密人员出国（境）证件办理	审批表	—	0.5	
103			出具申办出入国（境）证件的函	函件	—	0.5	
104			审批涉密人员因私出国（境）	审批表	—	0.5	
105			办理涉密人员护照领取手续	领取记录	—	0.1	
106			开展涉密人员出国（境）前保密提醒	保密提醒	—	0.5	
107			涉密人员回国（境）后回访及证件回收	回访记录	—	0.5	
108		因公出国（境）管理	出具因公出国（境）政审材料	函件	—	1	
109			办理涉密人员护照领取手续	领取记录	—	0.5	
110			涉密人员回国（境）后回访及证件回收	回访记录	—	0.5	
111		材料归档与信息维护	整理归档相关材料	材料台账	/月	1	
112			维护相关电子化信息	维护记录	/人	0.2	

续表

序号	一级任务	二级任务	基础作业单元	成果标准	单位	标准工时	备注
113	人事档案管理	制度建设	编制/内容修订/形式修订制度	《人事档案管理制度》	—	40/24/4	
114			征求意见及沟通反馈	记录表/反馈表	—	4	
115			履行内部决策程序	会议纪要/审批记录	—	8	
116			开展制度宣贯	宣贯记录	—	2	
117			发布制度	《人事档案管理制度》	—	1	
118		档案保管	核实并开具调档通知及介绍信	调档通知/介绍信	/人	0.2	
119			档案接收、审核、立卷	接收记录	/人	2	
120			收集归档档案材料	归档材料	/人	0.2	
121			年度盘点档案并维护存档花名册	年度盘点记录	/次	40	
122			结算档案托管费用	结算记录	/年	4	
123			转递、移交档案	转递记录	/人	4	
124			查（借）阅人事档案	查（借）阅审批表	/人	0.5	
125			提供人事档案复印件	档案复印件	/人	0.2	
126			出具档案信息认定	认定材料	/人	1	
127		档案专项审核	编制专项审核方案与计划	方案/计划	—	8	
128			开展人事档案专项审核	审核表	/人	4	
129			开展专项审核总结评估	总结评估	—	8	

续表

序号	一级任务	二级任务	基础作业单元	成果标准	单位	标准工时	备注
130	人事档案管理	档案信息化管理	明确操作规范、验收标准及工期	工作方案	—	16	
131			筛选服务承包商	确定服务承包商	—	16	
132			签订外包服务合同	外包服务合同	—	4	
133			分批办理调档出库	交接手续	/批	8	
134			定期检查工作进度及效果	检查记录	—	4	
135			数据验收	验收结果	—	4	
136			对各种软硬件设备、存储介质、视频监控进行安全检查	检查记录	—	8	
137			办理档案、数据、软硬件设备等交接手续	交接手续	—	8	
138	落户管理	制度建设	编制/内容修订/形式修订制度	《落户管理制度》	—	40/24/4	
139			征求意见及沟通反馈	记录表/反馈表	—	4	
140			履行内部决策程序	会议纪要/审批记录	—	8	
141			开展制度宣贯	宣贯记录	—	2	
142			发布制度	《落户管理制度》	—	1	
143		应届生落户管理	收集落户人员材料	落户信息材料	/人	1	
144			岗位对接	完成录入	/岗位	0.2	
145			人员信息录入人社部系统	完成录入	/人	0.2	

续表

序号	一级任务	二级任务	基础作业单元	成果标准	单位	标准工时	备注
146	落户管理	京外调干与解决夫妻两地分居管理/工作居住证管理	发放批复文件	完成落户	—	4	
147			编制上报年度计划	年度计划	—	8	
148			收集/核实申请信息	申请信息表	/人	0.2	
149			维护排序表并进行公示	排序表	—	2	
150			履行内部决策程序	会议纪要/审批记录	—	8	
151			拟上报人员公示	公示文件	—	1	
152			上报人员信息	申报函	—	2	
153			收集/审核落户人员材料	落户信息材料	/人	1	
154			岗位对接	完成录入	/岗位	0.2	
155			人员信息录入人社部系统	完成录入	/人	0.2	
156			发放批复文件	完成落户	—	1	
157		积分落户管理	审核人员申报信息	申报信息审核表	/人	0.5	
158		材料归档与信息维护	整理归档相关材料	材料台账	/年	1	
159			维护相关电子化信息	维护记录	/人	0.2	
160	劳动纪律管理	制度建设	编制/内容修订/形式修订制度	《劳动纪律管理制度》	—	60/40/4	
161			征求意见及沟通反馈	记录表/反馈表	—	4	
162			履行内部决策程序	会议纪要/审批记录	—	8	

续表

序号	一级任务	二级任务	基础作业单元	成果标准	单位	标准工时	备注
163	劳动纪律管理	制度建设	开展制度宣贯	宣贯记录	—	2	
164			发布制度	《劳动纪律管理制度》	—	1	
165		考勤与休假管理	梳理内部考勤系统需求	需求表	—	4	
166			维护考勤系统基础信息	完成维护	—	24	
167			组织考勤系统使用培训	培训记录	/场	4	平行
168			组织录入年度排班出勤计划	完成录入	/年	8	
169			审核员工休假/请假申请	休假/请假申请表	/人	0.1	
170			组织录入月度考勤记录	考勤表	/月	1	
171			审核员工出勤情况	审核表	/月	2	
172			出具异常出勤情况及人员处理方案	处理结果	/人	2	
173			后期跟踪处理情况	跟踪记录	/人	2	
174		监督检查	现场劳动纪律检查	检查结果	—	4	
175			异常情况核实	核实记录	—	2	
176			出具处理方案	处理方案	—	2	
177			通报检查结果及处理方案	通报公告	—	1	
178			组织落实处理方案	落实结果	—	2	
179		材料归档与信息维护	整理归档相关材料	材料台账	/月	1	
180			维护相关电子化信息	维护记录	/人	0.2	

续表

序号	一级任务	二级任务	基础作业单元	成果标准	单位	标准工时	备注
181	惩处管理	制度建设	编制/内容修订/形式修订制度	《员工惩处管理制度》	—	40/24/4	
182			征求意见及沟通反馈	记录表/反馈表	—	4	
183			履行内部决策程序	会议纪要/审批记录	—	8	
184			开展制度宣贯	宣贯记录	—	2	
185			发布制度	《员工惩处管理制度》	—	1	
186		惩处事项管理	判别个人/团体/部门惩处情形	相关记录	—	4	
187			提出惩处建议	惩处建议	—	4	
188			征求有关部门意见	征求记录	—	4	
189			履行内部决策程序	会议纪要/审批记录	—	8	
190			通报惩处事项	通报材料	—	2	
191			跟踪落实惩处措施	落实记录	—	2	
192		材料归档与信息维护	整理归档相关材料	材料台账	/年	1	
193			维护相关电子化信息	维护记录	/人	0.2	
194	劳动争议管理	制度建设	编制/内容修订/形式修订制度	《劳动争议管理制度》	—	40/24/4	
195			征求意见及沟通反馈	记录表/反馈表	—	4	
196			履行内部决策程序	会议纪要/审批记录	—	8	
197			开展制度宣贯	宣贯记录	—	2	
198			发布制度	《劳动争议管理制度》	—	1	

续表

序号	一级任务	二级任务	基础作业单元	成果标准	单位	标准工时	备注
199	劳动争议管理	争议事项处理	接收劳动争议申请书	登记表	—	0.5	
200			调查争议事项	调查记录	—	16	
201			与劳动者进行协商	协商记录	—	4	
202			达成和解协议	和解协议	—	4	
203			参与劳动争议调解	调解记录	—	4	
204			达成调解协议	调解协议	—	2	
205			准备仲裁有关材料	材料	—	16	
206			参与劳动争议仲裁	参与仲裁	—	4	
207			执行仲裁决定相关事项	执行情况记录	—	8	
208			准备诉讼有关材料	材料	—	16	
209			参与劳动争议诉讼	参与诉讼	—	4	
210			履行诉讼决定有关事项	履行情况记录	—	8	
211		材料归档与信息维护	整理归档相关材料	材料台账	/年	1	
212			维护相关电子化信息	维护记录	/人	0.2	
213	员工满意度管理	合作商选择	明确服务外包范围	服务外包范围	—	4	
214			筛选服务合作商	服务合作商	—	16	
215			沟通并签订合作协议	合作协议	—	8	

续表

序号	一级任务	二级任务	基础作业单元	成果标准	单位	标准工时	备注
216	员工满意度管理	员工满意度调查	前期调研	调研报告	—	8	
217			制定调查方案	调查方案	—	8	
218			设计调研问卷	调研问卷	—	8	
219			组织问卷填写	完成填写	—	4	
220		员工满意度改进实施	分析调查问卷	分析报告	—	8	
221			汇总及反馈调查结果	反馈记录	—	8	
222			制定人力资源员工满意度改进实施方案	改进实施方案	—	8	
223			员工满意度改进效果评估	效果评估报告	—	8	
224		材料归档与信息维护	整理归档相关材料	材料台账	/年	1	
225			维护相关电子化信息	维护记录	/人	0.2	
226	EAP 管理	合作商选择	明确服务外包范围	服务外包范围	—	4	
227			筛选服务合作商	服务合作商	—	16	
228			沟通并签订合作协议	合作协议	—	8	
229		心理健康调查	构建调查模型	调查模型	—	8	
230			设计调研问卷	调研问卷	—	4	
231			组织问卷填写	完成填写	—	4	
232			形成调查报告	调查报告	—	4	

续表

序号	一级任务	二级任务	基础作业单元	成果标准	单位	标准工时	备注
233	EAP 管理	组建 EAP 专员队伍	组织人员报名	通知	—	1	
234			组织人员培训	培训记录	—	8	
235			考核并确定人选	人员名单	—	8	
236		EAP 服务宣介	搭建宣介平台	宣介平台	—	16	
237			组织宣介活动	活动记录	/场	2	平行
238		组织 EAP 活动	沟通需求	需求表	—	4	
239			制定方案	方案	—	8	
240			方案实施	方案	—	8	
241			效果总结	总结	—	2	

十一、人力资源信息化管理模块标准工时

人力资源信息化管理模块立足于提高人力资源管理业务效率，以提高人力资源管理信息化水平为目标，开展业务分解（见表 12）。

● 一级任务：包括“人力资源信息化管理总体设计”“人力资源信息化管理方案与制度建设”“系统建设”“系统管理” 4 个一级任务。

● 二级任务：所有一级任务共分解为 16 个二级任务，其中，“人力资源信息化管理总体设计”分解为“客户需求分析”“明确人力资源信息化管理目标”“明确人力资源信息化管理工作方法”“明确资源保障支持”“评估与改进” 5 个二级任务；“人力资源信息化管理方案与制度建设”分解为“制度建设”“方案确定” 2 个二级任务；“系统建设”分解为“设计规划”“项目立项”“项目采购”“项目实施”“项目测试”“项目验收”“培训推广” 7 个二级任务；“系统管理”分解为“日常管理”“系统优化” 2 个二级任务。

● 特殊说明：在人力资源信息化管理系统建设过程中，人力资源部更多是作为客户角色，提供对信息化管理系统的功能定位和需求。所以，在对相关业务进行分解后，还列明了人力资源信息化管理系统应具备的基础应用功能，供开发系统参考。

表 12 人力资源信息化管理模块标准工时表

序号	一级任务	二级任务	基础作业单元	成果标准	单位	标准工时	备注
1	人力资源信息化管理总体设计	客户需求分析	确定客户对象	客户清单	—	16	
2			开展调研和访谈	调研报告/访谈记录	/人	2	平行
3			制定客户需求实现方案	方案	—	40	
4		明确人力资源信息化管理目标	分析公司战略目标和远景规划	报告	—	8	
5			确定公司人力资源信息化管理目标	方案	—	8	
6		明确人力资源信息化管理工作方法	内外部调研	报告	—	40	
7			方法对比分析	报告	—	24	
8			确定人力资源信息化管理工作方法	方案	—	16	
9		明确资源保障支持	确定所需资源和获取渠道	资源渠道清单	—	4	
10			制定人员资格标准	资格标准	—	4	
11			确定必要的工具	工具清单	—	4	
12		评估与改进	运行情况与客户满意度评估	报告	—	8	
13			制定业务运行与客户满意度改进方案	方案	—	24	
14			定期跟踪执行情况	任务进度总结表	—	4	
15	人力资源信息化管理方案与制度建设	制度建设	编制/内容修订/形式修订制度	《人力资源信息化管理制度》	—	60/40/4	
16			征求意见及沟通反馈	记录表/反馈表	—	4	

续表

序号	一级任务	二级任务	基础作业单元	成果标准	单位	标准工时	备注
17	人力资源信息化管理方案与制度建设	制度建设	履行内部决策程序	会议纪要/审批记录	—	8	
18			开展制度宣贯	宣贯记录	—	2	
19			发布制度	《人力资源信息化管理制度》	—	1	
20		方案确定	结合管理目标与原则分析确定人力资源信息化管理策略、定位等	报告	—	12	
21			编制/修订人力资源信息化管理方案	方案	—	40/8	
22			组织专项审议	纪要	—	8	
23			根据审议意见修改人力资源信息化管理方案	方案	—	8	
24			履行内部决策程序	会议纪要/审批记录	—	8	
25			发布管理方案	发布文件	—	1	
26	系统建设	设计规划	梳理内部人力资源各项业务流程	业务流程图	/内设机构	40	平行
27			业务需求分析	信息化需求说明书	—	160	
28		项目立项	计划预算	公司年度计划预算报告	—	8	

续表

序号	一级任务	二级任务	基础作业单元	成果标准	单位	标准工时	备注
29	系统建设	项目立项	项目论证	论证报告	—	32	
30			立项审批	会议纪要/批复文件	—	8	
31		项目采购	采购技术规格书审查	技术规格书	—	16	
32			参与商务谈判	合同	—	8	
33		项目实施	成立项目组（甲方）	项目组名单	—	4	
34			制定项目实施计划和管理大纲	实施计划	—	16	配合信息部门开展
35			开展相关培训	签到表	—	8	
36			组织召开项目启动会议	会议纪要	—	4	
37			跟踪项目实施	信息记录表	—	16	
38		项目测试	提出试运行申请	试运行申请	/次	2	
39			收集与整理业务数据	数据汇总表	—	80	
40			参与系统测试	系统测试报告	—	16	包含基础应用功能全部 BU
41			测试结果确认	测试反馈表	/次	1	
42		项目验收	参与项目验收	系统验收报告	—	4	
43			验收结果确认	验收确认表	—	1	

续表

序号	一级任务	二级任务	基础作业单元	成果标准	单位	标准工时	备注
44	系统建设	培训推广	编制用户手册	用户手册	—	24	
45			组织系统应用培训、答疑	培训记录	/场	8	
46	系统管理	日常管理	收集用户使用反馈	反馈表	/次	0.5	
47			维护用户账户	账户清单	/月	2	
48			提出用户权限申请	申请表	/月	1	
49		系统优化	提出需求变更申请	变更申请	/次	4	
50			参与系统变更测试	反馈记录	/次	8	
51			发布系统变更升级说明	升级说明	—	4	
52			升级用户手册	用户手册	—	4	
	基础应用功能（供参考，不赋予工时）	数据应用	用工总量分析	—	—		
			人员结构分析	—	—		
			人工成本分析	—	—		
			工资总额过程管控	—	—		
			培训学时分析	—	—		
			各类报表输出	—	—		
		组织管理	组织管理	—	—		
			组织编制管理	—	—		

续表

序号	一级任务	二级任务	基础作业单元	成果标准	单位	标准工时	备注
	基础应用功能（供参考，不赋予工时）	组织管理	岗位管理	—	—		
			组织绩效管理	—	—		
		人事管理	入职事务管理	—	—		
			离职事务管理	—	—		
			劳动合同管理	—	—		
			内部调配管理	—	—		
			人员信息管理	—	—		
			考勤管理	—	—		
			人事档案管理	—	—		
		员工服务管理	信息查询	—	—		
			证明开具	—	—		
			请休假等	—	—		
		干部管理	领导班子管理	—	—		
			干部选拔/任免/考核	—	—		
			后备干部资源管理	—	—		
		人才识别/选拔	人才库	—	—		
			专家任命	—	—		

续表

序号	一级任务	二级任务	基础作业单元	成果标准	单位	标准工时	备注
	基础应用功能（供参考，不赋予工时）	招聘管理	外部招聘管理	—	—		
			人才地图	—	—		
		绩效管理	绩效目标制定与反馈	—	—		
			绩效辅导/改进	—	—		
			评价与沟通	—	—		
		任职资格管理	任职资格标准/模型	—	—		
			任职过程管理	—	—		
			人岗匹配	—	—		
		学习培训管理	培训计划	—	—		
			课程开发	—	—		
			讲师管理	—	—		
			考试管理	—	—		
			在线学习	—	—		
			评价管理	—	—		
		薪酬管理	薪酬总额管理	—	—		
			薪酬管理	—	—		
			福利管理	—	—		
			员工保险管理	—	—		
			激励/奖励管理	—	—		

十二、综合管理模块标准工时

综合管理模块立足于部门能力建设和人才培养，以建立强有力的支撑服务保障体系为目标，开展业务分解（见表13）。

● 一级任务：包括“综合管理总体设计”“部门建设”“部门党建工作”“分工会管理”“团支部管理”“部门综合事务”6个一级任务。

● 二级任务：所有一级任务共分解为50个二级任务，其中，“综合管理总体设计”分解为“客户需求分析”“明确综合管理目标”“明确综合管理工作方法”“明确资源保障支持”“评估与改进”5个二级任务；“部门建设”分解为“能力建设”“团队建设”“知识共享”“部门培训”“材料归档与信息维护”5个二级任务；“部门党建工作”分解为“日常党务工作”“支部宣传思想工作”“支部委员会换届”“支部组织生活会/民主评议党员”“开展‘三会一课’”“开展主题党日活动”“支部党员培养发展”“党支部年度考核评价”“材料归档与信息维护”9个二级任务；“分工会管理”分解为“分工会日常管理”“分工会委员会换届/委员补选”“分工会会员代表/职工代表选举”“职工之家建设”“材料归档与信息维护”5个二级任务；“团支部管理”分解为“团支部日常管理”“团支部活动”“材料归档与信息维护”3个二级任务；“部门综合事务”分解为“外来人员来访接待”“会议管理”“预算管理”“计划管理”“安全管理”“宣传管理”“培训管理”“经验反馈管理”“保密管理”“质量管理”“公文管理”“内控与风险管理”“合规管理”“保卫管理”“应急管理”“资产管理”“用印管理”“采购管理”“考勤管理”“内审管理”“信息化管理”“职业健康管理”“材料归档与信息维护”23个二级任务。

表 13　综合管理模块标准工时表

序号	一级任务	二级任务	基础作业单元	成果标准	单位	标准工时
1	综合管理总体设计	客户需求分析	确定客户对象	客户清单	—	16
2			开展调研和访谈	调研报告/访谈记录	/人	2
3			制定客户需求实现方案	方案	—	40
4		明确综合管理目标	分析公司战略目标和远景规划	报告	—	8
5			确定公司综合管理目标	方案	—	8
6		明确综合管理工作方法	内外部调研	报告	—	40
7			方法对比分析	报告	—	24
8			确定综合管理工作方法	方案	—	16
9		明确资源保障支持	确定所需资源和获取渠道	资源渠道清单	—	4
10			制定人员资格标准	资格标准	—	4
11			确定必要的工具	工具清单	—	4
12		评估与改进	运行情况与客户满意度评估	报告	—	8
13			制定业务运行与客户满意度改进方案	方案	—	24
14			定期跟踪执行情况	任务进度总结表	—	4
15	部门建设	能力建设	分析员工结构、特点及能力水平	分析报告	—	16
16			制订部门员工能力提升计划	计划	—	32
17			组织开展思想政治学习活动	学习记录	—	8
18			组织开展专业技能提升活动	学习记录	—	8
19			组织开展行政管理能力提升活动	学习记录	—	8

续表

序号	一级任务	二级任务	基础作业单元	成果标准	单位	标准工时
20	部门建设	团队建设	编制团队活动计划	活动计划	—	8
21			组织团建活动	活动总结	—	8
22			办理活动经费报销手续	报销单	—	4
23		知识共享	开展业务讲堂等活动	活动记录	—	4
24			开展部门传帮带	记录单	/月	8
25			组织设计员工学习计划	学习计划	—	4
26		部门培训	培训需求分析与汇总	报告	/年	8
27			制订年度培训计划	培训计划	/年	8
28			组织培训项目实施	培训记录	—	4
29		材料归档与信息维护	整理归档相关材料	材料台账	/年	2
30			维护相关电子化信息	维护记录	/年	1
31	部门党建工作	日常党务工作	制订支部年度工作计划、党费使用计划	计划	—	1
32			测算支部党员党费	测算表	—	2
33			按月收缴支部党员党费	党费收缴记录	—	1
34			编制报送支部工作总结	报告	—	2
35			建立完善党建工作台账	台账	/月	1
36		支部宣传思想工作	宣传报道支部工作	新闻稿件	/篇	2
37			报送支部意识形态工作报告	报告	/篇	2

续表

序号	一级任务	二级任务	基础作业单元	成果标准	单位	标准工时
38	部门党建工作	支部委员会换届	编制会议材料	报告、选举办法、选票等会议材料	—	8
39			初步候选人推荐提名	人员名单	—	1
40			向上级党委报送换届选举请示（一报）	请示文件	—	1
41			向上级党委报送候选人预备人选请示（二报）	请示文件	—	1
42			组织召开党员大会，选举支部委员	会议记录、报告单	—	2
43			组织召开支委会，选举书记、副书记	会议记录	—	1
44			向上级党委报告选举情况及选举结果（三报）	报告	—	2
45		支部组织生活会/民主评议党员	会前准备	会议材料	—	8
46			组织召开会议、开展批评和自我批评	会议记录	—	4
47			开展党员民主评议工作	民主评议表	—	2
48			会议召开情况报告编制及评议结果报送	报告、评议结果	—	2
49			会议记录编制	会议记录	/次	4
50		开展“三会一课”	确定会议议程	会议通知	/次	2
51			准备会议材料	会议材料	/次	2
52			组织召开会议	会议记录	/次	4
53			会议记录编制	会议记录	/次	4

续表

序号	一级任务	二级任务	基础作业单元	成果标准	单位	标准工时
54	部门党建工作	开展主题党日活动	策划主题党日活动	策划方案	—	16
55			开展主题党日活动	签到表	/半天	4
56			编写活动总结/宣传报道	活动总结/新闻稿件	/篇	2
57			报销活动费用	报销清单	—	2
58		支部党员培养发展	与入党申请人谈话	谈话记录	—	1
59			确定入党积极分子/发展对象，报上级党委备案	报告	—	2
60			确定入党介绍人，进行发展对象政治审查	政审材料	—	2
61			组织召开支部党员大会，接收预备党员	会议记录	—	2
62			组织召开支部党员大会，预备党员考察及转正	会议记录	—	2
63			党组织关系转接	组织关系介绍信	—	0.5
64			党员档案移交	移交清单	—	0.5
65		党支部年度考核评价	撰写党支部书记述职报告	报告	—	4
66			组织开展满意度测评	测评材料	—	0.5
67			准备现场考核材料及迎检	考核材料	—	40
68			编制、报送考核整改方案	整改方案	—	32
69		材料归档与信息维护	整理归档相关材料	材料台账	/年	2
70			维护相关电子化信息	维护记录	/人	1

续表

序号	一级任务	二级任务	基础作业单元	成果标准	单位	标准工时
71	分工会管理	分工会日常管理	分工会日常管理	过程记录	—	4
72			荣誉奖项申报	申报材料	—	4
73			组织召开分工会委员会会议	会议记录	—	4
74			开展分工会活动	活动方案、总结	—	8
75		分工会委员会换届/委员补选	确定候选人名单/补选委员名单	人员名单	—	4
76			起草并报送换届请示（一报）	请示文件	—	1
77			准备会议材料	报告、决议等会议材料	—	4
78			组织召开会议	会议记录	—	2
79			报送选举结果（二报）	选举结果	—	1
80		分工会会员代表/职工代表选举	酝酿推荐公司工会会员代表/职工代表候选人名单	人员名单	—	2
81			准备会议材料	会议材料	—	2
82			组织召开分工会会员大会	会议记录	—	2
83			报送选举结果	选举结果	—	1
84		职工之家建设	编制职工之家建设方案	方案	—	8
85			开展建设自查、编制自查报告	报告	—	8
86			荣誉申报	申报材料	—	8
87			实地验收	图片、记录	—	8
88		材料归档与信息维护	整理归档相关材料	材料台账	/年	2
89			维护相关电子化信息	维护记录	/年	1

续表

序号	一级任务	二级任务	基础作业单元	成果标准	单位	标准工时
90	团支部管理	团支部日常管理	编制支部总结及计划	报告	/次	16
91			团支部“三会两制一课”管理	过程记录	/次	8
92			团支部成立、换届、补选	过程记录	/次	8
93			团支部台账管理	材料台账	—	2
94			“青字号”品牌建设管理	活动材料	—	8
95		团支部活动	组织团支部活动	活动证明	/次	4
96			承办上级活动	活动证明	/次	16
97		材料归档与信息维护	整理归档相关材料	材料台账	/年	2
98			维护相关电子化信息	维护记录	/年	1
99	部门综合事务	外来人员来访接待	接收来访信息	有关记录	/份	0.5
100			收集来访人员信息	来访人员信息表	/天	0.5
101			确定来访日程安排	日程安排	/份	1
102			全程陪同并承担总体协调任务	完成工作协调	—	4
103			执行住宿、交通、用餐、参观等接待任务	完成工作协调	—	2
104			开展经验反馈	总结反馈单	/份	1
105			收集报销凭证并完成报销	有关票据	/份	1
106		会议管理	确认参会人员，预定会议室	完成工作协调	/次	0.5

续表

序号	一级任务	二级任务	基础作业单元	成果标准	单位	标准工时
107	部门综合事务	会议管理	办理涉密会议审批流程	流程确认	/次	1
108			编制发布会议通知	会议通知	次	1
109			编印会议议程	会议议程	—	1
110			编制签到表	签到表	/份	0.5
111			排布会议座序	座序图	/次	0.5
112			组织开展会场布置	完成工作协调	/次	1
113			收集审核会议材料	会议材料	/次	1
114			开展会议现场、会议设备、会议材料检查测试	完成工作协调	/次	1
115			现场跟会服务，并开展事项协调	完成工作协调	/次	0.5
116			组织会议签到	签到表	/次	0.1
117			现场记录	会议记录	/次	2
118			安排会议摄录	完成工作协调	/次	0.2
119			编发会议纪要	会议纪要	/份	16
120			编发宣传稿	宣传稿	/份	2
121			整理会议录音稿	录音整理稿	/15 分钟	1
122			回收会议材料	会议材料	/次	0.2
123		预算管理	开展部门预算管理事项	相关记录	/月	12

续表

序号	一级任务	二级任务	基础作业单元	成果标准	单位	标准工时
124	部门综合事务	计划管理	开展部门计划管理事项	相关记录	/月	12
125		安全管理	开展部门安全管理事项	相关记录	/月	12
126		宣传管理	开展部门宣传管理事项	相关记录	/月	12
127		培训管理	开展部门培训管理事项	相关记录	/月	12
128		经验反馈管理	开展部门经验反馈管理事项	相关记录	/月	12
129		保密管理	开展部门保密管理事项	相关记录	/月	8
130		质量管理	开展部门质量管理事项	相关记录	/月	8
131		公文管理	开展部门公文管理事项	相关记录	/月	8
132		内控与风险管理	开展部门内控与风险管理事项	相关记录	/月	2
133		合规管理	开展部门合规管理事项	相关记录	/月	2
134		保卫管理	开展部门保卫管理事项	相关记录	/月	2
135		应急管理	开展部门应急管理事项	相关记录	/月	2
136		资产管理	开展部门资产管理事项	相关记录	/月	2
137		用印管理	开展部门用印管理事项	相关记录	/月	2
138		采购管理	开展部门采购管理事项	相关记录	/月	2
139		考勤管理	开展部门考勤管理事项	相关记录	/月	2
140		内审管理	开展部门内审管理事项	相关记录	/月	2
141		信息化管理	开展部门信息化管理事项	相关记录	/月	2

续表

序号	一级任务	二级任务	基础作业单元	成果标准	单位	标准工时
142	部门综合事务	职业健康管理	开展部门职业健康管理事项	相关记录	/月	2
143		材料归档与信息维护	整理归档相关材料	材料台账	/月	1
144			维护相关电子化信息	维护记录	/月	1

参考：制度清单（见表 14）

表 14　制度清单

序号	模块	名称	分类
1	人力资源管理体系建设	《人力资源业务管理制度》	基本/重要管理制度
2		《人力资源管理大纲》	基本/重要管理制度
3	人力资源规划管理	《人力资源规划管理制度》	基本/重要管理制度
4	组织管理	《组织机构管理制度》	一般管理制度
5		《职责分工管理制度》	基本/重要管理制度
6		《岗位与编制管理制度》	基本/重要管理制度
7		《组织管理规程》	基本/重要管理制度
8		《非常设机构管理制度》	基本/重要管理制度
9		《岗位管理制度》	基本/重要管理制度
10		《编制管理制度》	基本/重要管理制度
11	员工发展管理	《职业发展管理制度》	基本/重要管理制度
12		《职业技能等级评价管理制度》	基本/重要管理制度
13		《专业技术职务评聘管理制度》	基本/重要管理制度
14		《高层次人才管理制度》	基本/重要管理制度
15		《人才库管理制度》	一般管理制度
16		《联合培养管理制度》	一般管理制度
17		《研究生教育管理制度》	一般管理制度
18		《博士后工作站管理制度》	一般管理制度
19		《资质资格管理制度》	一般管理制度
20	干部管理	《干部选拔任用管理制度》	一般管理制度
21		《干部考核管理制度》	基本/重要管理制度
22		《干部监督管理制度》	一般管理制度
23		《干部培养管理制度》	一般管理制度
24		《任期制和契约化管理制度》	一般管理制度
25	招聘管理	《招聘管理制度》	基本/重要管理制度

续表

序号	模块	名称	分类
26	培训管理	《培训体系管理制度》	基本/重要管理制度
27		《培训计划与预算管理制度》	一般管理制度
28		《内训师管理制度》	一般管理制度
29		《培训课程管理制度》	一般管理制度
30		《培训服务期管理制度》	一般管理制度
31		《培训项目实施管理制度》	一般管理制度
32	绩效管理	《组织绩效管理制度》	基本/重要管理制度
33		《全员绩效管理制度》	基本/重要管理制度
34	薪酬管理	《工资总额预算管理制度》	基本/重要管理制度
35		《备案制工资总额管理制度》	基本/重要管理制度
36		《负责人年薪管理制度》	基本/重要管理制度
37		《员工薪酬管理制度》	基本/重要管理制度
38		《工资发放管理制度》	基本/重要管理制度
39		《奖金发放管理制度》	基本/重要管理制度
40		《专项奖发放管理制度》	一般管理制度
41		《境外派遣人员薪酬管理制度》	一般管理制度
42		《职工福利费管理制度》	一般管理制度
43		《员工社会保险管理制度》	一般管理制度
44		《补充医疗保险管理制度》	一般管理制度
45		《住房公积金缴存管理制度》	一般管理制度
46		《企业年金实施细则》	一般管理制度
47		《股权激励管理制度》	基本/重要管理制度
48		《科技成果转化分红管理制度》	基本/重要管理制度
49		《履职待遇、业务支出管理制度》	一般管理制度
50		《荣誉管理制度》	基本/重要管理制度
51	员工关系管理	《员工入职管理制度》	一般管理制度
52		《员工离职管理制度》	一般管理制度
53		《内部调配管理制度》	一般管理制度

续表

序号	模块	名称	分类
54	员工关系管理	《涉密人员保密管理制度》	一般管理制度
55		《人事档案管理制度》	一般管理制度
56		《落户管理制度》	一般管理制度
57		《劳动合同管理制度》	一般管理制度
58		《考勤与休假管理制度》	一般管理制度
59		《员工奖惩管理制度》	基本/重要管理制度
60		《劳动争议管理制度》	一般管理制度
61		《员工流动管理制度》	一般管理制度
62		《劳动纪律管理制度》	一般管理制度
63		《员工惩处管理制度》	一般管理制度

参考：培训项目清单（见表15）

表15 培训项目清单

序号	培训类别		培训项目
1	岗前培训	集团集中入职培训	新员工集中入职培训
2		公司入职培训	企业发展史培训
3			企业文化培训
4			公司产品与市场培训
5			组织运行培训
6			行为规范培训
7			岗位适应培训
8			综合素质提升培训
9			其他培训
10	上岗培训	上岗通用资格培训	思想素质培训
11			安全知识培训
12			通用技术培训
13			其他培训
14		上岗专业资格培训	内部取证培训
15			外部取证培训
16			其他培训
17	在岗培训	通用技能培训	办公软件培训
18			商务礼仪培训
19			写作培训
20			人际沟通培训
21			心理健康培训
22			个人职业发展培训
23			外语培训
24			其他培训

续表

序号	培训类别		培训项目
25	在岗培训	管理能力培训	战略规划与计划能力培训
26			组织与协调能力培训
27			监控与监督能力培训
28			财务管理能力培训
29			人力资源管理能力培训
30			信息处理能力培训
31			其他培训
32		专业技术培训	专业理论知识培训
33			知识转化能力培训
34			专业创新能力培训
35			技术攻关能力培训
36			技术方法培训
37			其他培训
38		职业技能培训	专业理论知识培训
39			知识转化能力培训
40			实操能力培训
41			技能方法培训
42			其他培训

图书在版编目（CIP）数据

量化考核：管理部门员工绩效提升实战/杨朝东等著. --北京：中国人民大学出版社，2024.9. -- ISBN 978-7-300-33173-7

Ⅰ. F272.92

中国国家版本馆 CIP 数据核字第 2024AP1007 号

量化考核

管理部门员工绩效提升实战

杨朝东 等 著

Lianghua Kaohe

出版发行	中国人民大学出版社		
社　　址	北京中关村大街 31 号	**邮政编码**	100080
电　　话	010－62511242（总编室）		010－62511770（质管部）
	010－82501766（邮购部）		010－62514148（门市部）
	010－62515195（发行公司）		010－62515275（盗版举报）
网　　址	http://www.crup.com.cn		
经　　销	新华书店		
印　　刷	涿州市星河印刷有限公司		
开　　本	720 mm×1000 mm　1/16	**版　　次**	2024 年 9 月第 1 版
印　　张	23.5 插页 2	**印　　次**	2024 年 9 月第 1 次印刷
字　　数	331 000	**定　　价**	89.00 元